최신 수능 · 내신 대비

흐름 기본 영어

NE 능률

능률기본영어

지은이	NE능률 영어교육연구소
선임연구원	신유승
연구원	이지영 김그린
영문교열	August Niederhaus Nathaniel Galletta
디자인	민유화 오솔길
표지 일러스트	Shutterstock
맥편집	김선희
영업	한기영 이경구 박인규 정철교 김남준 김남형 이우현
마케팅	박혜선 고유진 김여진

NE능률이 미래를 그립니다.

교육에 대한 큰 꿈을 품고 시작한 NE능률
처음 품었던 그 꿈을 잊지 않고 40년이 넘는 시간 동안 한 길만을 걸어왔습니다.

이제 NE능률이 앞으로 나아가야 할 길을 그려봅니다.
'평범한 열 개의 제품보다 하나의 탁월한 제품'이라는
변치 않는 철학을 바탕으로 진정한 배움의 가치를 알리는
NE능률이 교육의 미래를 열어가겠습니다.

Preface

고등학생이 되면서, 어려워진 어휘, 길고 복잡한 문장, 높은 난이도의 지문으로 인해 영어 학습에 어려움을 겪는 경우가 많습니다. 이에 본 교재는 중학교에서 고등학교로 넘어가는 학생들이 고등영어에 대한 확실한 기본 실력을 쌓음으로써 내신은 물론 수능에도 완벽하게 대비할 수 있도록 개발되었습니다.

새 교육과정의 고등학교 핵심 문법을 명쾌하고 이해하기 쉽게 설명하여 영어의 기본 구조를 제대로 학습할 수 있게 하였습니다. 또한 최신 수능 출제 경향을 철저히 분석·반영하고 참신한 내용을 담은 지문을 통해, 학습한 문법 사항을 자연스럽게 익히는 동시에 수능 독해의 기본을 다질 수 있도록 하였습니다. 이와 더불어, 지문에 나온 고등 필수 어휘를 일목요연하게 정리하여 모바일로 제공함으로써 학습 편의성을 더욱 높였습니다.

아무쪼록 '능률기본영어'가 여러분의 고교 영어 학습의 탄탄한 초석이 되기를 진심으로 바랍니다.

저자 일동

Structure & Features

Grammar Study

고등학교 수준에 적합하면서 내신 및 수능 영어에 꼭 필요한 문법 사항을 정리하여 간단하고 명쾌하게 설명하였습니다. 또한, 쉽고 간결하지만 생생한 예문을 통해 학습한 문법 사항을 제대로 이해할 수 있도록 하였습니다. 각 페이지 하단에 있는 *1 min. check up* ✔을 통해 배운 것을 바로 확인해 볼 수 있습니다.

Grammar Practice

풍부하고 다양한 유형의 연습 문제들을 통해 앞서 배운 문법 내용을 잘 이해했는지 점검해 볼 수 있게 하였습니다. 단순히 문법 연습뿐만 아니라, 학생들이 특히 어려워하는 '서술형' 문항을 포함하여 최신 내신 출제 경향을 적극 반영하였습니다.

NE Waffle

NE Waffle은 MP3 바로 듣기, 모바일 단어장 등 NE능률이 제공하는 부가자료를 빠르게 이용할 수 있는 통합 서비스입니다.
표지에 있는 QR코드를 스캔하여 한 번에 빠르게 필요한 자료를 이용하실 수 있습니다.

Grammar Practice ★수능문법★

정답 및 해설 pp.19-20

01 (A), (B), (C)의 각 네모 안에서 어법에 맞는 표현으로 가장 적절한 것은?

When people get tired of their pet fish, they sometimes decide to set them free. This is called "aquarium dumping," and it is a terrible idea. Releasing non-native fish into the wild has the potential to upset entire ecosystems. They may eat native fish or compete with them for food. It only takes a few released pets (A) establish / to establish a growing population. This is what happened in a lake in the US. After some goldfish (B) were released / released into it, they multiplied and began to consume the food of other fish. Before you buy any pet, make sure you are responsible (C) enough to take / to take enough care of it without harming the environment.

	(A)	(B)	(C)
①	establish	released	enough to take
②	to establish	were released	enough to take
③	establish	released	to take enough
④	to establish	released	to take enough
⑤	establish	were released	to take enough

02 다음 글의 밑줄 친 부분 중, 어법상 틀린 것은?

Perfectionists tend to set their standards too high, so they often end up putting off important tasks. For example, a student ① seeking to write a perfect essay might delay getting started because he or she doesn't know where to start. ② To avoid this kind of problem, you should begin by lowering your standards. This doesn't mean you should have no standards. However, having realistic standards will help you do your best. Next, create an organized schedule. Break your projects into steps and decide on the amount of time ③ to spend on each one. Your goal should be ④ complete each task efficiently, not to make it perfect. Finally, set priorities by choosing ⑤ which projects are most important. Remember that you don't need to give 100% of your attention to every task.

VOCA **01** set free …을 풀어주다 dumping 투기, 폐기 release 놓아 주다, 방출하다 potential 가능성 entire 전체의 ecosystem 생태계 compete 경쟁하다 establish 확립하다 population 인구; *개체 수 multiply 증식하다, 번식하다 consume 먹다 **02** perfectionist 완벽주의자 standard 수준, 기준 end up v-ing 결국 …하게 되다 put off 미루다, 연기하다 seek 찾다: '…하려고 (시도)하다 realistic 현실적인 organized 조직화된, 체계적인 efficiently 능률적으로 priority 우선 사항

Reading & Structure ★수능독해★

정답 및 해설 pp.20-21

01 다음 글의 요지로 가장 적절한 것은?

If you invest money, you should be aware of "black swans." A black swan is an unexpected event that has a powerful impact. After it occurs, people try to explain why it happened. However, because black swans are random, they cannot be explained or predicted. So, is it possible to avoid losing all of your money, forcing you to start again from zero? Yes! If you are able to protect your money from black swans, you will likely be a successful investor. Most importantly, you must learn how to prepare for the unexpected. Financial predictions often go wrong. No matter how well you know a subject, there will always be unknowns to deal with. And there tend to be a lot of them in the stock market. Accept this, and you will not be surprised when black swan events occur.

① 예측하기 힘든 실패 요소를 극복해야 성공할 수 있다.
② 주식 투자에 성공하려면 전문가의 도움을 받아야 한다.
③ 투자에 성공하려면 예측 불가능한 사건에 대비해야 한다.
④ 사업 환경이 복잡해질수록 수익을 창출하는 더 어려워진다.
⑤ 미래 경제에서는 사소한 사건이 심각한 재정적 위기를 초래할 수 있다.

02 다음 글에서 전체 흐름과 관계 없는 문장은?

When reading the works of William Shakespeare, it's hard not to notice how often the legal system appears. Some think that Shakespeare must have been a lawyer himself to have been so interested in the law. ① And the interest seems to be mutual, with references to all 37 of Shakespeare's plays having appeared in American judicial opinions. ② Shakespeare's works have been continually adapted to suit contemporary times and cultures around the world. ③ By studying literature, lawyers can learn how to present clear and logical opinions. ④ But Shakespeare's particular popularity might be explained by his status as a symbol of high culture. ⑤ Referencing his work seems to lend credibility to one's arguments. It may also be due to the fact that his work is so well known. Just about every highly educated person in the English-speaking world claims to have read at least one of his plays.

VOCA **01** invest 투자하다 (n. investor 투자자) be aware of …을 알다 impact 영향 random 무작위의 predict 예측하다 (n. prediction 예측) financial 금융의, 재정의 deal with …을 다루다 stock market 주식 시장 **02** legal system 법률 제도 mutual 상호간의, 서로의 reference 참고, 참조 judicial 사법의, 재판의 adapt 개작하다, 각색하다 contemporary 현대의 literature 문학 logical 논리적인 status (사회적) 지위 credibility 신뢰성 argument 논거, 주장 claim 주장하다

Grammar Practice ★수능문법★

학습한 문법 사항이 포함된 수능 유형의 문제로 구성하였습니다. 해당 문법 내용에 대한 심화 학습을 할 수 있게 함은 물론이고, 수능 영어의 문법성 판단 문제에 적극 대비할 수 있도록 하였습니다. 배운 문법 사항이 독해에 어떻게 적용되는지를 이해하는 데 좋은 기회가 될 것입니다.

Reading & Structure ★수능독해★

문법 학습 코너에 있는 문법 사항들이 고스란히 담겨져 있는 지문을 통해 학습한 내용을 실제 수능 독해에 적용할 수 있도록 하였습니다. 독해 지문의 문제 유형은 최신 수능 출제 경향을 최대한 반영하여 수능에 대한 기본적인 감을 잡고 친숙해질 수 있도록 하였습니다.

Contents

PART 2 | 문장의 연결

PART 3 | 주요 구문 및 품사

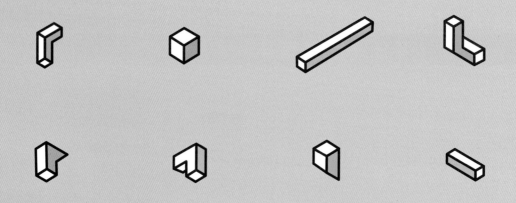

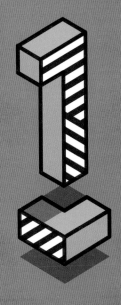

PART 1

동사의 이해

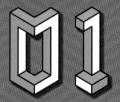

01 기본 5문형

Sentence Pattern 영어에는 동사의 종류에 따라 만들어지는 5가지 문형이 있는데,
이것을 '문장의 5형식' 혹은 '기본 5문형'이라고 한다.

 제1문형

형태 주어(S) + 완전자동사(V)
해석 「S는 V하다」

목적어나 보어가 없어도 주어와 함께 완전한 뜻을 이루는 동사를 완전자동사라고 한다.

① 제1문형의 이해

¹ <u>She</u> **smiled**.
   S   V

² It **is snowing** heavily.

³ The boys **lay** on the grass.

⁴ There **is** someone at the door.

⁵ The audition **will start** in an hour.

② 뜻에 유의해야 할 완전자동사

⁶ This little bed will **do** for the baby. 「do 충분하다」

⁷ His opinions do not **count**. 「count 중요하다」

⁸ Love **matters** a lot to her. 「matter 중요하다」

⁹ My watch doesn't **work**. 「work 작동하다」

★ 기타 뜻에 유의해야 할 완전자동사: read(…라고 쓰여 있다), sell(팔리다), pay(수지가 맞다, 이익이 되다) 등

〉〉 정답 및 해설 p.2

1 min. check up ✔

보기에서 밑줄 친 부분의 알맞은 뜻을 고르시오.

〈보기〉 ⓐ to be important   ⓑ to operate   ⓒ to be enough   ⓓ to be successful

❶ A: Do you need butter?
   B: Yes, but margarine will <u>do</u>.

❷ My digital camera isn't <u>working</u>.

❸ I felt my idea didn't <u>count</u> for much.

제2문형

형태　주어(S) + 불완전자동사(V) + 주격보어(SC)
해석　「S는 SC이다」

주어의 성질·상태·신분 등을 보충 설명하는 말, 즉 주격보어를 필요로 하는 동사를 불완전자동사라고 한다.
이때 '주어(S) = 주격보어(SC)'의 관계가 성립하며 주격보어로는 명사(구/절)·형용사(구) 등이 쓰인다.

① 상태(의 유지) 「…이다」, 「…인 채로 있다」 등
¹ The earth **is** round.
　　 S 　 V 　 SC
² Please **keep** quiet.
³ The shop **remains** closed.

② 상태의 변화 「…해지다」, 「…가 되다」 등
⁴ Justin's daughter **became** a doctor.
⁵ The coffee **is getting** cold.
⁶ He **is growing** fat.

　★ 기타 자주 쓰이는 표현: get sick[dark], fall asleep, grow old, go bad, turn red 등

③ 외견 「(…인 것 같이) 보이다」 등
⁷ This problem **seems** difficult.
⁸ Kelly **appears** excited.
⁹ The patient **looked** worried.

④ 감각 「…하게 느끼다」 등
¹⁰ He **feels** lonely.
¹¹ Something **smells** very good.
¹² His story **sounds** true.

　★ 주격보어의 기타 형태
¹³ My dream is **to be an announcer**. 〈부정사구〉
¹⁴ My concern is **losing weight**. 〈동명사구〉
¹⁵ The fact is **that he said nothing**. 〈명사절〉

> **문법 PLUS ➕**
>
> 우리말로 '…하게'라고 해석되어도 상태·감각을 나타내는 동사 뒤에는 보어로 반드시 형용사가 와야 한다.
>
> ¹⁶ The towels **smelled** fresh. (O)
> *cf.* The towels smelled freshly. (×)

〉〉 정답 및 해설 p.2

괄호 안에서 알맞은 말을 고르시오.

❶ The milk went (bad / badly).
❷ He seems (friend / friendly).
❸ This book looks (easy / easily) to read.
❹ That food smells (awful / awfully) — is it safe to eat?

제3문형

형태   S + V(완전타동사) + O(목적어)
해석   「S는 O를 V하다」

하나의 목적어를 필요로 하는 동사를 완전타동사라고 하며, 목적어로는 명사(구/절)·대명사 등이 쓰인다.

① **목적어의 여러 가지 형태**

¹ We have **one dog and two cats**. 〈명사구〉
   <u>S</u> <u>V</u>   <u>O</u>

² **What** did Cathy buy at the shopping mall? 〈의문사〉

³ I decided **to change my job**. 〈부정사구〉

⁴ Charlie stopped **talking**. 〈동명사〉

⁵ We know **that he likes her**. 〈명사절: that절〉

⁶ I wonder **what you did yesterday**. 〈명사절: what절〉

⁷ He asked **if I liked Chinese food**. 〈명사절: if절〉

② **목적어 뒤에 특정한 전치사를 수반하는 동사**

⁸ The police **informed** us **of** the accident.

⁹ Jim **compared** his answers **with** the teacher's.

¹⁰ She **provided** them **with** a lot of food.

¹¹ Please **keep** your dog **from** coming into my yard.

¹² I **asked** my teacher **for** advice.

¹³ He **prefers** baseball **to** football.

③ **자동사로 혼동하기 쉬운 타동사** 동사 뒤에 전치사 없이 바로 목적어가 온다.

¹⁴ Chris **entered** the gym with his friends.

¹⁵ The ship **reached** New York on May 30th, 2012.

¹⁶ Rachel agreed to **marry** him.

¹⁷ Shall we **discuss** the next topic?

★ 기타 자동사로 혼동하기 쉬운 타동사: resemble, answer, approach 등

문법 PLUS➕

형태를 혼동하기 쉬운 자동사와 타동사

• lie ⑧ 거짓말하다 (lie-lied-lied)
  lie ⑧ 눕다, …이 놓여 있다 (lie-lay-lain)
  lay ⑧ …을 놓다 (lay-laid-laid)

¹⁸ David **lied** about what he did in the class.

¹⁹ She **lay** on the bed to take a nap.

²⁰ You **laid** the book on the desk.

• rise ⑧ 오르다 (rise-rose-risen)
  raise ⑧ 올리다 (raise-raised-raised)

²¹ Tuition has **risen** a lot.

²² **Raise** both of your arms.

》》정답 및 해설 p.2

어색한 부분을 찾아 올바르게 고치시오.

❶ Jay resembles with his grandfather.

❷ Yesterday, he lay a hand on her shoulder.

❸ I'll never discuss about the issue with you.

❹ We provide the participants an opportunity to talk.

1 min. check up ✔

제4문형

형태　S + V(수여동사) + O₁(간접목적어) + O₂(직접목적어)
해석　「S는 O₁에게[O₁을 위하여] O₂를 V해 주다」

직접목적어와 간접목적어 모두를 취하는 동사를 수여동사라고 한다. 4문형 문장의 직접목적어를 간접목적어 앞에 쓰고 〈전치사 + 간접목적어〉 형태로 바꾸면 3문형의 문장이 되는데, 이때 쓰이는 전치사에 따라 수여동사를 다음과 같이 분류할 수 있다.

① **give, send, tell, teach** 등 대부분의 수여동사　3문형으로 전환 시 전치사 to를 사용한다.

¹ He **gave** me some money.
　　 S 　　V 　 O₁ 　　 O₂
　　 → He **gave** some money *to* me. 〈3문형〉

² The store manager **sent** me an email.

³ She **teaches** her students English.

⁴ **Bring** me the book, please.

　　★ bring은 3문형으로 전환 시 문맥에 따라 전치사 to(…에게), for(…을 위해) 둘 다 가능

② **buy, get, make, find** 등　3문형으로 전환 시 전치사 for를 사용한다.

⁵ She **bought** her daughter a new dress.
　　 → She **bought** a new dress *for* her daughter. 〈3문형〉

⁶ I'll **get** you a ticket for the concert.

⁷ Mom **made** us pizza yesterday.

⁸ Could you **find** me my bag, please?

③ **ask**　3문형으로 전환 시 전치사 of를 사용한다.

⁹ He **asked** me a favor.
　　 → He **asked** a favor *of* me. 〈3문형〉

문법 PLUS ➕

explain, suggest, describe 등의 동사는 우리말 의미상 수여동사로 착각하기 쉽지만, 완전타동사로서 3문형으로 써야 한다.

¹⁰ I **explained** everything *to* my parents. (○)
cf. I explained my parents everything. (×)

〉〉 정답 및 해설 p.3

1 min. check up ✔

주어진 문장 중 4문형은 3문형으로, 3문형은 4문형으로 전환하시오.

❶ May I ask you a question? → _____

❷ I gave him my school uniform. → _____

❸ She told the secret to her mother. → _____

❹ He bought a new smartphone for her. → _____

형태 S + V(불완전타동사) + O(목적어) + OC(목적격보어)

해석 「S는 O가 OC이도록[하도록] V하다」

목적어와 목적어의 성질·상태를 보충 설명하는 말인 목적격보어를 필요로 하는 동사를 불완전타동사라고 한다. 목적격보어로는 명사(구)·형용사(구) 등이 쓰인다.

① 목적격보어가 〈명사〉인 경우 목적어와 내용상 동일하다.

1 The team elected him **captain**.
    S   V   O =   OC

2 We'll call the baby **Jane**.

② 목적격보어가 〈형용사〉인 경우 목적어의 성질이나 상태를 설명한다.

3 I found the quiz **easy**.

4 He often leaves the door **open**.

③ 목적격보어가 〈원형부정사·현재분사·to부정사〉인 경우

목적어가 하는 행동·동작을 나타낸다. 이때, 목적어와 목적격보어 사이에는 '능동'의 〈주어 + 술어〉 관계가 성립한다.

5 I heard her **sing**. (→ she sang)

6 I saw him **playing** soccer. (→ he was playing soccer)

　★ 지각동사 hear, see, watch 등은 목적격보어로 원형부정사 또는 현재분사를 취한다.　　▶ p.52 참조

7 The wrinkles on his face made him **look** old. (→ he looked old)

　★ 사역동사 make, have, let 등은 목적격보어로 원형부정사를 취한다.

8 We expect her **to succeed**. (→ she will succeed)

　★ 동사 want, allow, order, advise, encourage, enable, expect 등은 목적격보어로 to부정사를 취한다.

④ 목적격보어가 〈과거분사〉인 경우

목적어가 당하는 행동·동작을 나타낸다. 이때, 목적어와 목적격보어 사이에는 '수동'의 〈주어 + 술어〉 관계가 성립한다.

9 Tom heard his name **called**. (→ his name was called)

10 I have to get my hair **cut** today. (→ my hair will be cut)

11 She had her bike **stolen**. (→ her bike was stolen)

〉〉 정답 및 해설 p.3

괄호 안의 단어를 빈칸에 알맞은 형태로 쓰시오.

❶ I saw him _____ the room. (enter)

❷ I want you _____ your homework now. (finish)

❸ He had his car _____ a few weeks ago. (repair)

1 min.
check
up ✔

01 밑줄 친 부분에 유의하여 문장을 우리말로 해석하시오.

(1) • I <u>found</u> the book easy.
• I <u>found</u> the book easily.

(2) • She <u>left</u> a note for her husband.
• She <u>left</u> New York for London.
• She <u>left</u> her desk messy.

(3) • I <u>had</u> my smartphone repaired.
• My dad <u>had</u> me clean my room.
• Jack <u>has</u> a nice notebook computer.

02 두 문장이 같은 뜻이 되도록 빈칸에 알맞은 말을 쓰시오.　▶ 4. 제4문형

(1) He made me a variety of dishes.
= He made a variety of dishes _____ me.

(2) She sent Hugh a photograph of herself.
= She sent a photograph of herself _____ Hugh.

(3) My father bought me an electric guitar.
= My father bought an electric guitar _____ me.

(4) She asked me his phone number.
= She asked his phone number _____ me.

03 다음 문장이 무슨 문형인지 쓰고, 주어에 S, 동사에 V, 목적어에 O, 주격보어에 SC, 목적격보어에 OC를 표시하시오.

(1) Kim brought us big presents.

(2) The girl appears very friendly.

(3) We don't know what happened last night.

(4) My father encouraged me to study harder.

04 다음 중 밑줄 친 부분이 목적어가 <u>아닌</u> 것은?

① We asked <u>if we could take a five-minute break</u>.

② The Red Cross provided <u>the victims</u> with medical supplies.

③ Every parent hopes <u>to be a good example for their children</u>.

④ I regret to tell you <u>that your application has not been approved</u>.

⑤ It is well known <u>that even the best player doesn't win every game</u>.

05 어법상 <u>틀린</u> 부분을 찾아 바르게 고치시오.

> Owner: This is a warm and comfortable apartment.
> Sally:　You have described it ① <u>perfectly</u>. It looks ② <u>greatly</u>. I thought the rooms might be dark, but the wallpaper makes them ③ <u>look brighter</u>.
> Owner: Yes, it does. The apartment is absolutely ④ <u>perfect</u>.
> Sally:　I'd love to rent it, but I'd better ⑤ <u>discuss it</u> with my husband.

서술형
06 주어진 우리말과 일치하도록 괄호 안의 단어를 배열하여 문장을 완성하시오.　　▶ 5. 제5문형 ③

나는 내 남동생이 그 일자리 제안을 수락하도록 조언했다.

= _____

(my brother / accept / I / to / the job offer / advised)

서술형
07 주어진 우리말과 일치하도록 조건에 따라 문장을 완성하시오.　　▶ 5. 제5문형 ④

그는 거리에서 그의 손목시계가 고장 난 것을 알았다.

= _____

> 〈조건〉 • 다음 표현을 제시된 순서대로 사용하되, 필요하다면 형태를 바꿀 것:
> 　　　　find, watch, break, on the street
> 　　　• 위의 표현을 포함하여 8단어로 작성할 것

Grammar Practice ★수능문법★

〉〉 정답 및 해설 p.4

01 (A), (B), (C)의 각 네모 안에서 어법에 맞는 표현으로 가장 적절한 것은?

Yesterday, I decided to walk to Peter's house. It was a nice day to be outside, and the wind felt great. I thought we might have lunch together in the park. As I approached the house, I saw him (A) sat / sitting on a chair under a tree on the lawn, listening to some music. He had headphones on and his eyes were closed. He was nodding along to the music and smiling. Wearing blue jeans and a green T-shirt, he looked very (B) attractive / attractively . I walked up to him and called his name. Then he opened his eyes and (C) answered / answered to me.

	(A)	(B)	(C)
①	sat	attractive	answered
②	sat	attractive	answered to
③	sitting	attractive	answered
④	sitting	attractively	answered
⑤	sitting	attractively	answered to

02 다음 글의 밑줄 친 부분 중, 어법상 틀린 것은?

Sometimes, a type of food gets a name that ① doesn't match its true identity. This can be a clever nickname based on a location, an experience, or a joke. However, if you don't know the story behind the name, you probably won't understand the meaning of the name. One example of this ② happened in the American West, where cowboys used to eat lots of beans. The cowboys made up a new name for this food to make themselves ③ to laugh. They ④ renamed beans "Arizona strawberries." This was a good joke because strawberries ⑤ don't grow in dry places like Arizona. Since cowboys worked in dry places, they never ate real strawberries.

VOCA 01 approach 다가가다 lawn 잔디밭 nod (고개를) 끄덕이다 attractive 매력적인 (ad. attractively 보기 좋게)
02 match 어울리다 identity 정체, 신분 clever 영리한, 똑똑한 nickname 별명 based on …에 근거하여 location 위치
joke 농담 meaning 의미 make up 만들어내다

01 다음 글의 목적으로 가장 적절한 것은?

I am writing in reference to a robot vacuum cleaner that I ordered online from your company last week. It was delivered promptly this morning, but **there seems to be something wrong** with it. Despite making numerous attempts, **I can't get the product to work**. The battery is fully charged and the switch is set to the "on" position. **I also followed all of the instructions** in the booklet that arrived with it and have tried the solutions suggested. However, nothing is happening. I don't think this product is functioning properly. Therefore, **I feel that** you should send me a replacement. **I hope** I can return the defective product to you and get a new one without paying the shipping costs. Please contact me to handle the situation as soon as possible.

① 제품 환불을 요구하려고
② 제품 교환을 요청하려고
③ 제품 주문을 취소하려고
④ 제품 사용 방법에 대해 문의하려고
⑤ 제품 배송 지연에 대해 항의하려고

02 다음 글의 주제로 가장 적절한 것은?

When your fingers touch glass, **they leave a mark**. These are the lines and patterns of your fingerprints. But there are some people who are born without fingerprints. **They have a very rare genetic disorder** called DPR. In addition to not having fingerprints, people with DPR are also unable to sweat. Let's look at the case of Cheryl Maynard, who has DPR. For her entire life, she has been challenged by her condition. For example, **her lack of fingerprints has made it difficult to prove** her identity. And **the inability to sweat turns every hot day or activity into a potential situation** for heatstroke. So, Maynard cannot exercise for more than a few minutes before soaking her head in water to cool off.

*DPR: 색소피병

① the connection between fingerprints and sweat
② the discovery of a cure for a dangerous disease
③ the unusual ways doctors can identify disorders
④ the difficulties caused by a rare genetic condition
⑤ the uses of security devices that check fingerprints

VOCA 01 in reference to …와 관련하여 vacuum cleaner 진공청소기 promptly 지체 없이 numerous 많은 attempt 시도 charge 청구하다; *충전하다 instruction 설명 booklet 소책자 function 기능하다 properly 제대로 replacement 교체; *대체물 defective 결함이 있는 shipping cost 배송비 handle 다루다, 처리하다
02 fingerprint 지문 rare 희귀한 genetic 유전의, 유전적인 disorder 무질서; *장애 sweat 땀을 흘리다 condition 상태; *질환 lack 부족, 결핍 inability 무능, 불능 potential 가능성이 있는, 잠재적인 heatstroke 열사병 soak 적시다, 담그다

03 Grace High School Speech Contest에 관한 다음 안내문의 내용과 일치하는 것은?

Grace High School Speech Contest
Show the whole school your speaking skills!

The speech contest will take place in the school gym on December 12th at 2 p.m.

Contest Guidelines
• Prepare a speech on one of the following topics related to the environment:
  - the influence of global warming
  - the importance of recycling
  - the best ways to save energy
• The total speaking time should be between 10 and 15 minutes.

Details
• Only Grace High School students in grades two and three can join.
• To participate, you must register by November 30th. **The registration form is available** on the school website. Please submit a completed form to grace@ghs.edu. Only the first 20 students to register can take part, so you should hurry!
• **The three best speakers will** each **win a $200 gift certificate** for City Bookstore.

---

① 환경에 관한 어떤 주제로도 연설이 가능하다.　② 연설 시간은 10분 이내이다.
③ 교내 전 학년의 학생들이 참가할 수 있다.　④ 선착순으로 참가 자격이 주어진다.
⑤ 우승자 3명에게는 부상으로 현금이 수여된다.

04 글의 흐름으로 보아, 주어진 문장이 들어가기에 가장 적절한 곳은?

Also keep in mind **that cutting expenses in one category can allow you to spend** more in another.

Living frugally requires spending less money, but it doesn't mean sacrificing happiness. They just **prefer being resourceful to being wasteful**. The key to being frugal is making sure your money is being spent on what is truly important. (①) For example, you may subscribe to several online streaming services. (②) If you're spending about $80 per month on them, **your 10-year cost could reach nearly $10,000!** (③) Of course, you don't want to **deprive yourself of entertainment**, but there are many cost-efficient alternatives. (④) If you don't want to give up your streaming services, try spending less money on eating out instead. (⑤) **It's all** about finding a smart spending balance that fits your personal needs. *frugal: 소박한, 간소한

VOCA 03 take place 개최되다　influence 영향　register 등록하다 (*n.* registration 등록)　form 서식　submit 제출하다　gift certificate 상품권
04 expense 비용　require 요구하다　sacrifice 희생하다　resourceful 지략[기략] 있는　wasteful 낭비하는　subscribe 가입하다　streaming service 스트리밍 서비스(온라인에서 음성이나 영상을 실시간으로 재생하는 기술)　cost-efficient 비용 효과적인　alternative 대안

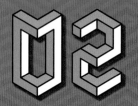

시제

<u>Tense</u> 동작이나 상태가 언제 일어나는지를 표현하기 위해 〈현재·과거·미래〉 등과 같이 동사의 형태를 바꾸어 쓴다. 이처럼 시간을 나타내기 위해 변하는 동사의 형태를 시제라 한다.

 기본 시제 현재·과거·미래

① 현재시제·과거시제

A 현재[과거]의 습관, 반복적 행위, 상태, 동작
1 Sam **goes** to bed around 11 p.m. every day.
2 Baseball season usually **starts** in April.
3 Mr. Henry **called** me half an hour ago.

B 과학적, 일반적 사실 (현재시제) / 역사적 사실 (과거시제)
4 Summer **follows** spring.
5 Pablo Picasso **died** in 1973.

② 미래시제 조동사 will 또는 be going to를 사용하여 나타낸다.
6 Global warming **will** affect all life on Earth.
7 I **will** leave for LA tomorrow.
8 My family **is going to** have a picnic next Sunday.

③ 기타 미래 표현
go, come, start, leave, arrive, begin, stop 등의 동사로 가까운 미래에 확실히 일어날 일을 나타낼 때, 현재시제나 현재진행형으로 미래를 표현할 수 있다.
9 The train **leaves** at 10 a.m.
10 **I'm visiting** the zoo this Tuesday.

〉〉 정답 및 해설 p.6

괄호 안에서 알맞은 말을 고르시오.

1 min.
check
up ✓

❶ Water (boils / boiled) at 100 degrees Celsius.
❷ The phone's ringing. I (answer / will answer) it.
❸ He first (plays / played) on the national team five years ago.

2 현재완료 have[has] p.p.

과거 시점부터 현재 시점까지의 동작이나 상태의 〈완료·계속·경험·결과〉를 나타낸다.
과거의 동작이나 상태가 현재에 미치는 영향 등 현재와의 관련성에 초점을 맞춰 표현할 때 사용한다.

① 완료 「(지금 막) …했다」, 「…해 버렸다」
just, already, yet 등의 부사와 함께 쓰이는 경우가 많다.

¹ I **have** *just* **finished** the assignment.
² They **have** not **arrived** at school *yet*.

② 계속 「(지금까지) 죽 …해 오고 있다」
since, for 등의 어구와 함께 쓰이는 경우가 많다.

³ He **has been** ill *since* last week.
⁴ I **have worked** at the same company *for* three years.

③ 경험 「(지금까지) …한 적이 있다」
ever, never, before, often, once, twice, ~ times(~ 번) 등의 부사와 함께 쓰이는 경우가 많다.

⁵ **Have** you *ever* **run** a marathon?
⁶ I **have seen** the musical *before*.

④ 결과 「(…해서, 그 결과) 지금 ~하다」

⁷ He **has gone** out. (So he is not here now.)
⁸ I **have lost** my wallet. (So I don't have my wallet now.)

★ have been to *vs.* have gone to

⁹ **Have** you ever **been to** Paris? 〈경험〉 「…에 가 본 적이 있다」
¹⁰ He **has gone to** Paris. 〈결과〉 「…로 가 버려서 지금 없다」

문법 PLUS ➕

현재완료는 과거부터 현재에 걸친 시간 개념이므로 명백히 과거의 시점을 나타내는 부사[부사구]
(ago, just now, last week 등)나 의문사 when과는 함께 쓰일 수 없다.
¹¹ Eric **moved** to my neighborhood three years *ago*. (○)
cf. Eric has moved to my neighborhood three years ago. (×)

〉〉 정답 및 해설 p.6

1 min.
check
up ✓

밑줄 친 부분에 유의하여 문장을 우리말로 해석하시오.

❶ Have you ever <u>eaten</u> Russian food?
❷ Mr. Park <u>has</u> probably <u>gone</u> to the restroom.
❸ Hilary <u>has</u> already <u>heard</u> about the plan at school.
❹ It's <u>been</u> four years since we graduated from elementary school.

과거완료 had p.p.

과거보다 이전의 시점(대과거)부터 특정한 과거 시점까지의 동작이나 상태의 〈완료·계속·경험·결과〉를 나타낸다.

① 완료 「(그때 막) …하였다」, 「…해 버렸다」
1 I **had** just **finished** my lunch when he came.
2 When I entered the hall, the lecture **had** already **begun**.

② 계속 「(그때까지) 죽 …하고 있었다」
3 I **had been** ill for two weeks, so I couldn't go there.
4 Mike **had lived** in Chicago for a year before we met.

③ 경험 「(그때까지) …한 적이 있었다」
5 I **had** never **met** any celebrities until then.
6 Kelly **had** never **been** to China before she went there on business.

④ 결과 「(…해서 그때) ~이 되어 있었다」
7 I **had lost** my bag the day before.
8 When I arrived at the party, Lucy **had** already **gone** home.

⑤ 대과거 과거에 발생한 두 사건 중 먼저 일어난 일은 과거완료로 표현한다.
9 I recognized the artist at once because I **had seen** him before.
10 We found that somebody **had broken** into the office.

 미래완료 will[shall] have p.p.

특정한 미래 시점까지의 동작이나 상태의 〈완료·계속·경험·결과〉를 나타낸다.
1 I **will have done** the laundry by six o'clock. 〈완료〉
2 My dad **will have worked** for a bank for ten years next May. 〈계속〉
3 She **will have visited** America three times if she goes there again. 〈경험〉
4 I **will have gone** on a trip by the time you come. 〈결과〉

〉〉 정답 및 해설 p.6

1 min. check up ✓

괄호 안에서 알맞은 말을 고르시오.
❶ Yesterday I read the book I (had borrowed / have borrowed) from the library.
❷ We (had known / will have known) each other for three years next April.
❸ She was nervous on the plane because she (hadn't flown / hasn't flown) before.
❹ By the time you read this, I (am leaving / will have left) for Toronto.

20

진행형 be v-ing

어느 시점에 진행 중인 일을 나타내며, 비교적 짧고 제한된 기간 동안만 계속되는 것을 전제로 한다.

① 진행 중인 동작 「…하고 있다」, 「…하는 중이다」

¹ Peter **is talking** with his friend at a café. 〈현재진행형〉
² What **were** you **doing** at three o'clock yesterday? 〈과거진행형〉
³ They **will be working** at this time tomorrow. 〈미래진행형〉

② 습관적인 행위

always, continually 등의 부사와 함께 쓰여, 말하는 사람의 〈불평, 비난〉의 의미를 나타낸다.

⁴ Fred **is** *always* **telling** lies.
⁵ You're *continually* **making** poor excuses.

③ 완료진행형

A 현재완료진행형: have[has] been v-ing 「계속 …하고 있다」
과거에 시작된 어떤 동작이 현재까지 계속되고 있음을 나타낸다.

⁶ How long **have** you **been waiting** for a table?

B 과거완료진행형: had been v-ing 「계속 …하고 있었다」
과거의 특정 시점 이전에 시작한 동작이 과거의 그 시점까지 계속되고 있음을 나타낸다.

⁷ He seemed tired because he **had been working** all night.

C 미래완료진행형: will[shall] have been v-ing 「(미래의 그 시점까지) 계속 …하고 있을 것이다」
미래의 어떤 시점에서 진행 중인 동작 또는 그 시점까지 계속되는 동작을 나타낸다.

⁸ I **will have been watching** TV for two hours when the program ends.

문법 PLUS ➕

인식(know, understand, remember), 감각(hear, see), 감정(like, love, hate), 소유(have, belong to), 상태(be, resemble)를 나타내는 동사는 그 의미상 진행형으로 쓸 수 없다. 그러나 이런 동사들도 종종 동작이나 상태의 변화를 표현하거나 강조를 위해 진행형으로 쓰기도 한다.

⁹ I'm **having** a good time.
¹⁰ She **is resembling** her mother more and more every day.

〉〉 정답 및 해설 p.6

밑줄 친 부분을 올바르게 고치시오.

❶ Do you have an umbrella? It <u>was raining</u> outside now.
❷ Dan <u>is eating</u> dinner with his family this time next Friday.
❸ She <u>is remembering</u> mostly good things, and tends to forget bad things.

1 min. check up ✔

시제 일치와 그 예외

① 시제 일치

주절에서 현재시제를 사용했을 때, 종속절에는 문맥에 따라 다양한 시제가 올 수 있다. 그러나 주절의 동사가 과거일 때, 종속절의 시제는 주절과 같으면 과거를, 주절 이전이면 과거완료를 써야 한다.

¹ Jane *thinks* that John **loves**(**will love** / **has loved** / **loved**) her.
² Jane *thought* that John **loved**(**had loved**) her.

② 시제 일치의 예외

A 불변의 진리, 격언: 현재시제
³ In the past, people *didn't believe* that the earth **goes** around the sun.
⁴ The child *learned* that 10 times 10 **is** one hundred.

B 현재의 습관, 사실: 현재시제
⁵ Tony *told* me that he always **goes** hiking on weekends.
⁶ She *said* she **lives** in Seoul.

C 역사적 사실: 과거시제
⁷ The teacher *told* us that the Korean War **ended** in 1953.
  cf. The teacher told us that the Korean War had ended in 1953. (×)

D 가정법: 가정법의 시제는 주절의 시제에 영향을 받지 않는다.　▶ p.78 참조
⁸ He *says* that he **would call** her if he **knew** her phone number.
⁹ He *said* that he **would call** her if he **knew** her phone number.

E 시간, 조건을 나타내는 부사절: 시간이나 조건을 나타내는 부사절에서는 미래의 일이라 하더라도 현재시제를 쓴다.
¹⁰ I'*ll* call you when I **visit** your town tomorrow. 〈시간의 부사절〉
¹¹ Your parents *will* be disappointed if you **fail** the exam again. 〈조건의 부사절〉

F 비교 구문: 다른 시점의 상태를 비교하는 경우, 주절과 종속절의 시제가 일치하지 않는다.
¹² She **was** happier five years ago than she **is** now.

〉〉 정답 및 해설 p.7

괄호 안의 단어를 빈칸에 알맞은 형태로 쓰시오.

❶ I thought we _____ win the game. (will)

❷ We learned that the sun _____ in the east. (rise)

❸ The IQ test is more difficult than it _____ before. (be)

❹ He said that his father _____ up at 7:30 every morning. (get)

Grammar Practice

〉〉 정답 및 해설 p.7

01 어법상 틀린 부분을 찾아 바르게 고치시오. ▶ 6. 시제 일치과 그 예외

(1) He told me that World War II had ended in 1945.

(2) Don't use the front door until the paint will be dry.

(3) I left the village I have lived in for more than 30 years.

(4) We learned that water froze at 0℃.

02 두 문장이 같은 뜻이 되도록 빈칸에 알맞은 말을 쓰시오. ▶ 2. 현재완료

(1) I met her ten years ago. I still know her.

= I _____ _____ her for ten years.

(2) She went to Canada, and she is not here now.

= She _____ _____ to Canada.

(3) He hated cheese in childhood. He still hates it.

= He _____ _____ cheese _____ childhood.

(4) I visited Orlando with my best friend in 2010 and 2017.

= I _____ _____ Orlando with my best friend twice.

03 괄호 안의 단어를 문맥에 맞게 변형하시오.

(1) He (sleep) for ten hours last night.

(2) I (don't see) my parents for ten years.

(3) I'll go there if my little brother (want) to go with me.

(4) I was late for school yesterday. When I (get) to the classroom,
the lesson (already start).

04 주어진 우리말과 일치하도록 괄호 안의 단어를 이용하여 문장을 완성하시오.

(1) 그들은 지난 토요일에 쇼핑을 하러 갔다. (go shopping)

= _____ last Saturday.

(2) 나는 다음 주에 Mia의 결혼식에 참석할 예정이다. (attend)

= _____ Mia's wedding next week.

(3) Tom은 2년 동안 항공사에서 일하고 있다. (work)

= _____ for an airline for two years.

(4) 그는 작년까지는 차를 운전한 적이 없었다. (drive)

= _____ a car until last year.

[05-06] 괄호 안에 가장 적절한 말을 고르시오.

05

> Dean isn't home. He has (gone / been) to America. His wife Joanne has visited America with him several times, but she (hasn't gone / didn't go) with him this time.

06

> Janet (has started / started) to draw her portrait when she got home. If she (draws / will draw) for one more hour, she (will be drawing / will have been drawing) for three hours.

07 다음 중 밑줄 친 부분이 어법상 틀린 것은?

① The moon <u>goes</u> around the earth.

② She <u>has cooked</u> this soup two hours ago.

③ Beethoven <u>was born</u> in 1770 and <u>died</u> in 1827.

④ My son <u>is going</u> to the art museum tomorrow morning.

⑤ When I finished my homework, the TV show <u>had already ended</u>.

서술형

[08-09] 주어진 우리말과 일치하도록 조건에 따라 문장을 완성하시오.

08 그녀는 2011년 이래로 쭉 수학을 가르쳐오고 있다.

= _____

〈조건〉 • 다음 단어를 제시된 순서대로 사용하되, 필요하다면 형태를 바꿀 것:

teach, math, since

• 위의 단어를 포함하여 7단어로 작성할 것

09 우리는 다음 주 이 시간 즈음에 캘리포니아를 향해 운전하고 있을 것이다.

= _____

〈조건〉 • 다음 표현을 제시된 순서대로 사용하되, 필요하다면 형태를 바꿀 것:

drive to, California, at this time, next week

• 위의 표현을 포함하여 11단어로 작성할 것

Grammar Practice ★ 수능문법 ★

〉〉 정답 및 해설 pp.7-8

01 (A), (B), (C)의 각 네모 안에서 어법에 맞는 표현으로 가장 적절한 것은?

As we announced earlier this week, our school's monthly family event will be held tomorrow. This month, we are going to take a day trip to a suburban area. If it (A) is / will be sunny tomorrow, we will go to a national park and have a picnic. We (B) are leaving / have left the school at 11:00, so you need to be at the school by 10:50. When you arrive, you (C) receive / will receive car assignments. Please bring some food and drinks to enjoy at the picnic. We expect to return to school no later than 4 p.m.

	(A)	(B)	(C)
①	is	are leaving	receive
②	is	are leaving	will receive
③	is	have left	receive
④	will be	are leaving	will receive
⑤	will be	have left	will receive

02 다음 글의 밑줄 친 부분 중, 어법상 틀린 것은?

While most people dance just for fun, dancing can be used to treat many different problems. In fact, therapy involving dance and movement ① has been used for centuries. The modern method of dance movement therapy ② began shortly after World War II. At this time, it was discovered that some patients with mental problems would show positive reactions to music and dance even though they ③ have not responded to any other stimulus. Creative movement ④ was also judged to be of great help to patients with learning and physical problems. Today, dance movement therapy ⑤ is practiced throughout the world and benefits all types of people.

VOCA 01 announce 발표하다, 알리다 suburban 교외의 assignment 과제; *배정
02 therapy 요법, 치료 modern 현대의, 근대의 discover 발견하다 mental 정신적인 positive 긍정적인 reaction 반응
respond 반응하다 stimulus 자극 physical 육체의 practice (일상적으로) 행하다 benefit 유익하다

01 주어진 글 다음에 이어질 글의 순서로 가장 적절한 것은?

> People **have been sending** satellites into orbit since the late 1950s, so now there are nearly 7,000 of them in space.

(A) That means there are thousands of useless ones floating above Earth, along with other debris from human activity. Because space junk **has become** a serious problem, space programs around the world **have been making** an effort to prevent it.

(B) Most of the satellites launched in modern times **will have been revolving** around the earth for a couple of decades when their orbits **decay**. But they **will have stopped** working before that. Today, no more than about 1,000 satellites are in use.

(C) For example, organizations **have been considering** guidelines to limit the time that a satellite can remain in orbit. However, there are no long-term solutions yet, and the existing debris **has** also **not been addressed**.

① (A)-(B)-(C)　　② (B)-(A)-(C)　　③ (B)-(C)-(A)
④ (C)-(A)-(B)　　⑤ (C)-(B)-(A)

02 다음 글의 주제로 가장 적절한 것은?

　　Many schools **focus** on teaching students how to work well with others. Out in the real world, students **won't** always **be** able to choose the people they work with, so having the ability to cooperate with all kinds of people is essential. Schools teach this skill by having students work on projects in groups. The different group members don't always get along with each other, but if they **argue**, they**'ll** never **complete** the assignment. To succeed, they must learn to compromise. It is a valuable lesson that **will help** them in their professional lives. A lot of schools **have** actually **awarded** higher grades to students who **have learned** well and **cooperated** successfully with their team members during assignments.

① the difficulties of finding a good job
② the success of new school programs
③ the benefits of receiving an education
④ the useful skills students are taught in school
⑤ the importance of learning to cooperate in school

VOCA 　01 satellite (인공)위성　orbit 궤도　debris 잔해, 쓰레기　launch (우주선 등을) 발사하다　revolve 돌다, 회전하다　decay 부패하다; *(인공위성이) 감속하다　guideline 지침　long-term 장기적인　address 다루다, 처리하다
　02 cooperate 협력하다　essential 필수적인　argue 언쟁을 하다, 다투다　complete 완료하다, 끝마치다　assignment 과제, 임무　compromise 타협하다　valuable 소중한, 귀중한　professional 직업의, 전문적인　award 수여하다

03 다음 글의 제목으로 가장 적절한 것은?

Scientists often **travel** to frozen regions of the earth, where they drill deep into the ice to collect long, cylindrical samples. These are known as "ice cores," and they offer layers of information about past climates. The deeper they drill, the older the information is. When snow **falls** through the atmosphere, it **captures** chemicals, dust, and tiny pieces of metal. In extremely cold places, this snow never **melts**, eventually turning into ice. Scientists can then use it to better understand the history of the earth's environmental conditions. For example, air bubbles trapped in the ice **allow** scientists to learn important facts about our atmosphere. Studies of these air bubbles **have shown** that CO_2 levels **are** now almost 40 percent higher than they **were** before the Industrial Revolution.

*cylindrical: 원통 모양의

① Using Ice to Reduce Air Pollution
② How Does Snow Change into Ice?
③ Our Climate's History, Frozen in Ice
④ Is the Earth Entering a New Ice Age?
⑤ Ice Cores: A Cleaner Form of Energy

04 (A), (B), (C)의 각 네모 안에서 문맥에 맞는 낱말로 가장 적절한 것은?

Soda drinkers may need to (A) | believe / beware | what is found in their drinks. A study in France **has revealed** more than half of the most popular soda brands contain tiny amounts of alcohol. Approximately 10 mg of alcohol can be found in every liter of these drinks. Soda manufacturers **have explained** that this is due to the natural process of fruit fermentation. They **have** further **stressed** that alcohol is not part of their recipe. Regardless, this is (B) | useless / critical | information. Even small amounts of alcohol can have an adverse effect on people taking certain medicines. Some people **are demanding** that soda labels (C) | include / exclude | the percentage of alcohol in the drink. This would allow people to make informed decisions about what they drink.

*fermentation: 발효

	(A)	(B)	(C)
①	believe	····· useless	····· include
②	believe	····· critical	····· exclude
③	beware	····· useless	····· exclude
④	beware	····· useless	····· include
⑤	beware	····· critical	····· include

VOCA 03 frozen 얼어붙은, 언 region 지방, 지역 drill 구멍을 뚫다 layer (표면을 덮는) 막, 층 atmosphere 대기, 공기 capture 포착하다 extremely 극도로, 극히 melt 녹다, 녹이다 trap 가두다
04 reveal 드러내다, 밝히다 tiny 아주 적은, 아주 작은 approximately 대체로, 거의 mg (= milligram) 밀리그램 manufacturer 제조자, 제조사 stress 강조하다 recipe 조리법 adverse 부정적인 demand 요구하다

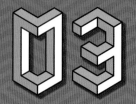

조동사

<u>Auxiliary Verb</u> 조동사는 본동사 앞에 위치하여 〈가능·허가·의무·추측〉 등의 의미를 보충한다.
두 개의 조동사를 연달아 쓸 수 없으며, 조동사의 부정은 〈조동사 + not〉의 형태를 취한다.

 can / could

① 능력 「…할 수 있다」 (= be able to)

¹ **Can** you swim? – No, I **can't**.
² Emma **could**(= was able to) do it by herself.

② 허가 「…해도 좋다」

³ **Can** I use this chair? – Yes, you **can**. / No, you **can't**.

③ 가능성 「…할 가능성이 있다」 (능력과는 상관없는 일반적인 가능성)

⁴ Children **can** have cancer.

④ 강한 의심 「과연 …일까?」

⁵ **Can** the rumor be true? I can hardly believe it.

⑤ 추측(**can't**) 「…일 리가 없다」 (강한 부정적 추측)

⁶ That **can't** be Joe. He's in the library.
⁷ You **can't have met** him. He just moved here.   (can't have p.p. 「…이었을 리가 없다」)

⑥ 정중한 부탁

⁸ **Could** I please borrow your umbrella?

⑦ 현재·미래의 불확실한 추측 「…일 수도 있다」

⁹ This **could** be the chance you have been waiting for.

⑧ 관용 표현

A cannot (help) but 동사원형 / cannot help v-ing 「…하지 않을 수 없다」

¹⁰ We **cannot but protest** against injustice.
 = We **cannot help but protest** against injustice.
 = We **cannot help protesting** against injustice.

B cannot … too 「아무리 … 해도 지나치지 않다」

¹¹ We **cannot** be **too** careful driving at night.

문법 PLUS ➕

능력(…할 수 있다)을 나타내는 can이 다른 조동사 다음에 올 때는 반드시 be able to의 형태로 써야 한다.

¹² I **may** not **be able to** get the scholarship.

>> 정답 및 해설 p.10

빈칸에 알맞은 말을 쓰시오.

❶ I cannot read Japanese, but I _____ speak it.
❷ If you stay up late, you won't be _____ get up early tomorrow.
❸ He loved her very much. He _____ have left her suddenly.

**1 min.
check
up ✔**

must

① 의무·필요·강요 「…해야 한다」 (= have to)

¹ The students **must** solve the math problems before the end of class.

² You **mustn't** take pictures here. Can't you see the sign? (must not 「…해서는 안 된다」)

³ You **don't have to**(= need not) do the dishes. I'll do them. (don't have to 「…할 필요가 없다」)

⁴ Sora **had to** cancel her trip because of the bad weather. (must의 과거)

② 강한 추측 「…임에 틀림없다」

⁵ Jane **must** have a problem–she keeps sighing.

⁶ His glasses aren't in his backpack. He **must have left** them at home.
(must have p.p. 「…했음에 틀림없다」)

 will / would

① 일반적 습성 「…하기 마련이다」 / 확실한 추측 「…일 것이다」

¹ Accidents **will** happen.

² That **will**[**would**] be Chris on the phone.

② 의지·고집

³ I **will** do anything for you. Just name it.

⁴ He **won't** talk to me. He must be angry at me. (부정은 won't[will not])

⁵ I offered him some orange juice, but he **wouldn't** drink it.

③ 공손한 표현

⁶ **Would** somebody please help me? I'm lost.

④ 과거의 습관 「…하곤 했다」

⁷ I **would** sit on the bench for hours and look at passersby.

⑤ 관용 표현

A would like to … 「…하고 싶다」

⁸ **Would** you **like to** go out for dinner with us?

B would rather … (than ~) 「(~하느니) 차라리 …하는 편이 낫겠다」

⁹ **I'd rather** wait and see **than** act too quickly.

〉〉 정답 및 해설 p.10

괄호 안에서 알맞은 말을 고르시오.

❶ He (must be / must have been) good-looking once.

❷ She (will / would) sing whenever she took a bath.

❸ I (must / would) rather eat at home than eat at that restaurant.

1 min. check up ✓

may / might

① 허가 「…해도 좋다」

A: **May** I enter the room?

B: Yes, you **may**. / Yes, certainly. / Of course you can. / Why not? 〈긍정 응답〉

No, you **may not**. / I'm sorry, you can't. / I'm afraid you can't. 〈부정 응답〉

② 불확실한 추측·가능성 「…일지도 모른다」

Amy **may** not like the idea, but others like it very much.

He was afraid that he **might** fail the test.

She's late. She **may have missed** the train. (may have p.p. 「…했을지도 모른다」)

They **might** have gotten on the airplane already.

★ might는 may보다 불확실한 추측을 할 때 쓰인다.

③ 기원 「…하기를」

May you both be happy!

May we never forget this tragedy!

④ 특별 용법

A 목적절에서 so that + 주어 + may[can] 「…하도록」 (= in order that)

Give him a spoon so that he **may** begin eating.

B 양보절에서

Wherever you **may** go, you will be loved by everyone.

⑤ 관용 표현

A may well 「…하는 것도 당연하다」, 「당연히 …일 것이다」 (확신에 찬 추측)

A: I broke my grandmother's tea pot.

B: She **may well** get angry.

Look at his gray hair. He **may well** be over 60.

B may[might] as well 「…하는 편이 낫다」

You **may[might] as well** dress up. There is a party after the event.

Sandra **may[might] as well** live alone **as** marry Bob.

★ may[might] as well ... as ~ 「~하기보다는 차라리 …하는 편이 낫다」

〉〉 정답 및 해설 p.10

may well 또는 may as well과 주어진 단어를 활용하여 문장을 완성하시오.

❶ Since you lied to Ted, he _____ upset. (get)

❷ If you are not in a hurry, you _____ a bus as a taxi. (take)

❸ Jason majored in French. He _____ French fluently. (speak)

1 min.
check
up ✓

should

① (도덕적) 의무 · 당연 「…해야 한다」 (= ought to)

¹ Everybody **should** wear seat belts on an express bus.

² We **shouldn't** deceive others.

³ We **shouldn't have stayed** so long. We missed the last bus.

(should have p.p. 「…했어야 했는데 (하지 않았다)」)

② 가능성 · 추측 「당연히 …일 것이다」

⁴ He **should** get here soon, since he left home at six.

⁵ You **should** receive my letter by next Monday.

③ 요구 · 주장 · 제안 · 명령 등을 나타내는 동사 뒤의 **that**절에서

demand, insist, suggest, propose, order, recommend, require 등의 동사 뒤에 이어지는 that절에는 「should + 동사원형」을 쓴다. 이때, should는 흔히 생략된다.

⁶ She *insisted* that he (**should**) eat regularly.

⁷ Henry *suggested* that we (**should**) talk to our homeroom teacher.

cf. that절 내용이 단순히 현재나 과거의 '사실'을 나타내는 경우 「should + 동사원형」을 쓰지 않고 시제 일치의
원칙을 따른다.

⁸ She looked pale, but she *insisted* that she **was** okay.

④ 주관적 판단 · 감정을 나타내는 어구 뒤의 **that**절에서

natural, surprising, strange, a shame, a pity 등의 어구 뒤에 이어지는 that절에 「should + 동사원형」을 쓴다.

⁹ It is *natural* that he **should** support his family.

¹⁰ It's *a pity* that Paul **should** be in the hospital.

cf. 구어체에서는 should 없이 동사를 인칭과 시제에 맞게 직설법으로 쓰기도 한다.

¹¹ It's *surprising* that she **knows** the secret.

문법 PLUS➕

shall의 용법

• 제안

¹² **Shall** we go out for a walk?

• 말하는 사람의 의지 「무슨 일이 있어도 …하겠다」 (will보다 강한 표현)

¹³ I **shall** never give up.

★ 현대영어에서는 격식체 이외에는 거의 쓰이지 않는다.

〉〉 정답 및 해설 p.11

괄호 안에서 알맞은 말을 고르시오.

1 min. check up ✓

❶ Keep in mind that you belong to the team. You (would / should) follow its rules.

❷ You should (call / have called) us. How come you didn't do that?

❸ She insisted that he (get / gets) a secure job for his future.

ought to / had better / used to / need

① ought to

A 의무·당연 「당연히 …해야 한다」 (= should)

¹ It's your mistake. You **ought to** apologize to him.

² People **ought not to** drive over the speed limit.

B ought to have p.p. 「…했어야 했는데 (하지 않았다)」

³ You **ought to have called** your parents first.

② had better + 동사원형 「…하는 것이 낫다」

⁴ The road is slippery. You **had better** slow down.

⁵ You **had better not** miss the last train.

③ used to

A 과거의 습관적 동작 「(늘) …하곤 했다」

⁶ My grandfather **used to** smoke, but now he has quit.

⁷ They **used to** play computer games together.

cf. 보통 과거의 '규칙적인 습관'을 나타낼 때는 used to를 쓰고, '불규칙적인 습관'의 경우에는 would를 쓴다.

B 과거의 계속적 상태 「이전에는 …였다」

⁸ I **used to** be a fan of his. (But I'm not anymore.)

⁹ There **used to** be a railway bridge across the river.

cf. 혼동하기 쉬운 be used to

¹⁰ I'm **used to taking** crowded buses. (be[get] used to (v-ing) 「…에 익숙하다」)

¹¹ A knife **was used to cut** it. (be used to-v 「…하는 데 사용되다」)

④ need 「…할 필요가 있다」, 「…해야 한다」

조동사와 일반동사로 쓰이는데, 조동사로 쓰일 경우 주로 부정문과 의문문 형태로 쓰인다. 일반동사로 쓰일 경우에는 목적어로 to부정사를 취한다.

¹² You **need not** bring anything. 〈조동사〉

¹³ **Need** I repeat the work? 〈조동사〉

¹⁴ She **needs** *to find* somewhere to stay for a while. 〈일반동사〉

¹⁵ They didn't **need** *to hurry*. 〈일반동사〉

문법 PLUS ➕

과거의 '상태'를 나타낼 때는 used to만 사용할 수 있다. would는 사용될 수 없음에 유의한다.

¹⁶ There **used to** be a mailbox across the street.

cf. There would be a mailbox across the street. (×)

〉〉 정답 및 해설 p.11

밑줄 친 부분을 올바르게 고치시오.

❶ You had not better be late for your next lesson.

❷ He needs not get up early since tomorrow is Sunday.

❸ She is used to drink coffee after lunch, but now she drinks juice.

1 min. check up ✓

# Grammar Practice

>> 정답 및 해설 pp.11-12

01 괄호 안에서 가장 적절한 말을 고르시오.

(1) (Can / May / Must) I finish the work by today? – No, you don't need to.

(2) (May / Would / Should) you please check this report for mistakes?

(3) Kay insisted that her pay (should / may) be raised.

(4) I have a stomachache. I (wouldn't / shouldn't) have eaten so much ice cream.

(5) Betty's light is on. She (must / can't) be at home.

(6) I would (rather / like to) take the bus than waste time looking for a parking space.

02 빈칸에 공통으로 들어갈 말을 쓰시오.

(1) • He is now better off than he _____ to be.

• You will get _____ to using chopsticks.

• Was this camera _____ to take pictures of your family?

(2) • The officer demanded that I _____ pay the fee.

• It is critical that the office PCs _____ be updated this month.

• You _____ turn off your cell phone in this concert hall.

03 밑줄 친 부분을 어법상 바르게 고치시오.

(1) <u>Will</u> you live happily!

(2) Would you like <u>going</u> shopping tomorrow?

(3) I heard that there <u>used</u> be a pretty pond near here.

(4) He proposed that we <u>raised</u> money for charity.

(5) She looked so tired. She <u>should</u> have stayed up all night.

(6) Get dressed so that you <u>must</u> go out for dinner with us.

04 주어진 우리말과 일치하도록 보기와 괄호 안의 표현을 이용하여 문장을 완성하시오.

〈보기〉 ought to   had better   may well

(1) 어젯밤에 눈이 많이 내렸어. 운전하지 않는 게 낫겠어. (drive)

= It snowed a lot last night. We _____ the car.

(2) 나는 시험에서 떨어졌어. 우리 부모님이 실망하시는 것도 당연해. (be disappointed)

= I failed the exam. My parents _____.

(3) 너는 그 노부인에게 공손했어야 했는데. (be polite)

= You _____ to the elderly woman.

05 다음 글을 읽고, 밑줄 친 문장과 같은 뜻이 되도록 빈칸에 알맞은 말을 쓰시오.

> Last month I flew in an airplane for the first time. It was very exciting. (1) I went to Atlanta in order to meet Ashley during my vacation. I didn't tell her I was coming because I wanted to surprise her. When I arrived in Atlanta, she wasn't there. She had already left on a trip to Europe with her family! (2) I regretted that I had not contacted her before I arrived.

(1) I went to Atlanta _____ meet Ashely during my vacation.

(2) I _____ Ashley before I arrived.

06 다음 중 빈칸에 들어갈 말이 <u>다른</u> 하나는?　　▶ 3. will / would

① _____ you please move a step further?

② We _____ spend lots of time in the library.

③ I _____ rather have pasta than fried chicken.

④ She was angry at Tom, so she _____ not talk to him.

⑤ There _____ be a big garage there about two years ago.

서술형

07 주어진 우리말과 일치하도록 괄호 안의 단어를 배열하여 문장을 완성하시오.　　▶ 1. can / could ⑧

너는 그에게 더 많은 조언을 요구하지 않을 수 없다.

= _____

(ask / him for / help / more advice / you / but / cannot)

서술형

08 주어진 우리말과 일치하도록 조건에 따라 문장을 완성하시오.　　▶ 3. will / would ⑤

나는 이 과학 동아리에 가입하고 싶다.

= _____

> 〈조건〉　• 다음 단어를 제시된 순서대로 사용하되, 필요하다면 형태를 바꿀 것:
>   would, join, this science club
>   • 위 단어를 포함하여 8단어로 작성할 것

01 (A), (B), (C)의 각 네모 안에서 어법에 맞는 표현으로 가장 적절한 것은?

Spices like chili peppers (A) | used to / have been used to | season food for thousands of years. But why would people begin flavoring food with spices that cause high levels of pain? Some researchers believe that humans must (B) | start / have started | adding spices to food to kill bacteria. Some studies even suggest that spicy food developed in warmer climates where bacteria is more common. However, spicy food can't be eaten for this reason today. For some people, the pain caused by spicy food (C) | may well / may as well | lead to an enjoyable sensation. Because pain causes the release of endorphins, it is natural that people would find eating spicy food pleasurable.

*endorphin: 엔도르핀(뇌에서 분비되는, 진통 작용을 하는 호르몬)

	(A)		(B)		(C)
①	used to	……	start	……	may as well
②	have been used to	……	start	……	may well
③	used to	……	have started	……	may well
④	have been used to	……	have started	……	may well
⑤	used to	……	have started	……	may as well

02 다음 글의 밑줄 친 부분 중, 어법상 틀린 것은?

If you enjoy cooking, you ① <u>must have noticed</u> that the cooking process gives many different foods a golden-brown color. This color is the result of the Maillard reaction, which ② <u>may well be</u> the world's most common household chemical reaction. It is named after Louis-Camille Maillard, the French chemist who first described it in 1912. The complex molecules formed in this reaction provide foods with not only their brown color, but also their rich flavor. Cooking at higher temperatures ③ <u>speeds</u> up the Maillard reaction. This is because the faster evaporation of water in the food allows complex molecules to form more quickly. However, many recipes suggest that your cooking temperature ④ <u>is</u> below 180°C. Since too much heat will burn your food, you ⑤ <u>might as well play</u> it safe and be patient when waiting for the Maillard reaction to occur.

*complex molecule: 복합분자

VOCA 01 spice 양념, 향신료 chili pepper 고추 season 양념하다 flavor 맛을 내다 bacteria 박테리아, 세균 climate 기후 enjoyable 즐거운 sensation 느낌 release 석방; *방출 pleasurable 즐거운
02 reaction 반응 household 가정 chemical 화학의; 화학적인 name after …의 이름을 따서 명명하다 describe 말하다, 묘사하다 form 형성하다 evaporation 증발 play (it) safe 신중을 기하다 occur 일어나다, 발생하다

01

글의 흐름으로 보아, 주어진 문장이 들어가기에 가장 적절한 곳은?

> However, it **may** be that men continue to wear them because ties are now a tradition.

Since ancient times, men have worn neckwear for various reasons. Sometimes its purpose was to show off one's title or rank. (①) At other times, it was simply used to wipe away sweat. (②) So how **can** we explain the continued popularity of neckties in the modern world? (③) For years, fashion historians have predicted that men **would** stop wearing ties, as they seem to have little or no function. (④) Ties are usually worn for formal occasions, by businessmen at work, or as part of a uniform. (⑤) As long as world and business leaders continue to wear ties, young executives **will** follow them and ties **will** remain popular.

02

Spotted Lake에 관한 다음 글의 내용과 일치하지 <u>않는</u> 것은?

Located in Canada near the city of Osoyoos, Spotted Lake is one of the most mineral-rich bodies of water on earth. With high levels of magnesium sulphate, calcium, and sodium, the water was thought to have healing powers by local Native American tribes. Considering the lake a sacred site, they **would** bathe in its mud and waters in order to heal skin diseases and body aches. Today, Spotted Lake draws visitors for a different reason. During the summer, as the lake's water evaporates, large mineral pools are left behind. More than 365 pools appear in the lake. Those pools have a wide range of colors, depending on their mineral composition. Solid natural paths form around the pools in the places where the water has evaporated and only hardened minerals remain. Generally, these pools **can** be observed from June to September.

*sulphate: 황산염

① 풍부한 미네랄을 함유하고 있다.
② 지역 원주민들이 피부병을 치료하기 위해 이용했다.
③ 여름에 물이 증발하여 물웅덩이들이 형성된다.
④ 물웅덩이들은 미네랄 구성 성분에 따라 다양한 색상을 띤다.
⑤ 미네랄이 남아 있지 않은 장소에 길이 형성된다.

VOCA 01 **purpose** 목적 **show off** 자랑하다 **rank** 계급 **wipe away** (눈물 등을) 닦다 **continued** 지속적인 **popularity** 인기 **predict** 예측하다 **function** 기능 **formal** 격식을 차린, 공식적인 **occasion** (특별한) 행사 **executive** 임원, 중역
02 **spotted** 점무늬가 있는 **magnesium** 마그네슘 **calcium** 칼슘 **sodium** 나트륨 **healing** 치유 (*v.* heal 치유하다) **tribe** 부족(部族), 종족 **sacred** 성스러운 **bathe** 목욕하다 **ache** 아픔, 통증 **draw** (사람의 마음을) 끌다 **evaporate** 증발하다 **a wide range of** 광범위한, 다양한 **composition** 구성 **solid** 단단한; 고체의 **harden** 굳히다, 경화시키다

03 다음 글의 제목으로 가장 적절한 것은?

In the past, the potlatch was a major cultural and economic event for Native Americans of the Pacific Northwest. It was a type of gathering that was generally hosted by the wealthiest family in the village. At the potlatch, the hosts **would** give away large amounts of food and gifts to less wealthy families. This confused the first European observers. It seemed to be an impractical tradition, as hosting a potlatch was very expensive. However, there was more to it than simply holding a party. Although the hosts **would** give away many valuable goods, this raised their social status among their neighbors. The Native Americans also understood that the situation **could** later be reversed. One of the poorer families, having grown wealthy, **might** host the next potlatch. This ensured harmony and balance in the village.

① What Was the Actual Purpose of the Potlatch?
② The Potlatch: A Party No One Wanted to Host
③ The Myth Behind a Native American Ceremony
④ A Social Event that Built Native American Villages
⑤ Conflict in Early America: The Wealthy *vs.* The Poor

04 다음 글의 요지로 가장 적절한 것은?

You feel guilt when you believe you have done something wrong. Guilt **can** be a healthy emotion. When you have actually done something wrong, your guilt **will** help you take responsibility and correct the situation. On the other hand, guilt **can** be unhealthy if you blame yourself for something you didn't actually do. For example, if your friend is angry, you **may** believe you have caused him or her to feel that way even though you didn't do anything wrong. You **might** think you **should have done** something different so your friend **would** be happy. Many people have been trained to think they are responsible for the feelings of others, so they feel guilty when others are upset. However, unless you have deliberately caused these emotions, this is unhealthy guilt. It's important to understand that it's not your fault.

① Guilt is an emotion that people feel for a variety of reasons.
② The emotions of others have nothing to do with your actions.
③ It is necessary to recognize which feelings of guilt are unhealthy.
④ It is natural to feel guilt even if you haven't done anything wrong.
⑤ Unhealthy guilt can make you behave badly toward other people.

VOCA 03 economic 경제적인 gathering (특정 목적을 위한) 모임 host 개최하다; 개최자 give away 거저 주다 observer 목격자 impractical 비실용적인 status 지위, 신분 reverse 뒤바꾸다, 역전시키다 ensure 확실히 하다
04 guilt 죄의식, 죄책감 (a. guilty 죄책감이 드는) responsibility 책임 (a. responsible …에 책임이 있는) correct 바로잡다, 정정하다 blame …을 탓하다 deliberately 고의로, 의도적으로

04 태

Voice 주어 및 목적어가 타동사와 갖는 관계에 따라 능동태와 수동태로 나뉜다. 능동태는 행위를 하는 주체를 주어로 두고, 수동태는 행위의 영향을 받는 대상을 주어로 둔다.

 태의 이해

① 능동태와 수동태

능동태	수동태 (be동사 + p.p.)
She **broke** an old tea cup. 그녀는 오래된 찻잔을 깨뜨렸다.	An old tea cup **was broken** by her. 오래된 찻잔이 그녀에 의해 깨졌다.
• 동작의 주체(찻잔을 깨뜨린 'She')가 주어가 되는 동사의 형태를 능동태라 한다. • 「…가 ~하다」로 해석한다.	• 수동적으로 동작의 영향을 받거나 당하는 대상(깨진 'An old tea cup')이 주어가 되는 동사의 형태를 수동태라 한다. • 「…가 ~한 상태가 되다」, 「…가 ~을 당하다」로 해석한다.

② 태의 전환법

능동태 ¹ He   repaired   my laptop.

수동태 ² My laptop was repaired by him.

① 능동태의 목적어를 수동태의 주어 자리에 놓는다.
② 능동태의 동사를 수동태에서는 「be + p.p.」 형태로 바꾼다.
③ 능동태의 주어를 「by + 주어(목적격)」 형태의 부사구로 만든다.

 수동태가 주로 쓰이는 경우

① 동작을 행한 주체를 잘 모르는 경우
¹ A lot of garbage **was thrown** on the ground near the gate.

② 동작을 행한 주체가 별로 중요하지 않거나 문맥상 명확한 경우
² The watch **was made** in Switzerland.
³ I **was born** in 1999.

③ 동작을 행한 주체가 막연한 일반인인 경우
⁴ Aspirin **is used** to get rid of pain (by people).
⁵ Spanish **is spoken** in Mexico.

>> 정답 및 해설 p.14

1 min. check up ✓

괄호 안에 주어진 동사를 빈칸에 알맞은 형태로 쓰시오.

❶ The nest _____ by that white bird last spring. (build)
❷ What _____ yesterday's big fire _____ by? (cause)
❸ Last year, the special exhibition _____ by several companies. (sponsor)

문형별 수동태

수동태는 동작의 대상인 목적어가 주어로 오는 것이므로, 목적어가 없는 1·2 문형은 수동태 전환이 불가능하다.

① **제3문형 (S + V + O)의 수동태**

1 Malaria **is carried by** mosquitoes.
  (← Mosquitoes carry malaria.)
2 *The Scream* **was painted by** Munch.
  (← Munch painted *The Scream*.)
3 The car **was stolen** (**by** someone).
  (← Someone stole the car.)

문법 PLUS ➕

목적어가 재귀대명사이거나 each other일 때는 그 목적어를 수동태의 주어로 삼을 수 없다.
7 He enjoyed **himself**.
cf. Himself was enjoyed by him. (×)
8 They looked at **each other**.
cf. Each other was looked at by them. (×)

② **제4문형 (S + V + O₁ + O₂)의 수동태**

간접목적어(O₁)와 직접목적어(O₂)로 목적어가 2개이므로, 두 가지 형태의 수동태 전환이 가능하다. 하지만, 동사에 따라 둘 중 하나의 목적어만 주어로 올 수 있는 것들이 있으므로 주의한다.

A 간접목적어와 직접목적어가 둘 다 수동태 문장의 주어가 되는 동사:

  give, teach, promise, tell, allow, send, show, lend 등

★ 직접목적어를 주어로 하여 수동태 전환할 때는 간접목적어 앞에 전치사 to를 붙인다.

My uncle gave me a book.
→ 4 I **was given** a book **by** my uncle. 〈간접목적어를 주어로〉
→ 5 A book **was given** *to* me **by** my uncle. 〈직접목적어를 주어로〉

B 일반적으로 직접목적어를 주어로 하는 수동태만 가능한 동사: make, buy, get, cook, do 등

★ 수동태 전환할 때 간접목적어 앞에 전치사 for를 붙인다.

My friend made me a birthday cake.
→ 6 A birthday cake **was made** *for* me **by** my friend.
cf. I was made a birthday cake by my friend. (×)

〉〉 정답 및 해설 p.14

1 min. check up ✔

주어진 문장을 수동태로 바꾸시오.

❶ Rome conquered Greece in 146 B.C. → _____

❷ I gave Jim a piece of advice. → Jim _____

❸ Sue made the baby some clothes. → _____

❹ Three million viewers watched the movie. → _____

❺ Eri taught us some useful expressions in Japanese.

  → Some useful expressions in Japanese _____

③ 제5문형 (S + V + O + OC)의 수동태

⁹ She **was elected** president (**by** them). (← They elected her president.)

¹⁰ The wall **was painted** blue **by** us. (← We painted the wall blue.)

¹¹ I **was told** not to talk to strangers (**by** my mother).

(← My mother told me not to talk to strangers.)

★ 목적격보어를 수동태의 주어로 하지 않는 것에 유의한다.

★ 지각동사를 수동태로 쓸 때 목적격보어는 to부정사나 현재분사가 된다. 구어체에서는 보통 현재분사를 사용한다.

¹² She **was seen to wait** for the bus (**by** me). (← I saw her wait for the bus.)

She **was seen waiting** for the bus (**by** me). (← I saw her waiting for the bus.)

★ 사역동사 중 make만 수동태로 쓸 수 있는데, 이때 목적격보어는 to부정사가 된다.

¹³ The child **was made to take** a shower **by** his mother.

(← The mother made her child take a shower.)

 ## 의문문·명령문의 수동태

① 의문사가 없는 의문문의 수동태 be동사나 조동사가 문두로 나온다.

¹ **Is** hip hop music **enjoyed by** many people? (← Do many people enjoy hip hop music?)

² Will the world record **be broken by** Yuna? (← Will Yuna break the world record?)

② 의문사가 있는 의문문의 수동태 「의문사 + be + (S) p.p.?」

³ **By** whom **was** the telephone **invented**? (← Who invented the telephone?)

⁴ Which book **was chosen by** her? (← Which book did she choose?)

⁵ What **is** this flower **called** in German? (← What do you call this flower in German?)

⁶ Where **was** the letter **found**? (← Where did you find the letter?)

③ 긍정명령문의 수동태 「Let + O + be p.p.」

⁷ Let the poem **be read**. (← Read the poem.)

④ 부정명령문의 수동태 「Let + O + not be p.p.」 또는 「Don't let + O + be p.p.」

⁸ Let our promise not **be forgotten**.

= Don't let our promise **be forgotten**. (← Don't forget our promise.)

>> 정답 및 해설 p.14

밑줄 친 부분을 올바르게 고치시오.

❶ A boat was seen <u>float</u> on the river.

❷ He was made <u>tell</u> them everything.

❸ By whom was this novel <u>translate</u>?

❹ Why was the game <u>delay</u>?

수동태의 시제

① 미래 「will [shall] be p.p.」
¹ A bridge **will be constructed by** the city this year.
² The present **will be delivered** to you by mail.

② 진행형 「be being p.p.」
³ The forest **is being destroyed by** tourists.
⁴ This machine **is being tested by** the mechanic.
⁵ Many patients **were being treated by** the doctor.

③ 완료형 「have been p.p.」
⁶ **Have** you ever **been bitten by** a dog?
⁷ The hotel room **has been booked by** Harris.
⁸ The story **had been told** many times (**by** people) before I heard it.

 기타 주의해야 할 수동태

① 목적어가 절인 문장의 수동태 두 가지 형태의 수동태가 가능하다.
¹ It **is said** that Sara is rich.
  = Sara **is said** to be rich.
  (← People say *that Sara is rich*.)
² It **was believed** that the earth was flat.
  = The earth **was believed** to be flat.
  (← People believed *that the earth was flat*.)

② 조동사가 있는 문장의 수동태 「조동사 + be p.p.」
³ Your report **must be submitted** (**by** you).
  (← You *must* submit your report.)
⁴ The cars **can be fixed by** Keeran.
  (← Keeran *can* fix the cars.)

> 문법 PLUS ➕

if절이나 whether절을 목적어로 하는 능동태의 경우도 that절과 마찬가지로 가주어 it을 사용하여 수동태로 전환할 수 있다.
⁵ He asked *if*[*whether*] *they were coming*.
  → *It* **was asked** *if*[*whether*] they were coming (**by** him).

〉〉 정답 및 해설 p.14

수동태는 능동태로, 능동태는 수동태로 바꾸시오.

❶ Sally is helping a boy. → _____
❷ He'll be punished by the judge. → _____
❸ The mirror has been broken by me. → _____
❹ People say that Ryan is a great scientist. → _____

1 min. check up ✓

③ **동사구의 수동태** 동사구는 하나의 동사로 보고 분리시키지 않는다.

⁶ Our dog **was** nearly **run over by** a car. (← A car nearly *ran over* our dog.)

⁷ All this noise cannot **be put up with**. (← We cannot *put up with* all this noise.)

④ **by 이외의 전치사를 쓰는 수동태** 수동태의 행위자를 나타낼 때 by 이외의 다른 전치사를 쓰기도 한다.

⁸ I **was** greatly **surprised at[by]** the news. 「…에 놀라다」

⁹ They **were satisfied with** their exam scores. 「…에 만족하다」

¹⁰ The river **was covered with** ice. 「…로 덮여 있다」

¹¹ This magazine **is filled with** lots of ads. 「…로 가득 채워져 있다」

¹² He **was interested in** Korean history. 「…에 관심이 있다」

¹³ A class **is composed of** 20 students. 「…로 구성되다」

¹⁴ Her name **was known to** everyone in the school. 「…에게 알려져 있다」

> ★ by 이외의 전치사를 쓰는 주요 표현
>
> be worried about 「…에 대해 걱정하다」   be scared of 「…을 두려워하다」
>
> be delighted at[with] 「…에 기뻐하다」   be pleased with 「…에 기뻐하다」
>
> be disappointed in[with] 「…에 실망하다」   be surrounded with[by] 「…에 둘러싸여 있다」

⑤ **능동 수동태** 형태는 능동태이면서 수동의 의미를 갖는 동사가 있다. 보통 부사 well, easily 등과 함께 쓰인다.

¹⁵ The newly arrived jeans **sell** well.

¹⁶ Ripe oranges **peel** easily.

> ★ 능동 수동태를 만드는 주요 동사: sell(팔리다), cut(잘리다), peel(벗겨지다), read(…라고 쓰여 있다, 읽히다) 등

⑥ **「get p.p.」** 일부 동사는 수동태에서 be동사와 get을 혼용한다. 「get p.p.」는 주로 구어체에서 사용된다.

¹⁷ We **got paid**[= **were paid**] at the end of the month.

⑦ **수동태를 쓰지 않는 경우**

상태를 나타내는 일부 타동사(fit, have, lack, resemble, suit 등)는 수동태로 쓰이지 않는다.

¹⁸ She **has** a nice car.   *cf.* A nice car is had by her. (×)

¹⁹ The new shoes don't **fit** me.   *cf.* I'm not fitted by the new shoes. (×)

²⁰ David **resembles** the famous movie star.

cf. The famous movie star is resembled by David. (×)

〉〉 정답 및 해설 p.15

빈칸에 알맞은 전치사를 쓰시오.

❶ Usain Bolt is known _____ everyone.

❷ I'm interested _____ making new friends.

❸ Anna was surprised _____ the sudden change.

❹ The fitness center is filled _____ young people.

Grammar Practice

〉〉 정답 및 해설 p.15

01   괄호 안에 주어진 단어를 빈칸에 알맞은 형태로 쓰시오.

(1) Sorry about the noise; the road _____. (repair)

(2) The car is really dirty; it _____ for weeks. (not, clean)

(3) The scarf _____ to my mother yesterday. (send)

(4) These mountains can _____ from a great distance. (see)

02   주어진 문장을 수동태로 바꿀 때 빈칸에 알맞은 말을 쓰시오.

(1) Alex is writing a paper.
     → A paper _____ Alex.

(2) He wrote more than 30 plays.
     → More than 30 plays _____ him.

(3) Shirley has suggested a new idea.
     → A new idea _____ Shirley.

(4) Jennie will invite Ann to the party.
     → Ann _____ to the party _____ Jennie.

03   괄호 안에서 가장 적절한 말을 고르시오.

(1) The boy is scared (of / by) the dark.

(2) He was heard (sing / to sing) a beautiful song.

(3) Let the book (not be sold / be not sold) until 5.

(4) Maria (resembles / is resembled) her grandmother.

04   어법상 틀린 부분을 찾아 바르게 고치시오.

(1) This book is composed by 12 short stories.

(2) The new phone knows for its quality camera.

(3) The issue will be dealt by a number of lawyers.

(4) The boy was made clean the classroom alone.

05 다음 중 어법상 <u>틀린</u> 문장은?

① The ring was given to her sister.

② He is believed to have crossed the border.

③ They are being paid a lot of money for doing little.

④ It is said that tea was discovered by a Chinese emperor.

⑤ My little nephews will be taken care by me until my aunt returns.

06 다음 글의 문장 (1)~(4)를 주어진 어구로 시작하는 수동태 문장으로 바꾸시오.

> Helen Young stars in a new movie, *Moonlight*. It's the story of a young girl who moves from Ireland to Spain. (1) Luca Lopez directed it, and Pablo Mendes produced it. (2) People say Miss Young's dresses are outstanding. (3) A famous designer specially designed her dresses. (4) Critics have already nominated the film for several awards. It is due to open this summer.

(1) It _____.

(2) Miss Young's dresses _____.

(3) Her dresses _____.

(4) The film _____.

▶ 6. 기타 주의해야 할 수동태 ①

서술형

07 다음 문장과 같은 뜻이 되도록 조건에 따라 (1), (2)를 완성하시오.

People believed that the president kept his promises.

(1) The president _____.

(2) It _____.

> 〈조건〉 • (1), (2) 모두 수동태로 작성할 것
> • (1)은 The president를 포함하여 8단어로 작성할 것
> • (2)는 It을 포함하여 9단어로 작성할 것

▶ 6. 기타 주의해야 할 수동태 ②, ④

서술형

08 주어진 우리말과 일치하도록 조건에 따라 문장을 완성하시오.

그 탁자는 빨간 천으로 덮여 있어야 한다.

= _____

> 〈조건〉 • The table을 주어로 할 것
> • 다음 표현을 사용하되, 필요하다면 형태를 바꿀 것: a red cloth, cover, must
> • 위의 표현을 포함하여 9단어로 작성할 것

01 (A), (B), (C)의 각 네모 안에서 어법에 맞는 표현으로 가장 적절한 것은?

The exact definition of the word "culture" is not agreed upon (A) at / by everyone. For some, the word (B) refers to / is referred to the great books, music, and works of art that a group of people have created over time. This is sometimes also called "high culture," a term used to discriminate between critically acclaimed works and "popular" or "mass" culture. In anthropology, however, "culture" has a broader meaning. It is simply the way of life of a group of people, which includes their learned behavior, beliefs, and material possessions. This type of culture (C) must transmit / must be transmitted from one generation to the next through learning and experience.

*anthropology: 인류학

	(A)		(B)		(C)
①	at	⋯⋯	refers to	⋯⋯	must transmit
②	at	⋯⋯	is referred to	⋯⋯	must be transmitted
③	by	⋯⋯	refers to	⋯⋯	must transmit
④	by	⋯⋯	refers to	⋯⋯	must be transmitted
⑤	by	⋯⋯	is referred to	⋯⋯	must transmit

02 다음 글의 밑줄 친 부분 중, 어법상 틀린 것은?

Considered one of the most beautiful and interesting cities in the world, Paris ① has been the capital of France since the year 508. However, this city ② started from humble beginnings. Paris ③ named after a group of people called the Parisii. They built a small village on the Ile de la Cité, an island in the middle of the Seine River, about 2,000 years ago. This island is where Notre Dame is located. The borders of Paris, however, ④ have been expanded far beyond the Ile de la Cité since then. Both sides of the river have become part of the city and ⑤ are now filled with buildings and parks.

VOCA 01 **exact** 정확한 **definition** 정의 **refer to** …을 나타내다 **term** 용어 **discriminate** 식별하다, 구별하다 **critically** 비평 [비판]적으로 **acclaim** 칭송하다, 환호를 보내다 **mass** 대중적인 **broad** 폭넓은 **material** 물질[물리]적인 **possession** 소유물 **transmit** 전하다 **generation** 세대 **learning** 학습
02 **capital** 수도 **humble** 겸손한; *변변치 않은 **border** 국경, 경계 **expand** 확대시키다, 확장시키다

01 다음 글의 목적으로 가장 적절한 것은?

I received my monthly electric bill this morning. The bill **was sent** on December 15th and contains charges for both the month of October and the month of November. It also says that I must pay a $5 late payment penalty. However, the $45 charge for October **was** already **paid** last month via automatic withdrawal. In fact, my bank has been automatically paying the bills on the 25th of each month since last June. This **can be confirmed** by viewing the attached bank statement. For this reason, I'd like to get a revised bill with the correct charges for November before the due date. I'm afraid that I **might be double-charged** through automatic withdrawal in the future. If you have any questions, please call me at 516-441-1982.

① 전기료 자동 이체를 해지하려고
② 전기세 인상에 대해 항의하려고
③ 전기료 납부처의 확대를 건의하려고
④ 수정된 전기료 청구서를 요청하려고
⑤ 전기료 이중 출금의 원인을 확인하려고

02 다음 빈칸에 들어갈 말로 가장 적절한 것은?

The "&" symbol, or ampersand, has its origin in the Latin word *et*, meaning "and." The letters that make up this word **were** sometimes **combined** into a single symbol, "&." **It is believed that** this symbol **was** first **used** in the first century AD. The earliest example that **has been found** is in graffiti in Pompeii. Considering this ancient origin, you **will be surprised at** how recently the term "ampersand" **was coined**. In the early 19th century, the ampersand **was being taught** as the 27th letter of the alphabet, but it **was read** simply as "and." This _____. So instead of saying "X, Y, Z, and and," children began using the phrase "and per se and" (meaning "and, by itself, &") after Z. Over time, this phrase became the word "ampersand."

① made the history of the symbol unclear
② made memorizing the other letters easier
③ made reciting the end of the alphabet confusing
④ made it easy for children to pronounce the letter
⑤ made it hard for children to remember how to write "&"

VOCA **01** bill 청구서 charge (상품·서비스에 대한) 요금 payment 지불, 납입 penalty 벌금 automatic 자동의 (ad. automatically 자동적으로) withdrawal 철회; *인출 confirm 사실임을 보여주다, 확인해 주다 view 의견, 관점; *보다 attach 붙이다, 첨부하다 bank statement 입출금 내역서 revised 변경한, 수정된 due date 만기일
02 symbol 부호 make up …을 이루다[형성하다] graffiti (공공장소에 하는) 낙서, 그래피티 term 용어, 말 coin 동전; *(새로운 말을) 만들다 phrase 구절 [문제] recite 암송하다 pronounce 발음하다

03 다음 글의 내용을 한 문장으로 요약하고자 한다. 빈칸 (A)와 (B)에 들어갈 말로 가장 적절한 것은?

It is said that when we try to retrieve one memory, we often recall other events as well. To find out more, two experiments **were conducted**. The first took place shortly after the 2016 US presidential election—participants **were asked to remember** news stories related to the election. The second took place in May of 2018 and involved remembering news events from earlier in the year. In the first experiment, the researchers identified the date on which each recalled story appeared in the news. In the second study, participants **were given** access to the Internet and **were asked** to identify which stories they had recalled. In both experiments, they found that stories that **were recalled** together had first appeared in the news on the same day.

↓

Studies suggest that when two _____(A)_____ events happen close together, they can become _____(B)_____ in our memories.

	(A)		(B)		(A)		(B)
①	similar	......	erased	②	separate	......	linked
③	repeated	......	switched	④	imaginary	......	lost
⑤	logical	......	screen				

04 글의 흐름으로 보아, 주어진 문장이 들어가기에 가장 적절한 곳은?

But in the 1950s, bobsleigh started to be recognized as the competitive sport we know today.

While sleds **have been used** for centuries to get around on ice and snow, they **were not used** for competitive racing until the late 1800s. (①) This sport came to be known as bobsleigh because racing crews would bob back and forth to increase speed, and, in 1897, the world's first bobsleigh club **was established** in St. Moritz, Switzerland. (②) Unlike today's steel sleds, the first racing sleds **were made of** wood. (③) And the sport **was** originally **seen** as a recreational activity for the wealthy. (④) Competitive bobsleigh teams saw the importance of a fast start and began recruiting athletes from other sports. (⑤) Gymnasts, track and field athletes, and others who could give a strong push at the start **were** much **sought after**.

VOCA　03 retrieve 되찾아오다　recall 기억해 내다　experiment 실험　conduct (특정한 활동을) 하다　presidential election 대통령 선거　participant 참가자　involve 포함하다, 관련시키다　identify 확인하다　access 입장, 접근
04 bobsleigh 봅슬레이(경기용 썰매)　crew 팀　bob (특히 물 위에서) 깐닥거리다　back and forth 앞뒤로　establish 설립하다
recreational 레크리에이션의, 오락의　recruit 모집하다[뽑다]　gymnast 체조 선수　track and field 육상 경기의　seek after …을 찾다, 구하다

부정사

<u>Infinitive</u> 부정사에는 「to + 동사원형」 형태의 'to부정사'와 「동사원형」 형태의 '원형부정사'가 있다.
to부정사는 문장 내에서 명사, 형용사, 부사의 역할을 한다.

 명사적 용법

to부정사가 명사처럼 〈주어·목적어·보어〉 역할을 하며, 「…하는 것」, 「…하기」로 해석된다.

① 주어

¹ **To conserve** energy is important.

= *It* is important **to conserve** energy. (It = to conserve energy)

★ 주어로 쓰이는 to부정사는 대부분 「it … to-v」의 형태(가주어 it, 진주어는 to-v 이하)로 쓰인다.

② 목적어

² I decided **to accept** the proposal.

³ She wants **to take** pictures of famous people.

⁴ I think *it* necessary **to tell** the truth. (it = to tell the truth / it은 가목적어, to-v 이하는 진목적어)

★ to부정사가 제5문형(S + V + O + OC)의 목적어(O)에 해당하는 경우, 목적어 자리에 가목적어 it을 대신 쓰고 to부정사는 목적격보어(OC)의 뒤에 둔다.

⁵ I found *it* easy **to swim**. (○)

cf. I found to swim easy. (×)

③ 보어

⁶ Lynda's dream is **to be** a famous actress. 〈주격 보어〉

⁷ She wants her parents **to buy** her a new swimsuit. 〈목적격 보어〉

④ 의문사 + to부정사 문장 안에서 주어, 목적어, 보어 역할을 한다.

⁸ **How to live** is an important question in life.

⁹ Everything looks so delicious that I can't decide **what to eat** first.

¹⁰ I don't know **where to put** this bookcase.

¹¹ He'll let us know **when to play** the violin.

〉〉 정답 및 해설 p.18

빈칸에 알맞은 말을 쓰시오.

*1 min.
check
up* ✓

❶ Is it possible _____ use the Internet here?

❷ He found _____ difficult to make foreign friends.

❸ This manual explains how _____ cook meat using a microwave.

2 형용사적 용법

① **명사 수식** to부정사가 형용사처럼 명사 뒤에서 명사를 수식하며, 「…하는」, 「…할」으로 해석된다.

A 「명사 + to부정사」

¹ You have a lot of work **to do** today.

² We have a few more problems **to discuss**.

B 「명사 + to부정사 + 전치사」 명사는 의미상 전치사의 목적어가 된다.

³ Give me a chair **to sit on**. (← sit on a chair)

⁴ He has no friends **to play with**. (← play with friends)

★ 이 경우 전치사를 빠뜨리지 않도록 주의한다.

② **be + to부정사** 문맥에 따라 〈예정, 가능, 의무, 의도, 운명〉 등의 뜻으로 해석한다.

A 예정 「…하기로 되어 있다」(= will / be supposed to)

⁵ The next Winter Olympic Games **is to be** held in 2022.

⁶ He and I **are to meet** at six.

B 가능 「…할 수 있다」(= can)

⁷ Not a star **is to be** seen in the sky.

⁸ Not a sign of life **was to be** found.

★ 가능을 나타내는 「be + to부정사」의 to부정사는 주로 수동태로 쓰인다.

C 의무 「…해야 한다」(= must / should)

⁹ We **are to be** polite to senior citizens.

D 의도 「…하고자 한다」(= intend to)

¹⁰ If you **are to be** knowledgeable, you should read a lot of books.

E 운명 「…할 운명이다」(= be destined to)

¹¹ He **was** never **to return** home.

〉〉 정답 및 해설 p.18

밑줄 친 부분에 유의하여 문장을 우리말로 해석하시오.

❶ Lauren was the only one to arrive late.

❷ If you are to stay here, you should be quiet.

❸ You are to finish the project within three months.

❹ The U.S. soccer team is to arrive in Seoul next week.

to부정사가 부사처럼 형용사, 동사 및 다른 부사를 수식한다.

① 목적 「…하기 위하여」 (= in order to / so as to / so that 등)
¹ He went to Australia **to learn** English.
² Many people gathered **to protest** against poor working conditions.

② 감정의 원인 「…해서」
³ I was surprised **to read** the notice.
⁴ Lucy was delighted **to meet** her old friends again.

③ 판단의 근거 「…하다니」
⁵ Tom must be a gentleman **to behave** like that.
⁶ I'm lucky **to have** a friend like you.

④ 결과 「…해서 ~되다」, 「…했으나, 결국 ~하다」
⁷ Her son grew up **to be** a scientist.
⁸ We hurried to the airport only **to miss** the plane.

⑤ 조건 「…한다면」 ▶ p.82 참조
⁹ I would be sad **to see** you leave. (= I would be sad *if* I saw you leave.)
¹⁰ **To hear** her speak German, you'd be amazed.

⑥ 한정 「…하기에」, 「…하는 데」
¹¹ This box is quite heavy **to carry**.
¹² The program is very difficult **to use**.

⑦ 관용 표현
A enough to-v 「…할 정도로 충분히 ~한」 (= so ... that + 주어 + can[could])
¹³ He is old **enough to watch** the movie.
  (= He is **so** old **that** he **can** watch the movie.)

B too ... to-v 「너무 …해서 ~할 수 없는」 (= so ... that + 주어 + can't[couldn't])
¹⁴ I was **too** excited **to sleep**.
  (= I was **so** excited **that** I **couldn't** sleep.)

문법 PLUS ➕

〈결과〉를 나타내는 부사적 용법에서는 to부정사를 먼저 해석하기보다 문장의 앞에서부터 순차적으로 해석하는 것이 더 자연스럽다.

She studied hard only **to fail**.
(그녀는 열심히 공부했지만 합격하지 못했다.)

〉〉 정답 및 해설 p.18

1 min. check up ✔

주어진 문장과 비슷한 뜻이 되도록 빈칸에 알맞은 말을 쓰시오.

❶ She left early so that she could be on time for the meeting.
 = She left early _____ _____ on time for the meeting.
❷ I will be glad if I can talk with you.
 = I will be glad _____ _____ with you.
❸ The man was so fast that he could compete in the race.
 = The man was _____ _____ _____ in the race.

의미상의 주어·시제·수동태

① **의미상의 주어** to부정사가 나타내는 동작이나 상태의 주체를 말한다.

A **의미상의 주어를 표시하지 않는 경우**

¹ *I* want **to know** the name of this plant. 〈주어와 일치〉

² Do you want *me* **to leave** here? 〈목적어와 일치〉

³ It's fun **to watch** 3D movies. 〈일반인인 경우〉

B **의미상의 주어를 표시하는 경우** to부정사의 주체가 문장의 주어와 달라서 밝혀 줄 필요가 있는 경우 「for + 목적격」
또는 「of + 목적격」의 형태로 나타낸다.

⁴ It is impossible *for me* **to solve** the problem. (to solve의 주체는 I)

⁵ It was very nice *of him* **to drive** me home. (to drive의 주체는 he)

> ★ '사람의 성질이나 태도'를 나타내는 형용사가 오면 의미상의 주어로 「of + 목적격」을 쓴다.
> 예) good, kind, generous, nice, polite, careless, foolish, silly, stupid, rude, selfish 등

② **시제**

A **단순부정사** 「to + 동사원형」 술어동사와 같은 때나 그 이후를 나타낸다.

⁶ She seems **to be** ill. (= It seems that she *is* ill.)

⁷ I expect him **to recover** soon. (= I expect that he *will recover* soon.)

B **완료부정사** 「to have p.p.」 술어동사가 가리키는 때 이전을 나타낸다.

⁸ She seems **to have been** ill. (= It seems that she *was[has been]* ill.)

> ★ 소망, 기대를 나타내는 동사(want, hope, wish, intend, expect 등)의 과거형 다음에 완료부정사가 오면
> '과거에 이루지 못한 소망이나 기대'를 나타낸다.

⁹ They expected **to have attended** the seminar yesterday.
(= They expected to attend the seminar yesterday, but they couldn't.)

¹⁰ I wanted **to have taken** the bus to Seattle.

③ **수동태**

A **단순형** 「to be p.p.」 술어동사와 같은 때나 그 이후를 나타낸다.

¹¹ Tablet PCs seem **to be used** by many teenagers.

B **완료형** 「to have been p.p.」 술어동사가 가리키는 때 이전을 나타낸다.

¹² My bike seems **to have been stolen**.

〉〉 정답 및 해설 p.18

*1 min.
check
up* ✓

빈칸에 알맞은 말을 쓰시오.

❶ It is necessary _____ him to drink a lot of water.

❷ It was careless _____ you to leave your cell phone on the bus.

❸ It seems that he was popular at school.
= He seems to _____ _____ popular at school.

① **원형부정사** let, make, have 등의 사역동사나 see, watch, hear, feel, listen to 등의 지각동사 뒤의 목적어와 목적격보어가 능동 관계일 때 목적격보어로 원형부정사가 온다.

A 「사역동사 + 목적어 + 원형부정사」

¹ Don't *let* the children **drink** soda.

² The sad music *made* me **cry**.

   cf. 사역동사 get의 경우 목적격보어로 to부정사 또는 현재분사가 온다.

³ James *got* his brother **to clean[cleaning]** the house.

B 「지각동사 + 목적어 + 원형부정사」

⁴ I didn't *see* you **come** in.

⁵ She *listened to* him **sing** a song.

   cf. 진행의 의미를 강조할 때 지각동사의 목적격보어로 현재분사가 오기도 한다.

⁶ I *saw* her **going** up the hill slowly.

> **문법 PLUS ➕**
>
> help + 목적어 + 원형부정사[to부정사]:
> '…가 ~하는 것을 돕다'
>
> ¹¹ I'll help you **(to) prepare** for the party.
> ¹² He helped the boy **(to) put** on a T-shirt.

② **대부정사** 반복을 피하기 위해 to부정사에서 동사원형을 생략하고 to만 사용하기도 한다.

⁷ A: Did you look around the garden?
   B: We wanted **to**, but we weren't allowed **to**. (to = to look around the garden)

③ **to부정사의 부정** to부정사 바로 앞에 not이나 never를 쓴다.

⁸ Be careful **not to catch** a cold.

④ **독립부정사** 하나의 관용 표현으로 문장 전체를 수식한다.

⁹ **To tell the truth**, I haven't read the article yet. 「솔직히 말하자면」

¹⁰ **Strange to say**, it snowed on April 1st. 「이상한 이야기지만」

   ★ **주요 독립부정사**

to be honest 「정직하게 말하면」	to be sure 「확실히」
to begin with 「우선, 먼저」	to make matters worse 「설상가상으로」
so to speak 「말하자면」	to say nothing of 「…은 말할 것도 없고」
to be frank with you 「솔직히 말하자면」	to make a long story short 「요약하자면」

〉〉 정답 및 해설 p.19

밑줄 친 부분을 올바르게 고치시오.

❶ He went out even though his mother told him to not.

❷ Tell the truth, I can't remember what you said.

❸ My father let me to use his credit card when buying books.

❹ I helped her finding the bookstore.

Grammar Practice

〉〉 정답 및 해설 p.19

01 문장을 해석하고, 밑줄 친 **to**부정사의 용법을 설명하시오.

(1) He went abroad <u>to learn</u> about the world.

(2) I was shocked <u>to hear</u> that he failed the exam.

(3) I awoke <u>to find</u> my father sitting beside me, asleep.

(4) If you are <u>to lose</u> weight, you must eat less and exercise more.

(5) She wanted <u>to be</u> the first person <u>to fly</u> across the Pacific Ocean.

02 밑줄 친 부분을 어법상 바르게 고치시오.

(1) She was <u>enough kind to show</u> me the way.

(2) Nick seems <u>to be born</u> in France around 2000.

(3) I should take notes. I need a piece of paper <u>to write</u>.

(4) It's impossible <u>of me to finish</u> the homework by tomorrow.

(5) We watched the thief <u>to run away</u> in the middle of the day.

03 밑줄 친 부분과 뜻이 같은 것을 찾아 연결하시오. ▶ 2. 형용사적 용법 ②

(1) You <u>are to</u> clean your room by noon.　　　　　ⓐ will

(2) Keep practicing if you <u>are to</u> be perfect.　　　ⓑ can

(3) Health <u>is not to</u> be bought with money.　　　ⓒ must

(4) The plane <u>is to</u> take off in ten minutes.　　　ⓓ intend to

04 **to**부정사를 사용하여 다음 문장을 다시 쓰시오.

(1) I was disappointed that I had missed the party.

= _____

(2) It is natural that they want to go to the amusement park.

= _____

(3) I don't know how I can open this bottle.

= _____

(4) This exam is so difficult that I can't answer all the questions.

= _____

(5) It seems that she lost my book last week.

= _____

05 다음 중 주어진 문장의 밑줄 친 부분과 같은 의미로 쓰인 것은?

> My sister doesn't have any dress to wear.

① There is no other way to get there by bus.
② Jen asked me what to sell at the flea market.
③ He was very embarrassed to face his ex-girlfriend.
④ Not a child was to be found at the playground.
⑤ We think it impossible for you to go there alone.

06 다음 중 어법상 어색한 문장은? (2개)
① They listened to the choir singing a beautiful carol.
② Eat some more not to get hungry in the afternoon.
③ Jack got his sister send the package to his friend.
④ The car seems to have broken down last weekend.
⑤ It is kind for Amy to make such a generous offer.

서술형

07 주어진 우리말과 일치하도록 괄호 안의 단어를 배열하여 문장을 완성하시오.　　▶ 3. 부사적 용법 ⑦

그녀는 너무 화가 나서 공부에 집중할 수 없었다.

= _____

(to / was / on / angry / her / focus / studies / she / too)

서술형

08 주어진 우리말과 일치하도록 조건에 따라 문장을 완성하시오.　　▶ 1. 명사적 용법 ①

인생에서 올바른 길을 선택하는 것은 항상 쉽지 않다.

= _____

〈조건〉　• to부정사를 사용할 것
　　　• 다음 표현을 제시된 순서대로 사용하되, 형태를 바꾸지 말 것:
　　　　choose, the right path, in life, always, easy
　　　• 위의 표현을 포함하여 11단어로 작성할 것

01 (A), (B), (C)의 각 네모 안에서 어법에 맞는 표현으로 가장 적절한 것은?

When people get tired of their pet fish, they sometimes decide to set them free. This is called "aquarium dumping," and it is a terrible idea. Releasing non-native fish into the wild has the potential to upset entire ecosystems. They may eat native fish or compete with them for food. It only takes a few released pets (A) establish / to establish a growing population. This is what happened in a lake in the US. After some goldfish (B) were released / released into it, they multiplied and began to consume the food of other fish. Before you buy any pet, make sure you are responsible (C) enough to take / to take enough care of it without harming the environment.

	(A)	(B)	(C)
①	establish	released	enough to take
②	to establish	were released	enough to take
③	establish	released	to take enough
④	to establish	released	to take enough
⑤	establish	were released	to take enough

02 다음 글의 밑줄 친 부분 중, 어법상 틀린 것은?

Perfectionists tend to set their standards too high, so they often end up putting off important tasks. For example, a student ① seeking to write a perfect essay might delay getting started because he or she doesn't know where to start. ② To avoid this kind of problem, you should begin by lowering your standards. This doesn't mean you should have no standards. However, having realistic standards will help you do your best. Next, create an organized schedule. Break your projects into steps and decide on the amount of time ③ to spend on each one. Your goal should be ④ complete each task efficiently, not to make it perfect. Finally, set priorities by choosing ⑤ which projects are most important. Remember that you don't need to give 100% of your attention to every task.

VOCA **01** set free …을 풀어주다 dumping 투기, 폐기 release 놓아 주다, 방출하다 potential 가능성 entire 전체의 ecosystem 생태계 compete 경쟁하다 establish 확립하다 population 인구; *개체 수 multiply 증식하다, 번식하다 consume 먹다
02 perfectionist 완벽주의자 standard 수준, 기준 end up v-ing 결국 …하게 되다 put off 미루다, 연기하다 seek 찾다; *…하려고 (시도)하다 realistic 현실적인 organized 조직화된; 체계적인 efficiently 능률적으로 priority 우선 사항

01 다음 글의 요지로 가장 적절한 것은?

If you invest money, you should be aware of "black swans." A black swan is an unexpected event that has a powerful impact. After it occurs, people try **to explain** why it happened. However, because black swans are random, they cannot be explained or predicted. So, is it possible **to avoid** losing all of your money, forcing you **to start** again from zero? Yes! If you are able **to protect** your money from black swans, you will likely be a successful investor. Most importantly, you must learn **how to prepare** for the unexpected. Financial predictions often go wrong. No matter how well you know a subject, there will always be unknowns **to deal with**. And there tend **to be** a lot of them in the stock market. Accept this, and you will not be surprised when black swan events occur.

① 예측하기 힘든 실패 요소를 극복해야 성공할 수 있다.
② 주식 투자에 성공하려면 전문가의 도움을 받아야 한다.
③ 투자에 성공하려면 예측 불가능한 사건에 대비해야 한다.
④ 사업 환경이 복잡해질수록 수익을 창출하기는 더 어려워진다.
⑤ 미래 경제에서는 사소한 사건이 심각한 재정적 위기를 초래할 수 있다.

02 다음 글에서 전체 흐름과 관계 없는 문장은?

When reading the works of William Shakespeare, it's hard **not to notice** how often the legal system appears. Some think that Shakespeare must have been a lawyer himself **to have been** so interested in the law. ① And the interest seems **to be** mutual, with references to all 37 of Shakespeare's plays having appeared in American judicial opinions. ② Shakespeare's works have been continually adapted **to suit** contemporary times and cultures around the world. ③ By studying literature, lawyers can learn **how to present** clear and logical opinions. ④ But Shakespeare's particular popularity might be explained by his status as a symbol of high culture. ⑤ Referencing his work seems **to lend** credibility to one's arguments. It may also be due to the fact that his work is so well known. Just about every highly educated person in the English-speaking world claims **to have read** at least one of his plays.

VOCA 01 invest 투자하다 (*n.* investor 투자자) be aware of …을 알다 impact 영향 random 무작위의 predict 예측하다 (*n.* prediction 예측) financial 금융의, 재정의 deal with …을 다루다 stock market 주식 시장
02 legal system 법률 제도 mutual 상호간의, 서로의 reference 참고, 참조 judicial 사법의, 재판의 adapt 개작하다, 각색하다 contemporary 현대의 literature 문학 logical 논리적인 status (사회적) 지위 credibility 신뢰성 argument 논거, 주장 claim 주장하다

03 다음 빈칸에 들어갈 말로 가장 적절한 것은?

After breaking up with someone, you might find it impossible **to get** that person out of your thoughts, no matter how hard you try. In the 1980s, a psychology professor conducted a series of experiments that explained why. Two groups of participants were given different tasks. The first group was told, "For the next five minutes, just think about white bears." Meanwhile, the second group was told to try **not to think** about white bears for five minutes. The results were surprising. The people who tried **not to think** about white bears ended up thinking about them more than the other group. Later, in similar experiments, the professor found that trying **to avoid** depressing thoughts can make people more depressed than actually trying **to feel** sad. Clearly, attempting **not to think** about something _____.

① helps you forget it easily
② makes it stay in your mind
③ keeps you in good mental health
④ allows you to solve problems faster
⑤ distracts you from more important things

04 다음 글의 제목으로 가장 적절한 것은?

Would you be surprised **to see** colored snow? Although snow itself is always white, it sometimes appears **to be** pink, brown, blue, or green! The most common cause of snow that seems colored is the presence of very small plants called algae, which have various colors. Algae are the simplest of all plants. Many of them have neither roots nor stems. Some of these simple plants live in the air. When snow falls, algae in the air may be carried down with it. The plants are **too** minute **to be seen** separately. Only their color is visible. Because of this, snow that contains algae sometimes seems **to have changed** color.

*algae: 〈식물〉 조류(藻類), 말

① Why White Snow Appears Colored
② Colored Snow: An Enemy of Plants
③ How Cold Weather Changes the Color of Snow
④ Decorate Your Yard with Beautiful Colored Snow
⑤ Winter Algae: Special Plants That Grow in the Snow

VOCA 03 **break up with** …와 결별하다   **conduct** (특정한 활동을) 하다   **experiment** 실험   **participant** 참가자   **depressing** 우울하게 만드는 (*a.* depressed 우울한)   **attempt** 시도하다   [문제] **distract** 집중이 안 되게 하다
04 **common** 흔한   **presence** 존재, 실재   **various** 다양한   **root** 뿌리   **stem** 줄기   **minute** 극히 작은   **separately** 따로따로, 별도로   **visible** (눈에) 보이는, 알아볼 수 있는   **contain** …이 들어 있다, 포함하다

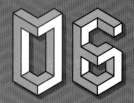

동명사

<u>Gerund</u> 동명사는 「동사원형 + ing」형태로, 동사의 성질을 가지고 있으면서 명사처럼 문장 내에서 주어, 목적어, 보어로 사용된다.

 동명사의 기본 용법

동명사는 문장 속에서 〈주어·목적어·보어〉 역할을 하며, 「…하는 것」, 「…하기」로 해석된다.

① **주어 역할**

¹ **Reading** improves your vocabulary.
² **Finishing** the work in a week would be impossible.

문법 PLUS+

동명사(구)가 주어인 경우, 동사는 단수형을 쓴다.
⁹ **Raising** pets *is* good for children.

② **목적어 역할**

A 동사의 목적어   ³ Do you *like* **listening** to music?
               ⁴ We *enjoy* **playing** baseball every Sunday.

B 전치사의 목적어   ⁵ His son is interested *in* **learning** foreign languages.
               ⁶ Fashion is a great way *of* **expressing** our individuality.

★ 다음 구문의 to는 to부정사의 to가 아니라 전치사로, 동명사를 목적어로 취한다.

look forward to v-ing 「…하는 것을 기대하다」   be used[accustomed] to v-ing 「…하는 데 익숙하다」
object to v-ing 「…하는 것을 반대하다」   be opposed to v-ing 「…하는 것을 반대하다」

③ **보어 역할**

⁷ Jay's job is **answering** calls from customers.
⁸ One of her hobbies is **watching** horror movies.

④ **「동명사 + 명사」**

동명사와 명사가 함께 쓰여 하나의 뜻을 나타내는 경우가 있다. 이때 동명사는 〈용도·목적〉을 나타낸다.

a **sleeping** car 「침대차」 (= a car used for sleeping)

cf. 「현재분사 + 명사」의 경우, 현재분사는 뒤에 오는 명사의 〈동작·상태〉를 나타낸다. ▶ p.68 참조

     a **sleeping** baby 「자고 있는 아기」 (= a baby who is sleeping)

〉〉 정답 및 해설 p.22

괄호 안에서 알맞은 말을 고르시오.

❶ (Read / Reading) comic books in class isn't allowed.
❷ I'm not used to (drive / driving) in London.
❸ Julie is excited about (go / going) to the concert.
❹ I slept in a (sleep / sleeping) bag yesterday.

2 동명사의 의미상의 주어·시제·수동태·부정

① **의미상의 주어** 동명사가 나타내는 동작이나 상태의 주체를 말한다.

A 의미상의 주어를 표시하지 않는 경우

동명사의 의미상의 주어가 문장의 주어 또는 목적어와 일치하거나 일반인을 가리키는 경우 생략한다.

¹ *He* hadn't thought of **winning** first prize. 〈주어와 일치〉

² Thank *you* for **accepting** the invitation. 〈목적어와 일치〉

³ **Using** a cell phone while driving can be extremely dangerous. 〈일반인〉

B 의미상의 주어를 표시하는 경우

동명사의 의미상의 주어가 문장의 주어와 일치하지 않을 때, (대)명사의 소유격 혹은 목적격으로 동명사 앞에 표시한다.

⁴ I insist on *his[him]* **exercising** regularly. (→ he exercises regularly)

　★ all, both, this, those 등 소유격으로 만들 수 없는 대명사는 목적격으로 나타낸다.

⁵ They had no doubt of *this* **being** true. (→ this was true)

② **시제**

A 단순동명사 「동사원형 + ing」 술어동사와 같은 때나 그 이후의 〈동작·상태〉를 나타낸다.

⁶ I am ashamed of **being** poor. (= I am ashamed that I *am* poor.)

⁷ He is afraid of **being** arrested. (= He is afraid that he *will be* arrested.)

B 완료동명사 「having p.p.」 술어동사의 때보다 이전의 〈동작·상태〉를 나타낸다.

⁸ I am ashamed of **having been** poor. (= I am ashamed that I *was[have been]* poor.)

⁹ I was ashamed of **having been** poor. (= I was ashamed that I *had been* poor.)

③ **수동태**

A 단순형 「being p.p.」 술어동사와 같은 때 + 수동의 의미

¹⁰ He hates **being treated** like a patient.

B 완료형 「having been p.p.」 술어동사보다 한 시제 앞선 때 + 수동의 의미

¹¹ They complained of **having been overworked** for a week.

　★ 동명사가 need, want, require, deserve 등의 동사 뒤에 올 때, 동명사는 수동의 의미를 나타낸다.

¹² His shoes *need* **mending**. (= need to be mended)

¹³ Classic literature *deserves* **reading**. (= deserves to be read)

④ **부정** 동명사 바로 앞에 not이나 never를 쓴다.

¹⁴ I'm sorry for **not attending** the meeting.

〉〉 정답 및 해설 p.22

1 min. check up ✓

빈칸에 알맞은 말을 쓰시오.

❶ I am proud that she is honest.

　= I am proud of ＿＿＿＿＿＿ ＿＿＿＿＿＿ honest.

❷ He admitted that he had stolen the money.

　= He admitted ＿＿＿＿＿＿ ＿＿＿＿＿＿ the money.

3 동명사와 to부정사를 목적어로 취하는 동사

① 동명사만을 목적어로 취하는 동사

enjoy, give up, finish, stop, admit, mind, avoid, deny, postpone, put off, delay, keep 등

¹ Brian **enjoys traveling** with his family.
² My dad is trying to **give up smoking**.
³ He's **finished washing** the car.
⁴ Do you **mind closing** the door?
⁵ They **postponed holding** the flea market until the weather clears up.

② to부정사만을 목적어로 취하는 동사

want, hope, wish, expect, choose, decide, plan, pretend, promise, afford, manage 등

⁶ I **expect to get** an email from you soon.
⁷ She **chose to major** in economics.
⁸ James **decided to study** in England.
⁹ He **planned to go** on a picnic tomorrow.
¹⁰ She **promised** not **to be** late for class.

③ 동명사와 to부정사를 모두 목적어로 취하는 동사

like, love, prefer, hate, begin, start, continue, attempt 등의 동사는 동명사와 to부정사를 모두 목적어로 취할 수 있다. 동사의 목적어로 동명사가 올 때와 to부정사가 올 때의 의미 차이는 거의 없다.

¹¹ Kevin **prefers eating**[**to eat**] Chinese food.
¹² I **hate going**[**to go**] to crowded places.
¹³ She **began playing**[**to play**] the violin when she was nine.
¹⁴ Mathew **continued working**[**to work**] at the company until he retired in 2012.

문법 PLUS ➕

stop은 동명사만을 목적어로 취하는 동사이다. stop 뒤에 to부정사가 올 때는 목적어가 아닌 부사구로서 사용된 것이다.
• stop + v-ing 「…하는 것을 멈추다」   ¹⁵ We **stopped talking** and left the room.
• stop + to-v 「…하기 위해 멈추다」   ¹⁶ We **stopped to buy** some coffee.

>> 정답 및 해설 p.22

괄호 안에 주어진 동사를 빈칸에 알맞은 형태로 쓰시오.

❶ My brother decided _____ his bike. (sell)
❷ Nora avoids _____ too much sugar. (eat)
❸ My friends prefer _____ science fiction movies. (watch)
❹ After he finished _____ in his diary, he went to bed. (write)

1 min.
check
up ✓

④ 목적어의 형태에 따라 뜻이 달라지는 동사

remember, forget, try, regret 등은 동명사와 to부정사를 모두 목적어로 취할 수 있으나, 동명사가 올 때와 to부정사가 올 때 그 의미가 다르다는 사실에 유의한다.

A remember
- remember + to-v 「(미래에) …할 것을 기억하다」
- remember + v-ing 「(과거에) …한 것을 기억하다」

17 I **remembered to buy** a gift for you while I was at the store.
18 I **remember buying** that gift for you last Christmas.

B forget
- forget + to-v 「(미래에) …할 것을 잊다」
- forget + v-ing 「(과거에) …한 것을 잊다」

19 You must not **forget to turn** off the light when you go out.
20 I'll never **forget walking** across the Brooklyn Bridge.

C try
- try + to-v 「(힘든 일에 대해) …하려고 애쓰다」
- try + v-ing 「(어떻게 되나 보려고) 시험 삼아 … 해 보다」

21 Victoria **tried to participate** actively in class.
22 It's good to **try doing** something new sometimes.

D regret
- regret + to-v 「(미래·현재에) 유감이지만 …하다」
- regret + v-ing 「(과거에) …한 일을 후회하다」

23 I **regret to say** that I can't go to the party.
24 She **regrets buying** this house.

〉〉 정답 및 해설 p.22

밑줄 친 부분에 유의하여 문장을 우리말로 해석하시오.
1 I regret to tell you your uncle died this morning.
2 Many people try to climb the mountain, but a lot of them don't succeed.
3 Did you already forget visiting your grandparents last month?
4 I remember watching her when she appeared on TV for the first time.

① **on[upon] v-ing** 「…하자마자」 (= as soon as + 주어 + 동사)

  ¹ **On[Upon] seeing** me, she called out my name.

   (= *As soon as* she saw me, she called out my name.)

② **It is (of) no use[good] v-ing** 「…해도 소용없다」 (= It is useless to-v)

  ² **It is no use[good] getting** angry because of the result.

   (= *It is useless to get* angry because of the result.)

③ **There is no v-ing** 「…하는 것은 불가능하다」 (= It is impossible to-v)

  ³ **There is no driving** in such heavy snow.

   (= *It is impossible to drive* in such heavy snow.)

④ **never[not] ... without v-ing** 「…할 때마다 ~하다」 (= Whenever ...)

  ⁴ They **never** meet **without fighting**.

   (= *Whenever* they meet, they fight.)

⑤ **cannot help v-ing** 「…하지 않을 수 없다」 (= cannot (help) but + 동사원형)

  ⁵ Sophia **couldn't help criticizing** him.

   (= Sophia *couldn't* (*help*) *but criticize* him.)

⑥ **feel like v-ing** 「…하고 싶다」

  ⁶ Do you **feel like trying** this dish?

  ⁷ I don't **feel like waiting** in line.

⑦ **be worth v-ing** 「…할 가치가 있다」 (= It is worthwhile to-v)

  ⁸ The book **is worth reading**.

   (= *It is worthwhile to read* the book.)

⑧ **spend + 시간[돈] + (on) v-ing** 「…하느라 시간[돈]을 소비하다」

  ⁹ I **spent** too much money (**on**) **buying** a new camera.

문법 PLUS ➕

동명사의 추가 관용 표현

· be busy v-ing 「…하느라 바쁘다」

¹⁰ She **is busy chatting** with her friend online.

· go v-ing 「…하러 가다」

¹¹ They like to **go snowboarding** every winter.

· prevent[keep / prohibit / stop] + 목적어 + from v-ing 「…가 ~하지 못하게 하다」

¹² Nothing can **keep** me **from loving** you.

· have trouble v-ing 「…하는 데 어려움을 겪다」

¹³ He **had trouble booking** tickets for Busan.

>> 정답 및 해설 p.23

괄호 안에 주어진 동사를 빈칸에 알맞은 형태로 쓰시오.

❶ I don't feel like _____ instant food. (eat)

❷ Michael's new movie is worth _____. (watch)

❸ Sunny couldn't help _____ at the sight of it. (laugh)

❹ There is no _____ when I will be there with you. (tell)

Grammar Practice

〉〉 정답 및 해설 p.23

01 괄호 안에서 가장 적절한 말을 고르시오.

(1) The computer needs (repairing / repaired).

(2) They postponed (building / to build) the new hospital.

(3) We really look forward to (read / reading) your next novel.

(4) (Live / Living) in a foreign country for a month is a wonderful experience.

02 어법상 어색한 부분을 찾아 바르게 고치시오.

(1) He was afraid of catching by the police.

(2) I am used to prepare dinner by myself at home.

(3) I forgot to meet her since it was a long time ago.

(4) I wanted him to do the job, but I gave up to persuade him.

(5) The company went broke. I regret to invest so much money in it.

03 두 문장이 같은 뜻이 되도록 빈칸에 알맞은 말을 쓰시오.

(1) I am sorry that I have kept you waiting.

= I am sorry for _____ _____ you waiting.

(2) As soon as he heard the news, he turned pale.

= _____ hearing the news, he turned pale.

(3) She insisted that I should go there.

= She insisted on _____ _____ there.

(4) It is useless to tell him the truth.

= It is _____ use _____ him the truth.

04 주어진 우리말과 일치하도록 괄호 안의 단어를 이용하여 문장을 완성하시오.

(1) 제가 질문을 하나 해도 될까요? (ask)

= Would you mind my _____ _____ _____?

(2) 미안하지만, 너희의 대화를 듣지 않을 수 없었다. (hear)

= I'm sorry, but I _____ _____ _____ your conversation.

(3) Fred는 글을 읽지 못하는 것을 부끄러워한다. (be able to)

= Fred is ashamed of _____ _____ _____ _____ read.

(4) 나는 우리 동네에 공장을 짓는 것에 반대한다. (object, build)

= I _____ _____ _____ a factory in our neighborhood.

05 다음 중 밑줄 친 부분이 어법상 어색한 것은?

① There is no <u>sending</u> those parcels by tomorrow.

② Reading many books <u>help</u> me get better scores.

③ Take public transportation instead of <u>driving</u> your own car.

④ He never applied to that company without <u>being rejected</u>.

⑤ We decided <u>to hike</u> up the mountain even though it was a rainy day.

06 다음 중 빈칸에 들어갈 말이 바르게 짝지어진 것은?

- I cannot afford _____(A)_____ that sports car.
- Can you stop _____(B)_____ on the phone so loudly?
- She'll try _____(C)_____ a gold medal at the Winter Olympics.

	(A)		(B)		(C)
①	to buy	·····	talking	·····	to win
②	to buy	·····	to talk	·····	to win
③	buying	·····	talking	·····	to win
④	to buy	·····	to talk	·····	winning
⑤	buying	·····	talking	·····	winning

서술형
07 주어진 우리말과 일치하도록 괄호 안의 단어를 배열하여 문장을 완성하시오. (단, 조건에 따를 것)
▶ 4. 동명사의 관용 표현 ⑧

나는 이 문제를 푸는 데 너무 많은 시간을 보냈다.

= _____

(too / spend / much / problem / time / this / I / solve)

〈조건〉 필요하다면 주어진 단어의 형태를 바꿀 것

서술형
08 주어진 우리말과 일치하도록 조건에 따라 문장을 완성하시오. ▶ 3. 동명사와 to부정사를 목적어로 취하는 동사 ④

나는 작년에 저 서점에서 이 책을 산 것을 기억한다.

= _____

〈조건〉 • 다음 표현을 제시된 순서대로 사용하되, 필요하다면 형태를 바꿀 것:
　　　　remember, buy, last year, at that bookstore
　　　 • 위의 표현을 포함하여 10단어로 작성할 것

Grammar Practice ★수능문법★

>> 정답 및 해설 pp.23-24

01 (A), (B), (C)의 각 네모 안에서 어법에 맞는 표현으로 가장 적절한 것은?

Smartphones have become such a major part of everyday life that many of us can barely remember living without them. They make it easy to shop, share information, and stay in constant contact with people around the world. However, one side effect of this modern obsession is that we often forget (A) to live / living our lives. We spend countless hours holding our phones, and sometimes we just cannot help (B) fiddling / fiddle with them. What is more, many of us are so used to being constantly connected that we end up ruining our real relationships. Instead of spending quality time with friends and family members at social gatherings, smartphone addicts start looking at their phones immediately upon (C) greeting / to greet them. Nobody doubts how valuable smartphones have become as all-in-one tools for the modern age. Still, we should think about the negative impact these revolutionary devices are having on our lives.

	(A)	(B)	(C)
①	to live	fiddling	greeting
②	to live	fiddle	to greet
③	living	fiddling	to greet
④	living	fiddle	to greet
⑤	living	fiddling	greeting

02 다음 글의 밑줄 친 부분 중, 어법상 틀린 것은?

"Child-centered parenting" is a way of ① raising children that prioritizes the child's needs and wishes. It involves ② creating a safe and respectful environment where children can make choices for themselves. This teaches them to take responsibility and helps them learn problem solving. However, critics have pointed out that children raised in this type of environment become accustomed to continually ③ having their way. When children get used to being given complete freedom of choice, they are not good at ④ deal with disappointment, and they can easily become upset. Child-centered parents do not set boundaries and limits, yet critics say that children need and in fact want limits. By ⑤ enforcing limits and boundaries, these critics suggest, parents actually show children their love and provide them with proper guidance.

VOCA 01 major 주요한, 중대한 barely 거의 …아니게 constant 끊임없는 (*ad.* constantly 끊임없이) side effect 부작용 obsession 강박 상태; 집착 countless 무수한 fiddle 만지작거리다 ruin 망치다 gathering (특정 목적을 위한) 모임 addict 중독자 negative 부정적인 impact 영향 revolutionary 혁명적인 device 장치, 기구
02 parenting 육아 prioritize 우선시키다 involve 수반하다, 포함하다 respectful 존중하는 responsibility 책임 critic 비평가 disappointment 실망 boundary 경계, 한계 enforce 집행하다, 시행하다 guidance 지도, 안내

01 Michael Kearney에 관한 다음 글의 내용과 일치하지 <u>않는</u> 것은?

Michael Kearney is a genius who started **speaking** in sentences when he was just six months old. When his mother took him to the hospital with an inner ear problem, he shocked the doctor by **saying**, "Actually, I have a left ear infection." At the age of four, he achieved a perfect score on a multiple-choice diagnostic test without **having studied** for it. After being taught at home by his mother until he was five, he entered high school and graduated one year later. He studied for a science degree with the hope of **becoming** a scientist and graduated from the University of South Alabama at the age of ten. Michael was the youngest person ever to graduate with a bachelor's degree. In 1998, he received a master's degree in biochemistry from Middle Tennessee State University, and when he was 16 he began **teaching** in colleges.

① 생후 6개월 만에 문장 단위의 말을 했다.　② 4세 때 진단평가에서 만점을 받았다.
③ 일 년 만에 고등학교를 졸업했다.　④ 최연소로 대학교를 졸업했다.
⑤ 같은 대학교에서 학사와 석사 학위를 받았다.

02 다음 글의 주제로 가장 적절한 것은?

Many people think **being** a freelancer sounds like a fun and easy way of **making** money. But **freelancing**—whether it's **designing**, **writing**, or **consulting**—means doing much more than just what you enjoy. If you're thinking about **becoming** a freelancer, you need to be able to think long-term. In order to be successful, consider **planning** out your business strategy for 10, 20, or even 30 years into the future. In the world of **freelancing**, it doesn't matter where you got your education or how much work experience you have. Unless you are able to recognize your specific skills and how you can use them, you will have trouble **convincing** clients that you are worth **hiring** and **paying**.

① the difficult reality of being a freelancer
② the best professions to aim for in the future
③ why hiring freelancers saves businesses money
④ why multitasking is an essential freelancing skill
⑤ the difference between freelancing and consulting

VOCA **01** genius 천재　inner 내부의, 안쪽의　shock 깜짝 놀라게 하다　infection 감염　achieve 달성하다, 성취하다　diagnostic 진단의　graduate 졸업하다　bachelor's degree 학사 학위　master's degree 석사 학위　biochemistry 생화학
02 freelancer 프리랜서, 자유 계약자 (**v.** freelance 프리랜서로 일하다)　consult 상담하다　successful 성공적인　strategy 전략　recognize 인정하다, 인식하다　specific 구체적인, 명확한　convince 납득시키다, 확신시키다　client 의뢰인, 고객

03 주어진 글 다음에 이어질 글의 순서로 가장 적절한 것은?

> Two of the presidents Americans most admire are George Washington and Abraham Lincoln; they are both respected for **never having lied**.

(A) They were caught attempting to plant listening devices so that the Republican Party could find out the Democrats' plans. At that time, Nixon belonged to the Republican Party and claimed he had no knowledge of this plan.

(B) However, it was later proven that he had lied, and this event made many American people disappointed. As a result, he lost political support in the country, ending up **being forced** to resign.

(C) In contrast, many Americans remember President Richard Nixon as a dishonest president because he lied to the American people. During the presidential election of 1972, burglars broke into the Democratic Party's headquarters.

① (A)–(C)–(B) ② (B)–(A)–(C) ③ (B)–(C)–(A)
④ (C)–(A)–(B) ⑤ (C)–(B)–(A)

04 (A), (B), (C)의 각 네모 안에서 문맥에 맞는 낱말로 가장 적절한 것은?

Sweat is a clear, salty liquid produced by glands in the skin. Usually, people produce a lot of sweat when it is hot or during exercise, because it cools the body as it evaporates. In addition, it is produced in (A) lesser / greater amounts if one is smoking or feels nervous. It can also tell us if a person has a serious health problem. **Sweating** too little as well as too much can be a cause for concern, since a (B) lack / wealth of it may lead to **overheating**. But it can also make people uncomfortable. Sometimes, sweat mixes with bacteria on the skin, especially under the arms, causing it to develop an unpleasant odor. To prevent this, be sure to bathe often. (C) **Adopting / Applying** deodorant can sometimes be effective too, as it helps control the smell.

*gland: (분비)선(腺), 샘

	(A)	(B)	(C)
①	lesser	wealth	Adopting
②	lesser	lack	Applying
③	greater	wealth	Applying
④	greater	lack	Applying
⑤	greater	lack	Adopting

VOCA 03 admire 존경하다 respect 존경하다 device 장치 party 정당 claim 주장하다 disappointed 실망한 resign 사직하다, 사임하다 dishonest 정직하지 못한 election 선거 headquarters 본사, 본부
04 sweat 땀; 땀을 흘리다 liquid 액체 evaporate 증발하다 bacteria (*pl.*) 박테리아, 세균 unpleasant 불쾌한 odor 냄새; 악취 prevent 막다, 방지하다 bathe 몸을 씻다 deodorant 냄새[체취] 제거제

분사

Participle 분사는 동사의 성질을 가지고 있으면서 형용사처럼 명사를 수식하거나 보어로 쓰인다.
또한 분사구문을 이루어 부사절의 역할을 하기도 한다. 분사에는 현재분사와 과거분사가 있다.

 ## 분사의 용법 1 – 명사 수식

분사는 명사의 앞 혹은 뒤에서 명사를 수식한다.

① 분사의 의미

현재분사 (v-ing)	과거분사 (v-ed)
• 능동의 의미: …하는 ¹ the man **wanting** to learn English (= the man who wants to learn English) • 진행의 의미: …하고 있는 ² **boiling** water (= water that is boiling)	• 수동의 의미: …되는, …된 ³ a **locked** door (= a door that is locked) • 완료의 의미: …한 ⁴ the **fallen** leaves (= the leaves that have fallen)

cf. 형용사적으로 쓰이는 분사

동사의 의미를 상실하고 형용사적으로 쓰이는 분사가 있다. 현재분사는 '…한 감정을 유발하는'이라는 〈능동〉의 의미를 가지고,
과거분사는 '…한 감정을 느끼는'이라는 〈수동〉의 의미를 갖는다.

⁵ It was a **surprising** suggestion to Jason.
⁶ Allen had a **surprised** look on his face.

② 분사의 위치

A 명사 앞에서 수식　분사가 단독으로 명사를 수식할 때
⁷ New York is an **exciting** city.
⁸ The ambulance took the **injured** person to the hospital.

B 명사 뒤에서 수식　분사가 목적어, 보어, 부사구 등을 수반할 때
⁹ The first person **coming** *to the office* always opens the windows.
¹⁰ Teachers often have nicknames **known** *only by their students*.

> **문법 PLUS ➕**
>
> 형용사적으로 쓰이는 주요 분사
> amazing 굉장한 / amazed 깜짝 놀란
> exciting 흥미진진한 / excited 흥분한
> shocking 충격적인 / shocked 충격을 받은
> interesting 흥미로운 / interested 흥미를 갖는
> satisfying 만족스러운 / satisfied 만족한

〉〉 정답 및 해설 p.25

1 min.
check
up ✔

괄호 안에서 알맞은 말을 고르시오.

❶ Who is the woman (staring / stared) at you?
❷ Grace couldn't go on a picnic because of her (breaking / broken) leg.
❸ It was the most (embarrassing / embarrassed) moment of my life.

분사의 용법 2 – 보어

분사가 보어로 사용되어 주어나 목적어의 동작이나 상태를 보충 설명한다.

① 주격보어

A 현재분사 「…하면서」〈능동·진행〉

¹ He lay **reading** a comic book.

² Patrick sat **playing** the guitar on the bench.

B 과거분사 「…해진」, 「…된」〈수동·완료〉

³ The murder case remains **unsolved**.

⁴ Janet seemed **exhausted** from the trip.

② 목적격보어 목적어와 목적격보어가 〈능동·진행〉의 관계이면 현재분사를, 〈수동·완료〉의 관계이면 과거분사를 쓴다.

A 상태동사 keep, leave, find 등

⁵ She *kept* me **waiting** for an hour. (→ I was waiting) 〈능동〉

⁶ *Leave* the door **shut**. (→ the door is shut) 〈수동〉

B 지각동사·사역동사

⁷ I *saw* you **running** on the track. (→ you were running) 〈능동〉

⁸ I *heard* my nickname **called** out by my best friend.
(→ my nickname was called by my best friend) 〈수동〉

⁹ I *got* my mail **sent** to the new house. (→ my mail was sent) 〈수동〉

¹⁰ He *had* his eyes **tested**. (→ his eyes were tested) 〈수동〉

   ★ 지각동사의 경우, 목적어와 목적격보어의 관계가 능동일 때, 목적격보어로 원형부정사를 쓰기도 한다.

¹¹ I *saw* her **cross[crossing]** the street. 〈능동〉

   ★ 사역동사의 경우, 목적어와 목적격보어의 관계가 능동일 때, 목적격보어로 원형부정사를 쓴다.
    단, 동사 get은 목적격보어로 to부정사를 쓴다.

¹² I *had* the mechanic **check** my car. 〈능동〉

¹³ My mother *got* me **to wash** the dishes. 〈능동〉

〉〉 정답 및 해설 p.26

괄호 안에 주어진 동사를 빈칸에 알맞은 형태로 쓰시오.

❶ I had my shoes _____. (shine)

❷ We found the movie _____. (interest)

❸ She heard someone _____ the violin. (play)

❹ He kept us _____ with his funny costumes. (laugh)

3 분사구문

「접속사 + 주어 + 동사」로 이루어진 부사절에서 접속사와 주어를 생략하고, 분사가 이끄는 부사구로 단순화시킨 형태이다. 분사구문은 주절과의 문맥을 고려하여 적절한 접속사의 의미를 첨가하여 해석한다.

① 분사구문 만드는 법

동일한 주어

¹ When he **hiked** on the mountain, he felt refreshed.

→ **Hiking** on the mountain, he felt refreshed.

A 접속사와 주어(주절의 주어와 같을 때)를 생략한다.

B 부사절에 남은 동사를 시제와 태에 맞는 분사 형태로 바꾸고, 주절은 그대로 쓴다.

② 분사구문의 시제

A 기본시제 「v-ing」 부사절의 시제와 주절의 시제가 같을 때

² **Waiting** for the show to begin, he read a brochure.

(= While he *waited* for the show to begin, he read a brochure.)

B 완료시제 「having p.p.」 부사절의 시제가 주절보다 한 시제 앞설 때

³ **Having finished** my homework, I went out to see a movie.

(= After I *had finished* my homework, I went out to see a movie.)

⁴ **Having studied** hard, she got accepted to the university she wanted.

③ 분사구문의 수동형

A 기본시제 「being p.p.」 부사절의 시제와 주절의 시제가 같을 때

⁵ **(Being) Left** alone in the dark, she was terrified.

(= As she *was left* alone in the dark, she was terrified.)

⁶ **(Being) Hidden** in the bush, the tombs are not found easily.

B 완료시제 「having been p.p.」 부사절의 시제가 주절보다 한 시제 앞설 때

⁷ **(Having been) Wounded** in her arm, she was in the hospital.

(= As she *had been wounded* in her arm, she was in the hospital.)

⁸ **(Having been) Brought** up in Germany, he has many German friends.

문법 PLUS +

분사구문에서 being이나 having been은 종종 생략된다.

⁹ **(Being) Overconfident** in his skills, he didn't work hard.

¹⁰ **(Having been) Read** by many students, the books in the library were worn out.

〉〉 정답 및 해설 p.26

주어진 문장과 같은 뜻이 되도록, 빈칸에 알맞은 말을 쓰시오.

❶ When I saw the pictures, I nearly fainted.

= _____ the pictures, I nearly fainted.

❷ Because I had hurt my arm, I couldn't play baseball.

= _____ my arm, I couldn't play baseball.

❸ As she had been treated unfairly, she complained to her boss.

= _____ unfairly, she complained to her boss.

분사구문의 의미

① 시간 「…할 때」, 「…하는 동안」, 「…한 후에」 등

¹ **Walking** along the street, I met an old friend of mine.
(= *While* I was walking along the street, I met an old friend of mine.)

² **Finishing** dinner, we took a walk.
(= *After* we finished dinner, we took a walk.)

cf. 분사구문의 뜻을 명확히 하기 위해 접속사를 분사 앞에 쓰는 경우도 있다.

³ **While talking** with her, I watched her closely.
(= While I talked with her, I watched her closely.)

② 원인·이유 「…이므로」, 「…이기 때문에」

⁴ **Having** no time, we had to hurry.
(= *Because* we had no time, we had to hurry.)

⁵ **Having stared** at the computer for a long time, I felt really tired.
(= *Because* I had stared at the computer for a long time, I felt really tired.)

③ 동시동작 「…하면서」, 「…한 채」

⁶ The little girl knocked on the door, **crying** loudly.
(= The little girl knocked on the door *as* she cried loudly.)

④ 연속상황·결과 「그리고 …하다」, 「그래서 …하다」

⁷ This train departs at 2 p.m., **arriving** in London at 9 p.m.
(= This train departs at 2 p.m., *and* it arrives in London at 9 p.m.)

⑤ 조건 「만약 …이면」, 양보 「비록 …일지라도」

⁸ **Turning** to the right, you will find the bus stop on your left.
(= *If* you turn to the right, you will find the bus stop on your left.)

⁹ **Living** near the school, he is still often late for class.
(= *Though* he lives near the school, he is still often late for class.)

★ 양보를 나타내는 분사구문은 드물게 쓰이며, 대개 접속사를 함께 써서 뜻을 명확히 한다.

〉〉 정답 및 해설 p.26

밑줄 친 부분에 유의하여 문장을 우리말로 해석하시오.

❶ Smiling brightly, she ran towards me.
❷ Exercising hard, I am still gaining weight.
❸ The typhoon hit the city, causing great damage.
❹ Seeing my sister once more, you'll understand and like her.
❺ Having been away from home for years, I missed my family a lot.

기타 주의할 분사구문

① **with + 목적어 + 분사** 「…을 ~한 채로」, 「…을 ~하며」의 의미로 부대상황을 나타낸다. 이때 목적어는 분사의 의미상의 주어가 되며, 목적어와 분사가 능동의 관계에 있을 때는 현재분사를, 수동의 관계에 있을 때는 과거분사를 쓴다.

¹ She stood still **with** *her hair* **blowing** in the wind.
$\qquad\qquad$ (= and her hair was blowing in the wind.)

² I was thinking about the problem **with** *my eyes* **closed**.
$\qquad\qquad\qquad$ (= and my eyes were closed.)

★ 「with + 목적어 + 형용사」: 형용사 앞에 being이 생략된 것으로 부대상황을 나타낸다.

³ You must not speak **with** *your mouth* (being) **full**.

⁴ The baby was sleeping **with** *the door* (being) **open**.

② **분사구문의 부정** 분사 앞에 not이나 never를 쓴다.

⁵ **Not knowing** what to do, I asked my friend for help.

⁶ **Never having been** abroad before, I prepared a lot for the trip.

③ **독립분사구문** 분사구문의 의미상의 주어가 주절의 주어와 일치하지 않을 경우, 분사 앞에 의미상의 주어를 표시한다.

⁷ *The exam* **being** finished, we decided to go on a picnic. (The exam ≠ we)

⁸ *It* **being** very cold, I put on more clothes. (It ≠ I)

④ **비인칭 독립분사구문** 분사구문의 의미상의 주어가 일반인인 경우, 주절의 주어와 달라도 이를 생략한다.

⁹ **Generally speaking**, women live longer than men. 「일반적으로 말해서」

¹⁰ **Judging from** the cloudy sky, it is likely to rain. 「…로 판단하건대」

¹¹ **Considering** your ability, you must have done well. 「…을 고려하면」

문법 PLUS ➕

자주 쓰이는 비인칭 독립분사구문
granting[granted] that 「비록 …이라 할지라도」 $\qquad$ strictly speaking 「엄밀히 말하면」
taking … into consideration[account] 「…을 고려하면」 $\qquad$ speaking of 「…에 관해 말하자면」

〉〉 정답 및 해설 p.26

밑줄 친 부분을 올바르게 고치시오.

❶ I fell asleep, and my radio was turned on.
$\quad$ = I fell asleep <u>with my radio turning on</u>.

❷ As today is my birthday, I'm taking the day off.
$\quad$ = <u>Being</u> my birthday, I'm taking the day off.

❸ As my presentation had been good, the literature teacher gave me an A.
$\quad$ = <u>Being good</u>, the literature teacher gave me an A.

❹ Because he didn't understand what she said, he remained silent.
$\quad$ = <u>Understanding not what she said</u>, he remained silent.

Grammar Practice

〉〉 정답 및 해설 p.27

01 괄호 안에 주어진 동사를 빈칸에 알맞은 형태로 쓰시오.

(1) I'm sorry to have kept you _____. (wait)

(2) The festival was very _____. (disappoint)

(3) I had my computer _____ last week. (repair)

(4) Be careful! There are _____ bottles on the beach. (break)

(5) His name became _____ all over the world. (know)

02 어법상 틀린 부분을 찾아 바르게 고치시오.

(1) Excite to see her, he couldn't sleep a wink last night.

(2) With the weather get worse, the party had to be postponed.

(3) The celebrities inviting to the party will arrive in limousines.

(4) Seeing from above, all the people on the street look like little ants.

(5) The professor listened to what I was saying with his legs crossing.

03 두 문장이 같은 뜻이 되도록 빈칸에 알맞은 말을 쓰시오.

(1) Because Sora was absent, I had extra work to do.

= _____ _____ _____, I had extra work to do.

(2) As Mike didn't know her phone number, he couldn't text her.

= _____ _____ _____ _____ _____, Mike couldn't text her.

(3) Because she was told to leave, she had to go out of the room immediately.

= _____ _____ _____, she had to go out of the room immediately.

04 다음 문장에서 분사구문에 밑줄을 긋고, 우리말로 해석하시오.

(1) Drinking a cup of coffee, I ate a piece of cheese cake.

(2) It being rainy today, Sandy is wearing her raincoat.

05 괄호 안에 주어진 단어를 문맥에 맞게 알맞은 형태로 쓰시오.

> (1) _____ (never, visit) Rome before, I was very excited to take my family there. We found the tour of the city (2) _____ (fascinate). My husband and I were very (3) _____ (impress) by the historic monuments, but the children, of course, began to look (4) _____ (bore) quite quickly. They were more interested in the shops. (5) _____ (speak) of the shops, I bought lots of souvenirs for my friends there.

06 다음 중 밑줄 친 부분이 어법상 어색한 것은?

① We found the bananas <u>rotten</u>.

② They all watched that <u>touching</u> movie.

③ Have you seen the little boy <u>running</u> in the park?

④ <u>Using</u> for a long time, this smartphone doesn't work well.

⑤ <u>Taking</u> the road conditions into account, you should stay at home.

서술형
07 주어진 우리말과 일치하도록 괄호 안의 단어를 배열하여 문장을 완성하시오. ▶ 5. 기타 주의할 분사구문 ①

그는 팔짱을 낀 채로 앉아 있었다.

= _____

(with / arms / he / crossed / was / his / sitting)

서술형
08 주어진 우리말과 일치하도록 조건에 따라 문장을 완성하시오.

내 비밀번호를 기억하지 못해서, 나는 관리자에게 문의했다.

= _____

> 〈조건〉 • 분사구문을 사용할 것
> • 다음 단어를 제시된 순서대로 사용하되, 필요하다면 형태를 바꿀 것:
>   remember, password, contact, the administrator
> • 위의 단어를 포함하여 8단어로 작성할 것

Grammar Practice ★수능문법★

01 (A), (B), (C)의 각 네모 안에서 어법에 맞는 표현으로 가장 적절한 것은?

One morning, the fox saw Miss Crow sitting in a tree and (A) held / holding a big piece of cheese in her beak. "Good morning," he said. Miss Crow looked at the fox, but she kept her beak tightly (B) closing / closed . "You look lovely today," continued the fox. Pretending not to hear, Miss Crow was in fact listening closely. Gazing up at her with admiration, the fox continued. "I wish I could hear your beautiful voice!" (C) Having filled / Filled with pride, Miss Crow opened her beak and began to sing. But the fox just snatched the cheese and ran off with his breakfast.

	(A)		(B)		(C)
①	held	·····	closing	·····	Filled
②	held	·····	closed	·····	Having filled
③	holding	·····	closing	·····	Having filled
④	holding	·····	closed	·····	Filled
⑤	holding	·····	closing	·····	Filled

02 다음 글의 밑줄 친 부분 중, 어법상 틀린 것은?

The main strengths of electric vehicles (EVs) are that they save fuel, cut emissions, and run quietly. But as the popularity of hybrid and electric vehicles ① grows, a serious safety matter is becoming more obvious. Pedestrians and cyclists are less likely to hear EVs ② coming, especially in slowly moving traffic. ③ Having considered this issue, the US government has introduced a law requiring all EVs to play a recognizable sound while traveling at low speeds. One problem that needs addressing is that there are no standards for EV sounds. ④ Implementing poorly, this could lead to confusion on the road as each car manufacturer chooses their own unique sounds. The new law, ⑤ having been scheduled to go into effect in 2019, will be enforced from September 2020 on. However, as standards are debated, its implementation may be delayed.

VOCA 01 beak 부리 tightly 단단히, 꽉 gaze (가만히) 응시하다, 바라보다 admiration 감탄, 존경 pride 자랑스러움, 자부심 snatch 와락 붙잡다, 잡아채다
02 strength 힘; *장점 fuel 연료 emission 배출 obvious 분명한, 명백한 pedestrian 보행자 cyclist 자전거 타는 사람 require 요구하다 recognizable 알[알아볼] 수 있는 address 다루다 standard 수준, 기준 implement 시행하다 (n. implementation 시행) confusion 혼란 manufacturer 제조자, 제조사 go into effect 효력이 발생되다 enforce 집행하다, 시행하다 debate 논의하다 delay 지연시키다

Reading & Structure ★수능독해★

>> 정답 및 해설 pp.28-29

01 다음 글에 드러난 'I'의 심경으로 가장 적절한 것은?

I hurried through car after car, **asking** whether there was a doctor on the train. I eventually found one and quickly led him to the man **lying** on the floor. I explained that I had discovered the man in the passage. **Finding** that he was seriously ill, I had made him lie down. The doctor loosened the man's collar and, after **examining** him, announced that the man would need to go to a hospital. On hearing this, a train employee said that the express train would not be able to stop. Meanwhile, the man kept groaning, and his condition gradually got worse.

① bored　　　　　② worried　　　　　③ relieved

④ delighted　　　　⑤ disappointed

02 다음 글의 요지로 가장 적절한 것은?

During the Civil War, Lincoln wrote to an old friend in Springfield to ask him to come to Washington. Lincoln said he had some problems he wanted to discuss with him. The old neighbor came to the White House, and Lincoln talked to him about freeing the slaves. After **talking** for hours, Lincoln shook hands with his old friend, and sent him back to Springfield **with no questions asked**. Lincoln had done all the talking himself. That seemed to clear his mind. "He seemed to feel **relaxed** after the talk," the old friend later remarked. Lincoln hadn't really wanted advice. He had merely wanted a friendly, warm-hearted listener. That's what we all want when we are in trouble.

① 친구의 고민을 들을 때 객관적인 태도가 필요하다.
② 가까운 곳에 사는 이웃이 멀리 사는 가족보다 낫다.
③ 어려운 상황에 있을 때 도와줄 수 있는 사람이 진짜 친구이다.
④ 아무리 좋은 충고를 듣더라도 결국 결정은 스스로 하는 것이다.
⑤ 힘들 때 필요한 것은 따뜻하게 고민을 들어줄 수 있는 친구이다.

VOCA　01 hurry 급히 가다　car 자동차; *(기차의) 차, 칸　discover 발견하다　passage 통로　loosen 풀다, 느슨하게 하다　collar (상의의) 칼라, 깃　examine 조사하다; *진찰하다　express 표현하다; *급행의　groan 신음 소리를 내다　condition (건강) 상태　02 the White House (美) 백악관　free 해방시키다　slave 노예　clear 맑게 하다　remark 언급하다　warm-hearted 마음이 따뜻한

03 다음 글에서 전체 흐름과 관계 <u>없는</u> 문장은?

The emperor penguin has the coldest environment of any penguin species. All penguins have a layer of thick feathers that is designed to keep them warm in cold water. ① This layer is necessary, **considering** how quickly heat is lost in the water. ② The short wings of penguins allow them to swim quickly through the ocean. ③ Because emperor penguins are larger than other penguins, they can hold in more heat. ④ They also control the flow of blood to their feet and wings, **reducing** heat loss and **keeping** their bodies warm. ⑤ And in the winter, emperor penguins gather closely in groups to keep warm.

04 주어진 글 다음에 이어질 글의 순서로 가장 적절한 것은?

People often misuse the term "depression," **using** it to describe occasional feelings of sadness. In reality, depression is a serious illness that has many causes.

(A) Substance abuse is another potential cause of depression. This is because using drugs or alcohol can change the normal balance of chemicals in a person's brain.

(B) Finally, depression can result from certain events in a person's life, such as **failed** relationships or physical injuries. Whatever the cause is, it is an illness **experienced** by millions of people worldwide.

(C) Most people who experience depression are born with low levels of serotonin and dopamine, which produce feelings of pleasure. As a result, they do not experience happiness from things that make **balanced** people happy.

*serotonin: 세로토닌 (혈관 수축 물질) **dopamine: 도파민 (신경 전달 물질)

① (A)–(B)–(C)　　　　② (A)–(C)–(B)　　　　③ (B)–(C)–(A)
④ (C)–(A)–(B)　　　　⑤ (C)–(B)–(A)

VOCA　03 emperor 황제　species 《pl.》 동물의 종　layer 층　thick 두꺼운　feather 깃털　loss 손실　gather 모이다
04 misuse 잘못 사용하다　term 용어, 말　depression 우울증　occasional 가끔의　substance abuse 약물 남용　potential 가능성이 있는　chemical 화학물질　injury 상해　pleasure 즐거움

07 분사 | **77**

가정법

Subjunctive Mood 소망·유감·불확실성 등을 나타내기 위해 어떤 일을 가정해서 진술하는 어법이다.
보통 「만약 …라면, ~일[할] 텐데」로 해석한다.

 가정법의 이해

실현 가능성이 희박하다고 생각하거나 사실과 반대되는 일을 가정할 때 가정법을 사용한다.

1 If I **became** president, I **would improve** the education system. 〈실현 가능성이 거의 없을 때〉
2 If I **hadn't called** her, I **would** never **have seen** her again. 〈과거 사실과 반대〉

    cf. 이에 반해, 화자가 if절의 일을 실제로 어느 정도 실현 가능한 것이라고 볼 때는 단순 조건문을 쓴다.

3 If I become president, I'll improve the education system. 〈실현 가능성이 어느 정도 있을 때〉

 가정법의 기본형

구분	내용	조건절	주절
가정법 과거	현재 사실과 반대되는 일이나 실현 가능성이 희박한 일을 가정	If S + 과거형[were] ...,	S + 조동사의 과거형 + 동사원형 ~
		1 If I **were** rich,	I **would buy** that house.
should / were to 가정법	미래의 실현 가능성이 매우 희박한 일을 가정	If S + should + 동사원형 ...,	S + 조동사의 현재[과거]형 + 동사원형 ~
		2 If I **should** marry a prince,	I **would be** happy.
		If S + were to + 동사원형 ...,	S + 조동사의 과거형 + 동사원형 ~
		3 If I **were to** be young again,	I **would become** an actor.
가정법 현재	현재 또는 미래의 불확실한 일을 가정	If S + 현재형 ...,	S + 조동사의 현재형 + 동사원형 ~
		4 If it **rains** tomorrow,	I **will stay** at home.
가정법 과거완료	과거 사실과 반대되는 일이나 실현하지 못한 일을 가정	If S + had p.p. ...,	S + 조동사의 과거형 + have p.p. ~
		5 If I **had been** rich,	I **would have bought** it.
혼합 가정법	과거에 실현되지 못한 일이 현재에 영향을 미칠 때를 가정	If S + had p.p. ...,	S + 조동사의 과거형 + 동사원형 ~
		6 If I **had studied** harder,	I **could pass** the exam.

If가 있는 가정법 1

① 가정법 과거 「If + S + 과거형[were] ..., S + 조동사의 과거형 + 동사원형 ~」
현재 사실과 반대되는 일이나 실현 가능성이 희박한 일을 가정할 때

¹ If it **weren't** raining, I **would go** out.
(→ As it is raining, I won't go out.)

★ be동사일 경우 인칭과 수에 상관없이 were를 쓴다. 구어에서는 were 대신 was를 쓰기도 한다.

² If I **had** enough time, I **could go** shopping with you.
(→ As I don't have enough time, I can't go shopping with you.)

³ If Alex **heard** the news, he **would be** surprised.
(→ As Alex hasn't heard the news, he isn't surprised.)

② should[were to] 가정법 「If + S + should[were to] ..., S + 조동사의 과거형 + 동사원형 ~」
미래의 실현 가능성이 매우 희박한 일을 가정할 때

⁴ If my wife **should** die, what **should**[**shall/would**] I **do**?

★ 「If + S + should ~」절의 경우 주절에는 조동사의 현재형도 올 수 있다.

⁵ If I **were to** be born again, **I'd like** to be a man rather than a woman.

★ 일반적으로 미래의 실현 가능성이 전혀 없는 가정·상상에 대해서는 were to를 쓴다.

⁶ If you **should** have any questions, feel free to contact me.

★ should는 정중한 요청이나 제안 등에도 자주 쓴다.

③ 가정법 현재 「If + S + 현재형 ..., S + 조동사의 현재형 + 동사원형 ~」
현재나 미래의 실현 가능성이 불확실한 일을 가정할 때

⁷ If it **is** nice tomorrow, I **will go** to a swimming pool.

⁸ If he **succeeds** in business, his parents **will be** pleased.

★ 가정법 현재는 현대 영어에서 자주 사용되지 않으며, 직설법으로 대신한다.

⁹ The shop owner *requested* that he (**should**) **pay** cash.

★ 〈요구·제안·주장·권유·필요·명령·소망〉 등을 나타내는 〈동사·형용사·명사〉 뒤에 오는 that절에 가정법 현재 (S+(should+)동사원형)가 쓰인다. 많이 쓰이는 동사는 require, request, suggest, propose, insist, recommend, order, wish 등이다.

>> 정답 및 해설 p.29

1 min. check up ✔

괄호 안에 주어진 어구를 빈칸에 알맞은 형태로 쓰시오.

❶ If he _____, I wouldn't let him go. (come back)

❷ If I _____ a god, what would I do? (meet)

❸ If Tyrone _____ more, he will feel better. (take rests)

❹ If she _____ his cell phone number, she could send him a text message.
(know)

If가 있는 가정법 2

① **가정법 과거완료** 「If + S + had p.p. ..., S + 조동사의 과거형 + have p.p. ~」

과거 사실과 반대되는 일이나 실현하지 못한 일을 가정할 때

¹ If we **had gone** by train, we **could have saved** time.

(→ As we didn't go by train, we didn't[couldn't] save time.)

² If Emily **had gotten** up earlier, she **would** not **have been** late for class.

(→ As Emily didn't get up earlier, she was late for class.)

② **혼합 가정법** 「If + S + had p.p. ..., S + 조동사의 과거형 + 동사원형 ~」

과거에 실현되지 못한 일이 현재까지 영향을 미칠 때 「(과거에) 만약 …했더라면, (현재) ~ 일[할]텐데」

³ If you **had planned** things well at the start, you **would** not **be** in trouble now.

(→ As you didn't plan things well at the start, you are in trouble now.)

⁴ If he **had stopped** smoking, he **would be** healthy.

(→ As he didn't stop smoking, he is not healthy.)

cf. 가정법 과거완료 *vs.* 혼합 가정법

⁵ If I **had taken** her advice, I **would have taken** part in the contest. 〈가정법 과거완료〉

→ if절과 주절 모두 과거에 대한 이야기

⁶ If I **had taken** her advice, I **would be** fine now. 〈혼합 가정법〉

→ if절은 과거에 대한, 주절은 현재에 대한 이야기

〉〉 정답 및 해설 p.29

주어진 문장과 유사한 의미가 되도록 빈칸에 알맞은 말을 쓰시오.

1 min. check up ✓

❶ As it was cold, I wasn't able to go fishing.

→ If it had not been cold, I _____ _____ _____ _____.

❷ As they didn't agree, they didn't work together.

→ If they _____ _____, they _____ _____ _____ together.

❸ As I played computer games for too long, my eyes are red.

→ If I _____ _____ computer games for too long, my eyes _____ _____ red.

80

5 **I wish / as if / It is time + 가정법**

① **I wish + 가정법**

A I wish + 가정법 과거 「…하면 좋을 텐데」

주절의 시제와 일치하는 시점에 그렇지 못한 것을 유감스러워하거나, 실현 불가능한 소망을 나타낼 때

¹ **I wish** my grandfather **were** here at my graduation.

(→ I'm sorry that my grandfather is not here at my graduation.)

² **I wished** I **traveled** Europe with you.

(→ I was sorry that I didn't travel Europe with you.)

B I wish + 가정법 과거완료 「…했었다면 좋을 텐데」

주절의 시제보다 이전의 일에 대한 유감이나 아쉬움을 나타낼 때

³ **I wish I hadn't made** such a big mistake.

(→ I'm sorry that I made such a big mistake.)

⁴ **I wished** she **had won** the singing contest.

(→ I was sorry that she hadn't won the singing contest.)

② **as if[though] + 가정법**

A as if[though] + 가정법 과거 「마치 …인[하는] 것처럼」

주절의 시제와 일치하는 시점의 일을 가정할 때

⁵ She acts **as if** she **were** the owner of the shop.

(→ In fact, she isn't the owner of the shop.)

⁶ He talked **as if** he **lived** in Mexico.

(→ In fact, he didn't live in Mexico.)

B as if[though] + 가정법 과거완료 「마치 …였던[했던] 것처럼」

주절의 시제보다 이전의 일을 가정할 때

⁷ She talks **as if** she **had majored** in law.

(→ In fact, she didn't major in law.)

⁸ He acted **as if** he **had been** the winner.

(→ In fact, he wasn't the winner.)

③ **It is time + 가정법 과거** 「…해야 할 시간이다」, 「진작 …했어야 했다」

⁹ **It is time** you **told** me what you did yesterday.

>> 정답 및 해설 p.29

주어진 문장과 유사한 의미가 되도록 빈칸에 알맞은 말을 쓰시오.

❶ I'm sorry I don't know when she leaves.

→ I _____ I _____ when she leaves.

❷ She talked about meeting me before. In fact, she hadn't.

→ She talked as if she _____ me before.

1 min. check up ✔

① If의 생략

if절의 (조)동사가 were, had, should인 경우 if를 생략할 수 있다. 이때 주어와 동사의 위치가 바뀐다.

1. **Were I** as tall as Miranda, I **could be** a model.
   (= If I were as tall as Miranda, I could be a model.)
2. **Had I had** a lot of money, I **could have bought** a yacht.

② 조건절의 생략 if절 없이 주절만으로 가정법 문장을 쓸 수 있다.

3. David **could have passed** the exam (if he had tried harder).
4. We **would have joined** you at the party, but our class finished late.

③ 조건절 대용어구

5. Sumi *would be* very happy **to get a scholarship**. 〈to부정사가 조건절을 대신〉
   (= Sumi would be very happy if she got a scholarship.)
6. **Born in another country**, Max *could have succeeded*. 〈분사구문이 조건절을 대신〉
   (= If Max had been born in another country, he could have succeeded.)
7. **An American** *would not use* that expression. 〈주어가 조건절을 대신〉
   (= If she or he were an American, she or he would not use that expression.)
8. **With her help**, I *could have done* a better job on the project. 〈부사구가 조건절을 대신〉
   (= If she had helped me, I could have done a better job on the project.)

④ If it were not for ... / If it had not been for ...

A If it were not for ... 「…이 없다면」 (= Without / But for / Were it not for)
9. **If it were not for** air, we **couldn't survive**.
   = **Without[But for / Were it not for]** air, we couldn't survive.

B If it had not been for ... 「…이 없었다면」 (= Without / But for / Had it not been for)
10. **If it had not been for** them, the show **would have failed**.
    = **Without[But for / Had it not been for]** them, the show would have failed.

〉〉 정답 및 해설 p.30

1 min. check up ✔

주어진 문장이 같은 뜻이 되도록 빈칸에 알맞은 말을 쓰시오.

❶ If it were not for the traffic jam, I wouldn't be running late.
= _____ _____ the traffic jam, I wouldn't be running late.

❷ If it had not been for your help, I couldn't have done it.
= _____ _____ _____, I couldn't have done it.

❸ If the rumors were true, Sandy would be shocked.
= _____ _____ _____ _____, Sandy would be shocked.

Grammar Practice

>> 정답 및 해설 p.30

01 주어진 우리말과 일치하도록 괄호 안의 동사를 알맞은 형태로 바꾸시오.

(1) 만약 네가 복권에 당첨된다면, 무엇을 하겠니?

= What would you do if you (win) the lottery?

(2) CCTV가 없었더라면, 그들은 도둑을 잡지 못했을 것이다.

= If it had not been for the CCTV, they (cannot catch) the thief.

(3) 너는 어제 사고를 봤던 것처럼 이야기한다.

= You talk as if you (see) yesterday's accident.

(4) 어젯밤 비가 왔었더라면, 지금 길이 진흙투성이일 텐데.

= If it (rain) last night, the road would be muddy now.

02 두 문장이 유사한 의미가 되도록 빈칸에 알맞은 말을 쓰시오.

(1) I am sorry my son doesn't like vegetables.

→ I wish my son ＿＿＿＿＿＿＿＿＿＿ vegetables.

(2) Because I met you, my life is not meaningless.

→ If I had not met you, my life ＿＿＿＿＿＿＿＿＿＿ meaningless.

(3) If I were her, I would be angry at being treated like that.

→ ＿＿＿＿＿＿＿＿＿＿ her, I would be angry at being treated like that.

03 밑줄 친 부분을 어법상 바르게 고치시오.

(1) If I am in your place, I would ask them for more information.

(2) If the sun rises in the west, I would change my mind.

(3) She talks as if I hadn't been here, although I am right next to her.

(4) If I studied more, I could have attended a good university.

04 주어진 우리말과 일치하도록 괄호 안의 표현을 이용하여 문장을 완성하시오.

(1) 내가 운동을 더 한다면 난 살이 좀 빠질 텐데. (exercise more)

= ＿＿＿＿＿＿＿＿＿＿＿＿＿＿＿, I might lose a bit of weight.

(2) 내가 알았다면 그것을 하지 않았을 텐데. (do it)

= Had I known, ＿＿＿＿＿＿＿＿＿＿＿＿＿.

(3) 해안을 따라 산책하면 편안할 텐데. (be relaxing)

= Taking a walk along the beach ＿＿＿＿＿＿＿＿＿＿＿＿＿.

(4) 중국어를 배웠더라면, 그는 이 책을 읽을 수 있었을 텐데. (read)

= Taught Chinese, he ＿＿＿＿＿＿＿＿＿＿＿＿＿ this book.

05 다음 중 빈칸에 들어갈 말이 <u>다른</u> 하나는?

① He acts as _____ he had watched the documentary before.

② We could have bought the magazine _____ we had hurried.

③ _____ Jason read the book, he would answer all the questions.

④ _____ we don't leave now, we will miss our flight.

⑤ _____ you made a reservation, you could have watched the performance.

06 다음 중 빈칸에 들어갈 말이 바르게 짝지어진 것은?

> • If he had answered the phone, he ___(A)___ here now.
> • I wish I ___(B)___ you laugh more when we met last time.
> • If we ___(C)___ the cake, we would have enjoyed our dessert more.

	(A)	(B)	(C)
①	would be	····· made	····· ordered
②	would be	····· had made	····· ordered
③	would be	····· had made	····· had ordered
④	would have been	····· had made	····· had ordered
⑤	would have been	····· made	····· ordered

서술형
07 주어진 문장의 밑줄 친 부분과 같은 뜻이 되도록 (1), (2), (3)의 각 빈칸에 알맞은 단어를 넣으시오.
▶ 6. 주의해야 할 가정법 구문 ④

<u>Without those convenient facilities</u>, we would have had a lot of difficulties then.

(1) _____ _____ those convenient facilities

(2) Had _____ _____ _____ _____ those convenient facilities

(3) If _____ _____ _____ _____ _____ those convenient facilities

서술형
08 주어진 우리말과 일치하도록 조건에 따라 문장을 완성하시오.   ▶ 4. If가 있는 가정법 2 ②

저녁을 충분히 먹었더라면, 나는 지금 배가 고프지 않을 텐데.

= _____

> 〈조건〉 • 다음 표현을 제시된 순서대로 사용하되, 필요하다면 형태를 바꿀 것:
>   have, enough dinner, hungry
> • 위의 표현을 포함하여 12단어로 작성할 것

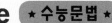
01 (A), (B), (C)의 각 네모 안에서 어법에 맞는 표현으로 가장 적절한 것은?

Like most plants, the bamboo tree needs fertile soil and plenty of sunshine and water. But the bamboo tree is special. After four long years underground, it suddenly sprouts and grows 80 feet in only a few days! How does this happen? The tree spends four years developing an underground root system. If it were not for this foundation, the tree (A) | couldn't support / couldn't have supported | itself. Building a successful business sometimes requires a similar process. Everyone wishes they (B) | are / were | an overnight success. However, one must be both patient and hardworking in order to grow the strong foundation necessary to succeed. Were the bamboo tree farmer to dig up his plant every year to check on it, he (C) | would only slow / would only have slowed | its growth.

	(A)	(B)	(C)
①	couldn't support	······ are	······ would only slow
②	couldn't support	······ are	······ would only have slowed
③	couldn't support	······ were	······ would only slow
④	couldn't have supported	······ were	······ would only have slowed
⑤	couldn't have supported	······ were	······ would only slow

02 다음 글의 밑줄 친 부분 중, 어법상 틀린 것은?

Computer technology has had countless positive effects on society. However, some people worry that it has also created ethical problems that ① wouldn't exist if computers had never been invented. For example, imagine a software engineer has been hired by a company that does work for the military. Her first assignment is to design software for ② launching nuclear missiles. She doesn't want to think about what would happen ③ should someone use the software to take control of the weapon system, which could not have been built without computer technology. The engineer, who considers quitting her new job, is facing an ethical conflict that ④ will never arise if it had not been for computer technology. Of course, people faced difficult decisions before the computer age. However, the ones that exist today ⑤ are both different and more complex.

VOCA 01 fertile 비옥한 sprout 싹이 나다 foundation 토대, 기초 overnight 하룻밤 사이에, 갑자기 patient 참을성[인내심] 있는 hardworking 근면한
02 countless 무수한 ethical 윤리적인 military 군대 assignment 과제, 임무 launch 시작하다; *발사하다 take control of …을 장악[지배]하다 weapon 무기 quit 그만두다 conflict 갈등, 충돌 arise 생기다, 발생하다 complex 복잡한

01 다음 글에 드러난 'I'의 심경으로 가장 적절한 것은?

Susie was the most popular girl in our school. She was pretty, smart, and athletic. Needless to say, she was every boy's dream, especially mine. I thought, **if I could have** a girlfriend like Susie, **I'd never** even **look at** another girl. After thinking about it for a long time, I finally decided to tell her how I felt. I bought some flowers, and the next day at lunch, I approached her. My heart was beating fast, and my hands were all sweaty. With all my courage, I gave her the flowers, told her that I liked her, and suggested that we go on a date. As I stood there waiting for her response, it felt **as if** time **had stopped**. Everyone was staring at me, and I could barely even breathe.

① bored   ② excited   ③ jealous

④ nervous   ⑤ interested

02 다음 빈칸에 들어갈 말로 가장 적절한 것은?

Samarin is a liquid medicine that helps ease stomachaches. Many years ago, the Swedish company that makes Samarin put an advertisement for its product in a Middle Eastern magazine. The ad was divided into three sections. On the left, there was a man holding his stomach and looking sick. In the middle, the man was drinking Samarin. And on the right, the man was shown with a smile. However, this ad failed to increase sales of Samarin in the Middle East. The company probably **wishes** it **had checked** with Arabic speakers before it created the ad. Since Arabs _____, they looked at the ad in reverse and thought it meant that Samarin made people sick.

① distrust what ads say

② read from right to left

③ write from top to bottom

④ skip reading ads in magazines

⑤ treat diseases with folk medicine

VOCA   01 **athletic** (몸이) 탄탄한   **needless to say** 말할 필요도 없이   **approach** 다가가다   **beat** (심장이) 고동치다   **sweaty** 땀투성이의, 땀에 젖은   **courage** 용기   **response** 대답, 응답   **stare** 빤히 쳐다보다, 응시하다   **barely** 간신히, 가까스로
02 **liquid** 액체의   **medicine** 약, 약물   **ease** (고통 등을) 덜어 주다   **advertisement** 광고 (= ad)   **divide** 나누다   **hold** 쥐다, 잡다   **Arabic** 아랍의, 아랍어의 (*n.* **Arab** 아랍인, 아랍어)   **in reverse** (순서 등을) 반대로, 거꾸로

03 다음 글의 주제로 가장 적절한 것은?

A few years ago, there was a terrible famine in the countries bordering the Sahara desert. Thousands of people died. Unfortunately, they **could have survived if** only wealthier nations **had helped** these countries build a few dams to collect water during the rainy season. Then, the collected water **could have been used** during the dry season. What's worse was that the governments of these countries had been asking for help for years, but were ignored. So why is it that some countries can afford to develop space rockets and weapons to destroy the world, yet they can't afford to build a few dams that **could save** thousands of lives? As human beings, they should be more rational and compassionate. A few dams **would have helped** these people and **been** more useful than a new rocket.

① rich countries that fail to help poor countries at risk
② how climate change is causing thousands of deaths
③ the problems caused by building dams in dry regions
④ poor countries that refuse to prepare for times of crisis
⑤ the sacrifices made to help humans explore outer space

04 다음 글의 밑줄 친 부분 중, 문맥상 낱말의 쓰임이 적절하지 <u>않은</u> 것은?

Cozy mysteries are a type of crime fiction that ① <u>originated</u> in England in the 1920s. Among their most ② <u>common</u> elements are a small town and a crime that must be solved **as if** it **were** a puzzle. The lead character is usually a female amateur detective. It is ③ <u>essential</u> that she be sociable enough to get the community members to talk freely. This is because she gathers clues by having conversations with people and using her knowledge of the community. Another major characteristic of this genre is that violence is ④ <u>emphasized</u>. Even the murderers in these novels aren't dangerous killers. Instead, they are ⑤ <u>ordinary</u> people who you **would not notice if** you **were to pass** them on the street. As for the killings themselves, they are seldom described in great detail and tend to rely on less violent methods, such as poisoning.

VOCA 03 famine 기근 border (국경·경계를) 접하다 desert 사막 ignore 무시하다 weapon 무기 destroy 파괴하다 rational 합리적인, 이성적인 compassionate 연민 어린, 동정하는 [문제] at risk 위험에 처한 sacrifice 희생
04 fiction 소설 originate 비롯되다, 유래하다 element 요소, 성분 amateur 비전문가, 아마추어 detective 형사, 탐정 essential 필수적인 sociable 사교적인, 붙임성 있는 community 지역 사회, 공동체 clue 단서, 실마리 characteristic 특징 violence 폭력 (a. violent 폭력적인) seldom 좀처럼 …않는 rely on …에 의지하다 poisoning 음독, 독살

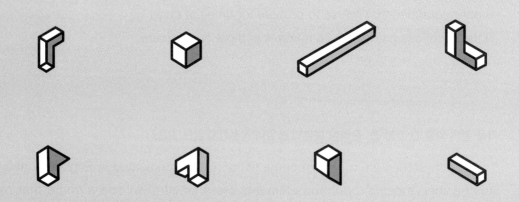

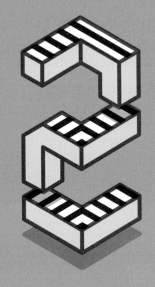

PART 2

문장의 연결

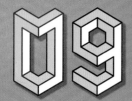

접속사

<u>Conjunction</u> 접속사는 단어와 단어, 구와 구, 절과 절을 연결해 주는 말로, 크게 등위접속사, 상관접속사, 종속접속사로 나뉜다.

 등위접속사

① 기본 용법 동일한 품사나 문법적 특성이 대등한 어구를 연결한다. 주요 등위접속사로 and, but, or, for, so가 있다.

¹ The store sells fruit **and** vegetables, **but** it doesn't have blueberries.
² Which do you prefer, coffee **or** tea?
³ We must leave early, **for** we have a long way to go. 「왜냐하면 …이니까」
⁴ It began to snow, **so** I took out my gloves. 「그래서」

② 기타 용법

A 명령문 + and 「…하라, 그러면 ~」
⁵ Exercise regularly, **and** you will feel better.
   (= If you exercise regularly, you will feel better.)

B 명령문 + or 「…하라, 그렇지 않으면 ~」
⁶ Put on your hat, **or** you'll catch a cold.
   (= If you don't put on your hat, you'll catch a cold.)

> **문법 PLUS ➕**
>
> 「both A and B」가 주어인 경우 동사는 복수 취급한다. 「either A or B」와 「neither A nor B」, 「not only A but (also) B(= B as well as A)」의 경우에는 동사의 수를 B에 일치시킨다.
>
> ⁵ **Both** Jay **and** I *like* Italian food.
> ⁶ **Not only** the students **but also** the teacher *was* laughing.

 상관접속사

상관접속사로 연결되는 어구는 동일한 품사이거나 문법적으로 성격이 같아야 한다.

① **not only A but (also) B** 「A뿐만 아니라 B도」(= B as well as A)
¹ The restaurant provides **not only** great food **but** (**also**) excellent service.

② **both A and B** 「A와 B 둘 다」(= A and B as well)
² **Both** my sister **and** I planned a party for our mom.

③ **either A or B** 「A와 B 둘 중 하나」, **neither A nor B** 「A와 B 둘 다 아닌」
³ You can **either** use a computer **or** read a book.
⁴ **Neither** he **nor** I like giving speeches in front of people.

>> 정답 및 해설 p.33

괄호 안에 주어진 어구를 이용하여 문장을 다시 쓰시오.

❶ She didn't text. She didn't call either. (neither A nor B)
   → _____

❷ If you don't get up now, you'll be late for school. (명령문 + or)
   → _____

1 min. check up ✓

명사절을 이끄는 종속접속사

① that 「…라는 것」
¹ **That** he will come to the party is obvious. 〈주어〉
(= It is obvious (**that**) he will come to the party.)

★ that이 이끄는 절이 주어 역할을 할 때, 보통 가주어 it을 써서 「It is … that ~」 구문으로 쓰는 것이 일반적이다.

² The problem is **that** I forgot the password. 〈보어〉
³ I knew (**that**) Phil would ask me out. 〈목적어〉
⁴ No one can deny the fact **that** the earth is round. 〈동격〉

② whether / if 「…인지 아닌지」
⁵ **Whether** he will study abroad (or not) is not clear. 〈주어〉
(= It is not clear **whether** he will study abroad or not.)
⁶ The question is **whether** I should buy a new smartphone or not. 〈보어〉
⁷ I don't know **whether**[**if**] I can hand in my paper this afternoon. 〈목적어〉

★ 주어절, 보어절에서는 보통 whether를 사용하는 것이 일반적이다. 목적절에서 바로 뒤에 or not이 이어지거나 to부정사가 올 때는 if를 사용할 수 없고 whether를 사용해야 한다.

⁸ I asked **whether** *or not* he could speak Spanish. (if 사용 불가)
⁹ We can't decide **whether** *to postpone* it or *cancel* it. (if 사용 불가)

 조건의 부사절을 이끄는 종속접속사

① if 「만약 …한다면」
¹ I'll clean this room **if** you help me.

② unless 「…하지 않는 한」 (= if … not)
² You'll be late for the meeting **unless** you hurry up.
(= You'll be late for the meeting *if* you do*n't* hurry up.)

③ so[as] long as 「…하는 한」 (= only if)
³ I'll read any book, **as long as** it's interesting.

 문법 PLUS

그 외 조건의 부사절을 이끄는 접속사
• in case 「…할 경우에 대비해서」
⁴ I packed an extra sandwich **in case** you forgot to bring one.
• suppose[provided] (that) 「만일 …하면」
⁵ **Provided that** you are elected, what will you do?

〉〉 정답 및 해설 p.33

1 min. check up ✓

빈칸에 알맞은 접속사를 쓰시오.
❶ Just email me _____ you have any questions.
❷ You will get an F _____ you submit your homework.
❸ I wonder _____ people will agree with me or not.
❹ It is certain _____ he won't have enough time to review the book.

① **when / whenever / while / as**

¹ **When** I was working out at the gym, I received a call from him. 「…할 때」

² **Whenever** he starts a business, he fails. 「…할 때마다」

³ Strike **while** the iron is hot. (= Strike the iron **while** it is hot.) 「…하는 동안」

⁴ **As** he walked in, he attracted everyone's attention. 「…할 때, …하면서」

② **until**

⁵ You should wait **until** your table is ready. 「…할 때까지」

⁶ She **didn't** come **until** the presentation was over.

(= Not until the presentation was over did she come.)

★ not A until B 「B하고 나서야 비로소 A하다」

③ **before / after / since**

⁷ **Before** Sam came here, he knew nothing about Korea. 「…전에」

⁸ **After** we left the mall, we went to the Greek restaurant for supper. 「…후에」

⁹ **Since** Sarah moved to New York, I haven't heard from her. 「…이래로」

④ 기타 접속사 대용어구

¹⁰ **Once** you start something, you must finish it. 「일단 …하면」

¹¹ **By the time** this letter reaches you, I won't be here any longer. 「…때까지는」〈기한의 완료〉

¹² **As soon as** I went out, it began to rain. 「…하자마자」

¹³ **Every time** I paint a portrait of a person, I give it to him or her. 「…할 때마다」

¹⁴ **The next time** I take a trip, I'll fly first class. 「다음에 …할 때」

¹⁵ David went into the house to see his mom **the moment** he arrived. 「…하자마자」

¹⁶ **It'll not be long before** she comes. 「머지않아 …할 것이다」

문법 PLUS +

as의 여러 가지 쓰임

¹⁷ **As** we were late, we caught a taxi. 「…때문에」

¹⁸ Do **as** you please. 「…대로」

¹⁹ **As** it grew darker, it became colder. 「…함에 따라」

²⁰ Dave has been to many places **as** a journalist. 「…로서」〈전치사〉

〉〉 정답 및 해설 p.33

밑줄 친 부분에 유의하여 문장을 우리말로 해석하시오.

❶ It'll not be long before we have a big festival.

❷ The movie was already starting as I got to the theater.

❸ He did not stop crying until his mother came in.

❹ By the time we arrive at the department store, it will be closed.

이유 · 원인의 부사절을 이끄는 종속접속사

① **because** 「왜냐하면」, 「…이니까」
¹ I didn't go shopping with them **because** I had nothing to buy.

② **since / as** 「…이므로」
² **Since** the music was so loud, we couldn't talk.
³ **As** I didn't have enough money, I went to a fast food restaurant.

③ **now (that) …** 「…이니까」, 「…인 이상은」
⁴ **Now that** you mention it, I do remember the event.
⁵ **Now that** it's warm, we can go swimming.

 양보의 부사절을 이끄는 종속접속사

① **though / although** 「…에도 불구하고」, 「…이지만」
¹ I'm going to buy the necklace, **though** it is very expensive.

② **even though** + 사실 「비록 …일지라도」
² **Even though** it's a holiday, my father is busy as usual.

③ **even if** + 불확실한 사실(가정의 의미) 「설령 …일지라도」
³ **Even if** you don't like the rule, you have to follow it.

④ **whether A or B** 「A이든 B이든」
⁴ **Whether** Jacob is tired **or** not, he should study for the exam.

⑤ **no matter** + 의문사 「비록 …일지라도」, 「…이든지 간에」 ▶ p.114 참조
⁵ **No matter where**(= Wherever) you go, I'll always think of you.
⁶ **No matter when**(= Whenever) you call us, we'll answer the phone.
⁷ **No matter what**(= Whatever) he does, I cannot trust him anymore.

〉〉 정답 및 해설 p.34

괄호 안에서 알맞은 말을 고르시오.

❶ (No matter what / Even if) she doesn't come, I won't mind.
❷ (Because / Whether) it rains or not, they will go on a vacation.
❸ We stayed at home (since / though) it was too cold to go outside.
❹ (Even though / Now that) she caught a bad cold, she had to take the exam.

① **so that ...** 「…하기 위해서」, 「…하도록」 (= in order that)

¹ Speak a little louder **so that** we may[can] all hear you.

(= Speak a little louder *in order that* we may[can] all hear you.)

² We left some food outside the window **so that** the birds could eat.

② **lest + 주어 + should** 「…하지 않도록」 (= so as not to, in order not to)

³ Apply sunscreen **lest** you **should** get sunburned.

(= Apply sunscreen *so as not to* get sunburned.)

③ **so + 형용사[부사] + that** 「매우 …해서 ~하다」, 「~할 정도로 …하다」 (= too ... to ~, ... enough to-v)

⁴ He was **so** tired **that** he couldn't get out of bed.

(= He was *too* tired *to* get out of bed.)

⁵ It was **so** cold **that** I wore a winter coat.

(= It was cold *enough* for me *to* wear a winter coat.)

④ **such + a[an] + 형용사 + 명사 + that** 「매우 …해서 ~하다」, 「~할 정도로 …하다」

(= so + 형용사 + a[an] + 명사 + that)

⁶ It was **such** a good film **that** I saw it twice.

(= It was *so* good a film *that* I saw it twice.)

⁷ It was **such** a cold afternoon **that** we stopped playing in the garden.

(= It was *so* cold an afternoon *that* we stopped playing in the garden.)

>> 정답 및 해설 p.34

주어진 문장과 유사한 의미가 되도록 빈칸에 알맞은 말을 쓰시오.

❶ Be careful in order not to get your purse stolen.

→ Be careful _____ _____ _____ get your purse stolen.

❷ Andrew was kind enough to give me good advice.

→ Andrew was _____ _____ _____ he gave me good advice.

❸ I'll attend law school in order that I may become a lawyer.

→ I'll attend law school _____ _____ I may become a lawyer.

01   괄호 안에서 가장 적절한 말을 고르시오.

(1)   He asked me (that / if) I would accept the proposal.

(2)   Look out, (and / or) you will get hurt.

(3)   She can speak both English (and / but) Spanish.

(4)   He is not satisfied with anything (lest / unless) he does it himself.

(5)   He must be busy (though / because) he didn't answer the phone all day.

02   빈칸에 알맞은 접속사를 보기에서 찾아 쓰시오.

〈보기〉	that	whether	as	once	but

(1)   He not only paid for dinner _____ drove me home.

(2)   _____ it's raining again, we'll have to stay home.

(3)   _____ you make a decision, you should stick to it.

(4)   Do you mean _____ he was telling a lie?

(5)   She couldn't decide _____ to go to Canada or the USA.

03   의미가 통하도록 (A)와 (B)를 연결하시오.

(A)	(B)
(1) We lost the game,	ⓐ until I see it for myself.
(2) No matter when you come,	ⓑ I'll welcome you.
(3) Please turn down the TV	ⓒ although everyone played well.
(4) I won't believe you	ⓓ so that I can study.

04   주어진 우리말과 일치하도록 괄호 안의 동사와 적절한 접속사를 이용하여 문장을 완성하시오.

(1)   그 요리를 만들기 위해서 설탕이나 꿀 중 하나를 사용할 수 있다. (use)

= You can _____ to make the dish.

(2)   그녀는 어디에 가든지 간에, 항상 가족을 그리워한다. (go)

= _____, she always misses her family.

(3)   Kelly는 너무 바빠서 지난주에 쇼핑을 하러 갈 수가 없었다. (go shopping)

= Kelly was _____ last week.

(4)   우리가 극장에 도착하자마자, 그 쇼는 시작되었다. (arrive)

= _____, the show started.

05 다음 중 주어진 문장의 밑줄 친 부분과 같은 의미로 쓰인 것은?

> As this product is made of organic ingredients, it's safe.

① Don't try to act as you like.

② As she grew older, she became wiser.

③ As you study, remember to take a break once in a while.

④ My dad will visit our school as a teacher for a day.

⑤ As I will leave this town, I should rent out my house.

06 다음 중 어법상 어색한 문장은?

① If he turned in his paper was not certain.

② Not until she shouted did all of them look back.

③ Either he or I am responsible for the trouble.

④ I dropped by the grocery store as well as the bakery.

⑤ He was so strict a teacher that no student liked him.

▶ 5. 시간의 부사절을 이끄는 종속접속사 ④

서술형

07 주어진 우리말과 일치하도록 괄호 안의 단어를 배열하여 문장을 완성하시오.

그녀는 머지않아 많은 돈을 벌 것이다.

= _____

(not / will / she / long / much / makes / it / before / money / be)

▶ 8. 목적·결과·정도의 부사절을 이끄는 종속접속사 ②

서술형

08 주어진 우리말과 일치하도록 조건에 따라 문장을 완성하시오.

사고가 나지 않도록 안전하게 운전해라.

= _____

⟨조건⟩ • 접속사 lest를 사용할 것
       • 다음 표현을 제시된 순서대로 사용할 것:
         drive safely, should, have an accident

01 (A), (B), (C)의 각 네모 안에서 어법에 맞는 표현으로 가장 적절한 것은?

Cacti are unique plants. Since they grow in the desert, they have adapted to conserve water. For example, they don't have leaves because these allow too much water evaporation. Also, cacti stems are sturdy and round (A) to store / storing large amounts of water. It's easy to keep a cactus at home, but they don't grow very fast. Be sure to place yours in a sunny spot (B) because / although they need a lot of light. You should also turn them very often (C) so that / now that the entire plant has a chance to face the sun. However, if you want your cacti to produce healthy flowers, don't move them while in bloom.

*cacti: 선인장류

	(A)	(B)	(C)
①	to store	because	so that
②	to store	because	now that
③	to store	although	so that
④	storing	because	now that
⑤	storing	although	so that

02 다음 글의 밑줄 친 부분 중, 어법상 틀린 것은?

① Although Galileo did not invent the very first telescope, he was one of the first people to use one to look at the night sky. The stars appeared to be little points of light ② when they were seen through a telescope, but the planets were little globes or circles. Because of this, it seemed to him ③ as the planets were much nearer than the stars. Later, this ④ was found to be true. The discoveries Galileo made while using the telescope also verified the theory of Copernicus. This theory stated ⑤ that the planets of our solar system, including the earth, all revolve around the sun.

VOCA 01 adapt 적응하다 conserve 보존하다 evaporation 증발 sturdy 튼튼한, 억센 store 저장하다 amount 양 spot 장소 entire 전체의 face 향하다; 직면하다 in bloom 꽃이 활짝 핀
02 telescope 망원경 globe 구체 discovery 발견 verify 입증하다 theory 이론 state 말하다; *명시하다 solar system 태양계 revolve 회전하다

01 다음 글에서 전체 흐름과 관계 없는 문장은?

Many college campuses have writing centers that help students with their writing assignments. ① Generally, tutors at writing centers do **not** simply proofread students' work, **but** rather show students how to make improvements in the areas of **both** theme **and** organization. ② Tutors also provide help with grammar, punctuation, **and** formatting, **as well as** make suggestions about content. ③ Writing is often one of the most difficult tasks college students are faced with. ④ In addition, students can go to writing centers for advice on doing research **or** preparing a bibliography for a paper. ⑤ **As** many centers employ professors **and** professional writers, the guidance they offer is very valuable.

*bibliography: 참고 문헌

02 다음 글의 내용을 한 문장으로 요약하고자 한다. 빈칸 (A)와 (B)에 들어갈 말로 가장 적절한 것은?

A good movie can be a very effective way to tell a story **because** the audience is able to fully experience the story. We can hear the characters' voices **and** see their emotions on their faces. This helps us to understand the characters better. We watch through their eyes **as** the story unfolds. A movie that is successful is able to capture the audience in this way. **When** it does, we fully concentrate on the story, **and** sometimes we don't even notice **that** we're only watching a fictional movie. A skillful moviemaker can tell a story **so that** it comes alive on the screen **and** we feel **as though** we're participating in it.

↓

Watching a well-made film, the audience experiences the story **as if** it were _____(A)_____, **as** the movie invites them to enter the _____(B)_____.

	(A)		(B)		(A)		(B)
①	false	······	music	②	fictional	······	theater
③	touching	······	story	④	real	······	plot
⑤	logical	······	screen				

VOCA   01 assignment 과제   proofread 교정을 보다   improvement 향상   theme 주제   organization 구성   punctuation 구두법   format 형식을 갖추다   content 내용   professional 전문적인
02 effective 효과적인   emotion 감정   unfold 펼쳐지다, 전개되다   capture 포로로 잡다; *사로잡다   concentrate 집중하다   fictional 허구적인   skillful 숙련된   [문제] plot 구성, 줄거리   logical 타당한, 논리적인

03 다음 빈칸에 들어갈 말로 가장 적절한 것은?

In 1876, a landowner living in Britain imported some gray squirrels from America; before that time, the only squirrels in Britain were red. Since then the gray squirrels have spread rapidly, **and** the red ones are now in danger of disappearing. The main reason the two species cannot live together is **that** _____.
Both of them prefer a vegetarian diet that includes nuts and berries. However, gray squirrels can eat such foods **before** they are fully ripe, **while** the red squirrels prefer to wait **until** they ripen **so that** they are easier to digest. Therefore, **when** the two species live in the same forest, there is likely to be little food left for the red squirrels **when** they search for it.

① each prefers the same place to sleep in

② one affects the food source of the other

③ other animals can find food more quickly

④ other kinds of squirrels have been imported

⑤ the forest where they live is being destroyed

04 글의 흐름으로 보아, 주어진 문장이 들어가기에 가장 적절한 곳은?

> The good news is **that** the hair loss which happens during teenage years is often temporary.

Hair loss is typically an adult problem, **but** teens sometimes lose their hair, too. Hair loss during adolescence can mean a person is sick **or** maybe just not eating right. (①) For example, improper food choices can lead to baldness **because** certain nutrients are needed to keep hair healthy. (②) The side effects of some medications can also cause teens to lose their hair. (③) They can even lose their hair **if** they wear a hairstyle that pulls on their hair for a long time, such as braids. (④) Losing hair at such a young age can **not only** be stressful **but** can **also** affect a teen's personality. (⑤) **Once** the problem that causes it is corrected, the hair usually grows back. That is, their hair can be restored to its original condition by eating more protein **or** stopping certain medications.

VOCA 03 landowner 땅주인, 지주 import 수입하다 squirrel 다람쥐 disappear 사라지다 ripe 익은 (*v.* ripen 익다) digest 소화하다
04 temporary 일시적인 typically 보통, 일반적으로 adolescence 청소년기 improper 부적절한; *잘못된 baldness 탈모
nutrient 영양소 medication 약물 braid (머리를) 땋은 것 personality 성격 restore 복구하다 protein 단백질

09 접속사 | **99**

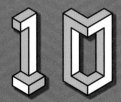

관계사 1

<u>Relative Clause</u> 관계사는 형용사절을 이끌어 선행사의 내용을 한정하거나, 선행사에 관한 부가적인 정보를 제공할 때 쓰인다. 관계사에는 관계대명사와 관계부사가 있다.

 관계대명사

관계대명사는 선행사인 명사를 대신하는 대명사 역할을 하면서, 두 문장을 연결하는 접속사의 기능을 한다.

He has *a daughter*. *She* is good at mathematics. (a daughter = she)

1 He has *a daughter* **who** is good at mathematics.
　　　　　　선행사 　　　　　　형용사절(관계사절)

 관계대명사의 종류와 격

선행사	관계대명사		
	주격	목적격	소유격
사람	who	whom[who]	whose
사물·동물	which	which	whose[of which]
사람·사물·동물	that	that	–
–	what	what	–

▶ **관계대명사의 격의 결정** 　관계대명사의 격은 관계대명사가 이끄는 절 속에서의 역할에 따라 결정된다.

1 This is the man **who** lives in Seoul.
　　　　　　　　　주격 (lives의 주어)

2 This is the man **whom** I met yesterday.
　　　　　　　　　목적격 (met의 목적어)

3 This is the man **whose** name is Tom Smith.
　　　　　　　　　소유격 (name을 수식)

★ 주격 관계대명사의 경우, 관계대명사절의 동사는 선행사의 인칭과 수에 일치시킨다.

〉〉 정답 및 해설 p.36

1 min. check up

주어진 문장을 관계대명사를 이용하여 한 문장으로 쓰시오.

❶ This is the girl. She helped us plant a tree.

　→ _____

❷ He is a famous pianist. I've greatly admired him since I was a child.

　→ _____

❸ He is the guy. His cell phone was stolen in the library.

　→ _____

3 who / which / that의 용법

① who

A 주격   ¹ Do you know anyone **who** majored in chemistry?

B 목적격   ² The man **whom** she'll marry has just left.

            ³ This is the man **whom** I talked with.

> ★ 목적격 관계대명사 whom 대신 who를 쓰기도 한다.

            ⁴ The announcer is a person **who**(= whom) I know.

C 소유격   ⁵ That's the man **whose** house is for sale.

② which

A 주격   ⁶ Read the novel **which** was recently released.

B 목적격   ⁷ Did you find the key **which** you lost?

            ⁸ Sam gave me the book **which** I'd been looking for.

C 소유격   ⁹ He used a term the meaning **of which** I didn't know.

            = He used a term **whose** meaning I didn't know.

            = He used a term **of which** I didn't know the meaning. 〈문어체〉

③ that

A 주격   ¹⁰ Have you got a book **that** is fun to read?

B 목적격   ¹¹ She's the woman **that** I'm falling in love with.

C that이 주로 쓰이는 경우

¹² *The car and the driver* **that** went off the bridge are still missing. 〈선행사가 '사람 + 사물[동물]'일 때〉

¹³ *Who* **that** is honest would do such a thing? 〈선행사가 who, which 등의 의문사일 때〉

¹⁴ That is *the very question* **that** I want to ask her.

   〈선행사가 'the + 최상급', 'the + 서수', 'the only', 'the very' 등의 수식을 받고 있을 때〉

¹⁵ Is there *anything* **that** I should bring? 〈선행사가 all, little, much, -thing으로 끝나는 부정대명사일 때〉

〉〉 정답 및 해설 p.37

빈칸에 알맞은 관계대명사를 쓰시오.

❶ Hand me the umbrella _____ color is yellow.

❷ This is the dress _____ I have been looking for.

❸ The scientist _____ presented the new theory has won the Nobel Prize.

1 min. check up ✓

what은 선행사를 포함하는 관계대명사로, 문장 내에서 〈주어·목적어·보어〉의 역할을 한다.
what은 「…하는 (모든) 것」의 의미로 해석되며 the thing which, anything that 등으로 바꿔 쓸 수 있다.

① 명사절을 이끄는 what

¹ **What** surprised us was Greg's good attitude. 〈주어〉
² Tell me **what** you have studied so far. 〈목적어〉
³ This is **what** he tried to say to people. 〈보어〉

② what + 명사 「…하는[인] 만큼의」, 「(…하는) 모두의」

⁴ Write down **what** facts you know about the accident.
  (= Write down all the facts that you know about the accident.)

③ 관용 표현

A 「what + 주어 + be」 주어의 〈존재·인격〉을 나타낸다.

⁵ He is not **what he was**.
       (= the man that he used to be)

B 「what + 주어 + have」 주어의 〈재산·소유〉를 나타낸다.

⁶ One's worth lies not in **what one has** but in what one is.

C 기타 관용 표현

⁷ He is **what we call**(= what is called) a night owl. 「소위」, 「이른바」
⁸ He has lost his way, and **what is worse**, it is beginning to rain. 「설상가상으로」
  cf. what is better 「더 좋은 것은」, 「게다가」
⁹ Maria is diligent, **what is more**, she is passionate. 「더욱이」, 「게다가」

〉〉 정답 및 해설 p.37

어법상 틀린 부분을 찾아 올바르게 고치시오.

❶ You should not judge a person by that he or she has.
❷ She is very thrifty. She saves which she earns.
❸ He is what is calling a musical genius.
❹ That she found surprised the world.

5 관계대명사의 두 가지 용법

관계대명사는 한정적 용법과 계속적 용법 두 가지로 사용된다.

한정적 용법	계속적 용법
He has a son **who** became a teacher.	He has a son, **who** became a teacher. (= and he)
그는 **교사가 된** 아들이 한 명 있다.	그는 아들이 한 명 **있는데**, 그는 교사가 되었다.
① 관계대명사 앞에 **comma(,)가 없다.** ② 선행사는 관계대명사가 이끄는 형용사절의 **직접적인 수식을** 받는다. (교사가 된 아들 한 명 외에 다른 아들이 있을 수 있음) ③ 관계대명사가 이끄는 절이 선행사를 꾸며 주는(한정하는) 논리 구조로 해석한다.	① 관계대명사 앞에 **comma(,)가 있다.** ② 관계대명사가 이끄는 절은, 선행사가 누구[무엇]인지 이미 알고 있는 상황에서 선행사에 관한 **추가적·부수적인 정보를 제공**한다. (아들이 한 명만 있음) ③ 관계대명사 앞의 절부터 해석하고, 이어서 and, but 등의 접속사를 넣어 관계대명사 뒤의 절을 해석한다. ④ that과 what은 계속적 용법으로 사용할 수 없다.

cf. 계속적 용법에서 쓰이는 which는 구나 절이 선행사로 올 수 있다.

1 She tried *to open the door*, **which** she found impossible.

2 He said *he was ill*, **which** was a lie.

 6 관계대명사와 전치사

관계대명사가 전치사의 목적어일 때, 전치사는 관계대명사 바로 앞 또는 관계사절의 끝에 위치한다.

1 China is the country *in* **which** dim sum was made.

　= China is the country (**which**) dim sum was made *in*.

　= China is the country (**that**) dim sum was made *in*.

cf. 〈전치사＋관계대명사〉의 어순일 때는 관계대명사 who나 that을 쓸 수 없다. who나 that을 쓸 때는 전치사가 반드시 관계사절 끝에 와야 한다.

　She is the friend to who I gave the money. (×)

2 This is a photo of Brian and Lynn, *with* **whom** I went to college.

　= This is a photo of Brian and Lynn, **whom**[**who**] I went to college *with*.

〉〉 정답 및 해설 p.37

1 min. check up ✔

괄호 안에서 알맞은 말을 고르시오.

❶ I don't like the music (to / at) which my father listens.

❷ I told everything to Mary, (who / which) I shouldn't have done.

❸ This is the product in (which / that) she is interested.

❹ He joined the worst team, (which / that) is now the best team.

주의해야 할 관계대명사

① 관계대명사의 생략

A 타동사의 목적어 목적격 관계대명사를 생략할 수 있다.

¹ This is the man (**whom**) I *love*.

² The famous player's uniform (**which**) I *wanted* was sold out already.

B 전치사의 목적어 구어체에서는 전치사가 문장의 끝에 놓이는 경우 관계대명사를 생략하기도 한다.

³ This is the man (**whom**) I gave the ticket *to*.

= This is the man *to* **whom** I gave the ticket.

★ 〈전치사 + 관계대명사〉의 어순일 때는 관계대명사를 생략할 수 없다.　　▶ p.103 참조

C 「주격 관계대명사 + be동사」의 생략

⁴ The man (**who is**) ordering some food over there is my husband.

⁵ Every problem (**which is**) encountered in your life is a lesson to make you stronger.

cf. 계속적 용법의 관계대명사는 생략할 수 없다.

② 관계대명사 + 삽입절

관계대명사 뒤에 I hear, I think, people say 등이 삽입될 수 있다.

⁶ Jeffrey is a singer **who** <u>people say</u> is great.
삽입절

⁷ The guy **who** <u>I thought</u> was very healthy is now hospitalized.
삽입절

③ 선행사와 떨어져 있는 관계대명사

선행사는 관계대명사 바로 앞에 오는 것이 보통이지만 떨어져 있는 문장도 종종 볼 수 있다.

⁸ *A lot of men* died **who** might have been saved.

⁹ The history teacher said *something* to the class **that** they could not forget.

문법 PLUS ➕

주격 관계대명사절이 선행사와 떨어져 있는 경우, 관계사절의 동사를 선행사에 수일치해야 함에 유의한다.

¹⁰ There are *many people* in the stadium **who are** cheering for the home team. (O)

cf. There are many people in the stadium who is cheering for the home team. (×)

〉〉 정답 및 해설 p.37

1 min. check up ✔

괄호 안에서 알맞은 말을 고르시오.

❶ I failed the test (which / the teacher) gave last week.

❷ I met a violinist (who / whom) I think is a great musician.

❸ The staff was replaced by a boy in a uniform (which / who) knows nothing about the products.

01 빈칸에 알맞은 관계대명사를 쓰시오.

(1) A cup of hot tea is just _____ I want.

(2) Have you ever met anyone _____ eyes are blue?

(3) This is my friend _____ passed the band audition.

(4) He visited the town in _____ Mark Twain was born.

(5) She runs an Internet shopping mall _____ sells accessories.

02 주어진 문장에서 which가 가리키는 어구에 밑줄을 그으시오. ▶ 5. 관계대명사의 두 가지 용법

(1) They climbed Mont Blanc, **which** is the most beautiful mountain in France.

(2) They climbed Mont Blanc, **which** made them very tired.

(3) He asked me directions to City Hall, **which** were difficult to give.

(4) He asked me directions to City Hall, **which** made me late for class.

03 어법상 틀린 부분을 찾아 바르게 고치시오.

(1) He was walking with a girl which was very tall.

(2) I think you are the kind of guy I can travel.

(3) Jack told my sister that she should do by today.

(4) He said something to me what I couldn't hear clearly.

(5) She is one of the most beautiful girls what I've ever met.

04 주어진 우리말과 일치하도록 괄호 안의 단어를 배열하여 문장을 완성하시오.

(1) 나는 지난밤에 귀퉁이에 있던 침대에서 잤다. (was / that / the bed / in the corner)

　　→ Last night I slept in _____.

(2) 머리가 금발인 저 소녀는 누구니? (is / whose / that girl / blond / hair)

　　→ Who is _____?

(3) 내가 정말로 원했던 것은 나의 가게를 가지는 것이었다. (wanted / I / what / really)

　　→ _____ was to have my own shop.

(4) 나는 Fred에게 휴가 계획을 상기시켜 주었는데, 그것은 우리가 예전에 이야기했던 것이었다.

　　(had / which / talked about / we / the other day)

　　→ I reminded Fred of the vacation plan, _____.

05 다음 중 빈칸에 들어갈 말이 다른 하나는?

① _____ made me so angry was his joke.

② Tell me _____ you think is most important.

③ I was very surprised at _____ they ordered for us.

④ I saw him, _____ is more, I was invited to his party.

⑤ He rented a room _____ walls were decorated with flower patterns.

06 다음 중 밑줄 친 부분이 어법상 어색한 것은?

① I was waiting for the bus <u>which</u> was late.

② Pack everything <u>that</u> is on the kitchen table.

③ Do you know the guy <u>who</u> Cathy was looking at?

④ Jenny was carrying luggage <u>which</u> I think looks heavy.

⑤ He was dating a girl, <u>that</u> I saw in the amusement park.

서술형

07 주어진 우리말과 일치하도록 빈칸에 알맞은 말을 넣어 문장을 완성하고자 한다. 조건에 따라 (1), (2), (3)의 각 빈칸에 알맞은 말을 쓰시오. ▶ 6. 관계대명사와 전치사

내가 내린 지하철은 많은 사람들로 붐볐다.

= _____ was crowded with lots of people.

(1) _____

(2) _____

(3) _____

〈조건〉 • (1)은 관계대명사 which를, (2)는 「전치사+관계대명사」를, (3)은 관계대명사 that을 이용할 것
• (1), (2), (3) 모두 다음 표현을 제시된 순서대로 사용하되, 필요하다면 형태를 바꿀 것:
the subway, get off
• (1), (2), (3) 모두 위의 표현을 포함하여 6단어로 작성할 것

서술형

08 주어진 우리말과 일치하도록 조건에 따라 문장을 완성하시오. ▶ 2. 관계대명사의 종류와 격

우산이 망가진 소년은 그의 엄마를 기다리고 있었다.

= _____

〈조건〉 • 관계대명사 whose를 사용할 것
• 다음 표현을 제시된 순서대로 사용하되, 필요하다면 형태를 바꿀 것:
the boy, umbrella, break, wait for, his mom
• 위의 표현을 포함하여 11단어로 작성할 것

Grammar Practice ★수능문법★

〉〉 정답 및 해설 p.38

01 (A), (B), (C)의 각 네모 안에서 어법에 맞는 표현으로 가장 적절한 것은?

There are three types of modern acting: stage, television, and film. The most traditional is stage acting, (A) which / in which the same performances are repeated over a period of time. Stage shows occur in many places, from large auditoriums to small theaters. In contrast, television acting is done during the production of TV programs, which are mainly created on studio lots. Finally, the purpose of film acting is to make movies. The actors might be moved to a different location for each of the film's scenes, (B) which / what are sometimes filmed over and over until the director is satisfied. Movies can afford to take the most time to get the best performances possible from the actors. Whichever form it takes, acting is something (C) what / that entertains many people.

	(A)		(B)		(C)
①	which	……	which	……	what
②	which	……	what	……	what
③	in which	……	which	……	what
④	in which	……	which	……	that
⑤	in which	……	what	……	that

02 다음 글의 밑줄 친 부분 중, 어법상 틀린 것은?

Flamingos are ① such a lovely color that they almost look fake. In fact, when flamingos are born, they are actually grey. Over time, their color changes due to their diet. The algae and sea creatures flamingos eat contain pigments called carotenoids, ② which are broken down and distributed to their feathers, legs and beaks. Flamingos that eat a lot of algae ③ is the most brightly colored. Flamingos aren't the only birds ④ that change color due to their diet. Blue-footed boobies and American goldfinches go through a similar process. People also eat foods containing carotenoids. However, people rarely eat enough of them ⑤ to affect their skin color.

*algae: 〈식물〉 조류(藻類), 말 **blue-footed booby: 〈동물〉 푸른발부비새 ***goldfinch: 오색방울새, 황금방울새

VOCA 01 **film** 영화; 촬영하다 **traditional** 전통의, 전통적인 **performance** 공연 **occur** 일어나다, 발생하다 **auditorium** 강당 **production** 제작 **lot** 많음; *지역, 부지 **purpose** 목적 **director** (영화·연극의) 감독, 연출자 **entertain** 즐겁게 하다
02 **flamingo** 홍학 **fake** 가짜의 **creature** 생물 **pigment** 색소 **distribute** 분배하다; *분포시키다 **beak** 부리

Reading & Structure ★수능독해★

정답 및 해설 pp.38-40

01 다음 글에서 필자가 주장하는 바로 가장 적절한 것은?

One day, my son came home early from the playground. He was frustrated because he wanted to play on a swing set **whose** swings were too high for him to climb onto. Unsure what to do, he ran to the person **with whom** he could share his problems – me! He asked if I knew a way **in which** he could get onto the swings. I could have given him some ideas. Or I could have gone to the playground and helped him up myself. But I know that that's not **what** makes children independent and creative. So instead I asked him, "Can't you think of a way to reach it by yourself?" He thought for a minute. "Maybe if I put a few bricks on the ground, I could stand on them," he finally replied. Then, with a look of pride on his face, he raced back to the playground.

① 어른들은 아이들의 개성을 존중해야 한다.
② 아이들은 어른들의 부족함을 일깨워 준다.
③ 부모가 아이들에게 모범을 보이는 것이 중요하다.
④ 부모는 아이들의 요청에 빠짐없이 응해주어야 한다.
⑤ 아이들이 스스로 문제를 해결하도록 도와주어야 한다.

02 Lou Gehrig에 관한 다음 글의 내용과 일치하지 <u>않는</u> 것은?

Lou Gehrig was a famous baseball player. In fact, he was one of the greatest players of all time. Over the course of 17 seasons, from 1923 through 1939, Gehrig played 2,130 consecutive Major League baseball games. He was born in New York City and played for the same team during his entire baseball career, **which** began in 1923. That team was the New York Yankees, **for whom** he played first base. In 1927, Gehrig hit 47 home runs, **which** was an outstanding number for a single year. During his career, he won the American League's MVP award twice. Sadly, Gehrig was forced to retire in 1939 after he was diagnosed with ALS, a rare nerve disorder **that** has no cure. After suffering from the disease for three years, he passed away at the age of 38. Nowadays people often call this disease Lou Gehrig's disease.

① 한 팀에서만 선수 생활을 했다.
② 뉴욕 양키스의 1루수였다.
③ 선수 생활 동안 MVP를 두 번 받았다.
④ 은퇴 후 불치병을 진단받았다.
⑤ 병을 앓은 지 3년 만에 죽었다.

VOCA 01 frustrated 좌절감을 느끼는 unsure 확신하지 못하는 independent 독립적인 creative 창조적인, 창의적인
02 of all time 역대, 지금껏 consecutive 연이은 career 사회생활, 경력 first base 〈야구〉1루 outstanding 뛰어난 force (어쩔 수 없이) …하게 만들다 retire 은퇴하다 diagnose 진단하다 nerve 신경 disorder 장애, 이상 suffer from …로 고통받다

108

03 글의 흐름으로 보아, 주어진 문장이 들어가기에 가장 적절한 곳은?

> Therefore, right-brain dominant children may feel left out.

It is commonly thought that the left side of the brain, **which** controls the right side of the body, is more logical. And the right side of the brain, **which** controls the left, is considered more creative. (①) This is why people **who** are good at logical thinking are often called "left-brain dominant" and people **who** are more artistic are considered "right-brain dominant." (②) Such dominance can also affect the way individuals learn, especially children. (③) When it comes to our schools, there's a strong emphasis on individual work and step-by-step instructions, **which** are left-brain dominant. (④) They may feel good doing hands-on activities, experimenting, and exploring rather than doing activities **that** emphasize logic and order. (⑤) So, schools should incorporate right-brain dominant activities as well as left-brain dominant ones.

04 다음 글의 내용을 한 문장으로 요약하고자 한다. 빈칸 (A)와 (B)에 들어갈 말로 가장 적절한 것은?

> Humans lose only 5 to 10% of their mental capacity over their lifetime. So why do some elderly people have a difficult time remembering things? As you grow old, it's easy to develop a pattern of life **which** doesn't require you to learn and remember a lot of new information. You do **what** you've always done and think **what** you've always thought, and as your memory is more frequently ignored, its capacity fades. On the other hand, many elderly people **who** remain active in their careers or hobbies have memories **that** are just as good as those of younger people. Clearly, memory loss is not something we need to accept as inevitable.

↓

> While people think the loss of _____(A)_____ skills is due to age, it's actually due to the _____(B)_____ that allow their skills to fade.

	(A)		(B)		(A)		(B)
①	memory	·····	routines	②	cognitive	·····	illnesses
③	organization	·····	environments	④	communication	·····	habits
⑤	logical thinking	·····	tendencies				

VOCA 03 dominant 우세한, 지배적인 (*n.* dominance 우세, 지배) leave ... out …을 빼다, 배제시키다 logical 논리적인 (*n.* logic 논리) affect 영향을 미치다 individual 개인; 개인의 emphasis 강조 (*v.* emphasize 강조하다) instruction 설명 hands-on 직접 해보는 experiment 실험하다 explore 탐험하다 incorporate 포함하다
04 capacity 능력 fade 서서히 사라지다 inevitable 불가피한, 필연적인 [문제] routine 규칙적으로 하는 일 cognitive 인식의, 인지의 logical thinking 논리적 사고 tendency 경향

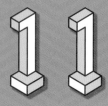

관계사 2

<u>Relative Clause</u> 관계부사는 「접속사 + 부사」의 역할을 하며 when, where, why, how 등이 있다.
또한 복합관계사는 관계사에 '-ever'를 붙여 '부정(不定)' 혹은 '양보'의 의미를 나타낸다.

 관계부사

「접속사 + 부사」의 역할을 하며, 「전치사 + 관계대명사」로 바꿔 쓸 수 있다.

This is *the house*. I was born *there[in the house]*.
→ ¹ This is the house **where** I was born.
= This is the house *in which* I was born.

I'll always remember *the day*. You introduced me to her *then[on that day]*.
→ ² I'll always remember the day **when** you introduced me to her.
= I'll always remember the day *on which* you introduced me to her.

 관계부사의 종류

선행사	관계부사	전치사 + 관계대명사
〈시간〉을 나타내는 명사 time, day, year 등	when	at[in, on, during] which
〈장소〉를 나타내는 명사 place, city, house 등	where	in[at, to, on] which
〈이유〉를 나타내는 명사 the reason	why	for which
〈방법〉을 나타내는 명사 the way	how	in which

★ 관계부사는 각각 〈시간〉, 〈장소〉, 〈이유〉 등을 나타내는 어구를 선행사로 취하지만, 관계부사와 선행사 중 하나는 종종 생략된다.

>> 정답 및 해설 p.40

빈칸에 알맞은 관계부사를 쓰시오.

❶ Blogs are spaces _____ we can share ideas.
❷ Can I ask you the reason _____ you are majoring in journalism?
❸ I am anxiously awaiting the day _____ he will come back to me.
❹ We will make a country _____ children can lead a comfortable life.

110

3 관계부사의 기본 용법

① 시간 **when** (= at[in, on, during] which)
¹ Do you remember *the time* **when** we all went camping together?
² There was *a time* **when** dinosaurs dominated the earth.

② 장소 **where** (= in[at, to, on] which)
³ I want to visit *the city* **where** he's living.
⁴ That is *the place* **where** the accident occurred.
⁵ That's *the point* **where** they're wrong.

> ★ 물리적 장소가 아닌 point(점), case(경우), circumstance(사정), situation(상황) 등 추상적 의미의 장소에도
> 관계부사 where가 사용된다.

③ 이유 **why** (= for which)
⁶ Tell me *the reason* **why** she doesn't like me.
⁷ There is no *reason* **why** I should be blamed.

④ 방법 **how** (= the way (that), the way in which)
⁸ This is **how** you install the program.
  = This is *the way* (*that*) you install the program.
  = This is *the way in which* you install the program.
  cf. 관계부사 how는 방법을 나타내는 선행사 the way와 함께 쓰지 않는다. the way와 how 둘 중 하나는 생략해야 한다.
  This is the way how you install the program. (×)

⑤ 관계부사를 대신하는 **that**
the time, the place, the reason, the way 등 일반적인 선행사 뒤에 오는 관계부사는 that으로 바꾸어 쓸 수 있으며,
생략되는 경우가 많다.
⁹ He kept speaking all the time (**that**) I was there.
                                    = when
¹⁰ That's a place (**that**) we all can go.
                    = where
¹¹ What was the reason (**that**) you gave up tennis?
                        = why

> ★ 관계부사 why 대신 that이 쓰이는 경우도 있으나 주로 why를 쓴다.

〉〉 정답 및 해설 p.40

어색한 부분을 찾아 올바르게 고치시오.

❶ I don't know the reason how he was absent from school.
❷ It is a famous restaurant which many tourists go in New York.
❸ Smartphones affect the way how people interact with others.

1 min. check up ✔

관계부사의 두 가지 용법

① 한정적 용법 관계부사가 선행사의 의미를 수식 · 한정한다.

¹ The year **when** Lisa graduated from college was 2011.
² I would like to live in a country **where** earthquakes never happen.
³ There is another reason **why** I oppose his plan.

② 계속적 용법
관계부사 when과 where만 계속적 용법으로 쓰일 수 있다. 이때 관계부사 앞에 콤마(,)를 써서 나타내며, 선행사에 대해
부가적인 정보를 제공한다.

⁴ The fire engine arrived at 2:30, **when**(= and then) it was too late.
⁵ Come again at five, **when**(= for then) he will be back.
⁶ Lynda moved to London, **where**(= and there) she lived for twenty years.

 관계부사의 주의할 용법

① 관계부사의 선행사 생략
선행사인 the time, the place, the reason 등은 생략될 수 있다.

¹ Now is (the time) **when** I need you most.
² My house is very far from (the place) **where** I work.
³ His voice is so quiet. That's (the reason) **why** I can't understand what he's saying.

② 관계부사의 생략
관계부사 자체가 생략되기도 하나, where는 선행사가 the place인 경우를 제외하고는 일반적으로 생략하지 않는다.

⁴ Do you know the time (**when**) he normally walks his dog?
⁵ Tell me the reason (**why**) you lied to me.
⁶ That is the way (**that**) the war happened.
⁷ This is the park **where** the jazz festival is held.

③ 선행사와 떨어져 있는 관계부사
⁸ *The time* will soon come **when** we can enjoy space travel.
⁹ *A theater* will be constructed **where** we can watch 3D and 4D movies.

〉〉정답 및 해설 p.41

밑줄 친 부분에 유의하여 문장을 우리말로 해석하시오.

❶ This is why I raise the question again.
❷ Then the day came when I had to go back to school.
❸ I traveled through Europe, where I saw a lot of ancient buildings.

who, which, what, when, where, why, how는 관계사 혹은 의문사로 쓰인다. 해석과 쓰임이 다르므로 주의해야 한다.

① 관계사

• 보통 '···하는' 또는 '···한'으로 해석한다. (단, what은 '···하는 것'으로 해석한다.)
• 바로 앞에 명사(선행사)가 나온다. (단, what은 선행사를 포함하므로 앞에 명사가 오지 않는다.)

¹ The English teacher scolded the students **who** were late for class.
   (영어 선생님은 수업에 늦은 학생들을 꾸짖었다.)

² I won't say **what** we did on that day.
   (나는 우리가 그날 한 일을 말하지 않겠다.)

³ The Maldives is a place **where** I want to go sometime.
   (몰디브 섬은 내가 언젠가 가 보고 싶은 곳이다.)

② 의문사

• '누구, 어느 것, 무엇, 언제, 어디, 왜, 어떻게' 등으로 해석한다.
• 앞에 의문문과 잘 어울리는 know, ask, wonder 등의 동사가 나오는 경우가 많다.

⁴ Can you tell me **who** the guy with the red shoes is?
   (빨간 신발을 신은 저 남자가 누구인지 말해줄 수 있니?)

⁵ The police officer asked me **what** I was doing that night.
   (경찰관은 내게 그날 밤 무엇을 하고 있었는지 물었다.)

⁶ I wonder **where** she is planning to visit this summer.
   (나는 그녀가 올여름 어디에 갈 계획인지 궁금하다.)

문법 PLUS➕

의문사절이 다른 문장 내에서 그 동사의 목적어나 보어로 쓰일 때 「의문사 + 주어 + 동사」의 어순을 취하는데 이를 간접의문문이라 한다. 의문사가 주어일 때는 「의문사 + 동사」의 어순을 쓴다.

⁷ Do you know **what time it is** in San Francisco?
   (지금 샌프란시스코가 몇 시인지 아니?)

⁸ He didn't tell me **who sent** the text message.
   (그는 누가 그 문자 메시지를 보냈는지 내게 말하지 않았다.)

〉〉 정답 및 해설 p.41

밑줄 친 부분 중 관계사를 고르시오.

This is one of the best ways to avoid becoming ill with infectious diseases, such as the flu or the common cold. ① What does it call for? Only soap and warm water. It's a simple habit ② which requires no special equipment. It is simply washing your hands. Do you know ③ what some of the benefits of this habit are and ④ when and ⑤ how to do it properly?

관계사 뒤에 '-ever'가 붙은 형태로 명사절 혹은 부사절을 이끄는 역할을 한다.

① whoever[whomever]

1. I will give the best seat to **whoever**(= anyone who) arrives first. 「…하는 누구든지」
2. You can bring **whomever**(= anyone whom) you want. 「누구를 …하든지」
3. **Whoever**(= No matter who) calls, tell him I'm out. 「누가 …하더라도」

② whichever

4. Take **whichever**(= anything that) you want. 「…하는 어느 쪽[것]이든지」
5. **Whichever**(= No matter which) you choose, we will respect your decision.
「어느 쪽[것]을 …하더라도」

③ whatever

6. Do **whatever**(= anything that) you like. 「…하는 것은 무엇이든지」
7. **Whatever**(= No matter what) we may say, he won't change his mind. 「무엇을 …하더라도」

④ whenever

8. You may leave **whenever**(= at any time) you wish. 「…하는 언제든지」
9. You'll always be welcome **whenever**(= no matter when) you come. 「언제 …하더라도」

⑤ wherever

10. My pet follows me **wherever**(= to any place) I go. 「…하는 어디든지」
11. **Wherever**(= No matter where) he is, he is thinking of you. 「어디에 …하더라도」

⑥ however

12. **However**(= By whatever means) you do it, the results will be the same. 「어떻게 …하더라도」
13. You cannot move that stone, **however**(= no matter how) strong you are. 「아무리 …하더라도」
    cf. 역접의 의미를 가진 접속부사 however와 그 쓰임을 구별한다.
14. I hate arguing. **However**, there are some issues we need to discuss.

〉〉 정답 및 해설 p.41

빈칸에 알맞은 복합관계사를 쓰시오.

❶ Susie's parents like _____ she does.
❷ You may visit us _____ you would like to.
❸ _____ comes late should clean the classroom.
❹ Please calm down now, _____ upset you may be.

Grammar Practice

>> 정답 및 해설 pp.41-42

01 두 문장을 관계부사 **when, where, why**를 이용하여 하나의 문장으로 고치시오.

(1) Rome is a city. There are lots of monuments in Rome.

→ _____

(2) People commit crimes. Poverty can be a reason for this.

→ _____

(3) Take a picture at the moment. The moment is when she walks into the room.

→ _____

02 밑줄 친 부분을 어법상 바르게 고치시오.

(1) Milan is a place <u>where</u> I want to visit.

(2) I don't like <u>the way how</u> he plays with the baby.

(3) The day will come <u>which</u> you will succeed.

(4) <u>Whichever</u> you take this pill, drink lots of water.

03 빈칸에 공통으로 들어갈 관계사를 쓰시오.

(1) • A town _____ there is no temple doesn't interest me.

• Have you ever been in a situation _____ you got on a bus without money?

(2) • _____ smart a person may be, he may not be the right person for our company.

• _____ you do it, your parents will be moved by it.

(3) • September is _____ we are going to move to another country.

• The year _____ they went to the amusement park was 2018.

04 두 문장이 같은 뜻이 되도록 빈칸에 알맞은 말을 쓰시오.

(1) This is the office where he works.

= This is the office _____ _____ he works.

(2) She looks pretty whatever she wears.

= She looks pretty _____ _____ _____ she wears.

(3) No matter which team wins, I will congratulate them.

= _____ _____ wins, I will congratulate them.

(4) Larry will work on the project with anyone whom you suggest.

= Larry will work on the project with _____ you suggest.

05 다음 밑줄 친 **where** 중 그 쓰임이 다른 하나는?　　▶ 6. 관계사와 의문사의 비교

① This is the point <u>where</u> I don't understand.

② Mr. Kim asked me <u>where</u> I spent my holiday.

③ He misses the mountain <u>where</u> he used to hike.

④ I hope you visit the place <u>where</u> I lived last year.

⑤ His store is <u>where</u> people in the town get together.

06 빈칸에 적절한 관계사를 보기에서 찾아 쓰시오. (단, 한 번씩만 쓸 것)

〈보기〉	how	whatever	where	wherever

(1)　Give her _____ she wants on her birthday.

(2)　This is _____ this innovative machine works.

(3)　_____ you study, you won't be able to concentrate.

(4)　The stadium _____ the team used to play was destroyed.

서술형
07 주어진 우리말과 일치하도록 괄호 안의 단어를 배열하여 문장을 완성하시오.　　▶ 7. 복합관계사

누가 문을 두드리더라도, 대답하지 마라.

(knocks on / answer / the door / whoever / don't)

=　_____

서술형
08 주어진 우리말과 일치하도록 조건에 따라 문장을 완성하시오.　　▶ 3. 관계부사의 기본 용법 ②

그가 그의 알리바이를 설명할 수 없는 사정이 있었다.

=　_____

〈조건〉　• 관계부사를 사용할 것
　　　　• 다음 표현을 제시된 순서대로 사용하되, 필요하다면 형태를 바꿀 것:
　　　　　circumstances, be unable to, explain, alibi
　　　　• 위의 표현을 포함하여 11단어로 작성할 것

>> 정답 및 해설 p.42

01   (A), (B), (C)의 각 네모 안에서 어법에 맞는 표현으로 가장 적절한 것은?

There are many small organisms (A) | what / that | can live in extreme environments. One of the most amazing is tardigrades multi-celled organisms that are no larger than the head of a pin. These creatures are fascinating because they can survive (B) | no matter how / no matter what | happens around them. Tardigrades can live through floods, droughts, and even times when oxygen is scarce. For example, if the oxygen levels in their environment suddenly drop, they just blow themselves up like a balloon and float to a new place (C) | which / where | oxygen is more plentiful.

*tardigrade: 완보류의 동물

	(A)		(B)		(C)
①	what	······	no matter how	······	which
②	what	······	no matter what	······	where
③	that	······	no matter how	······	which
④	that	······	no matter what	······	which
⑤	that	······	no matter what	······	where

02   다음 글의 밑줄 친 부분 중, 어법상 틀린 것은?

Global warming is one of the most common issues in today's news headlines. It has also been used as the topic of a number of fictional films ① <u>which</u> sudden climate change threatens the survival of civilization. After seeing these films, many people wonder ② <u>if</u> such a crisis could really happen. Usually, scientists talk about "gradual climate change" ③ <u>when</u> they discuss global warming. However, some evidence suggests ④ <u>that</u> more sudden changes could occur if certain things happened. That's ⑤ <u>why</u> some scientists believe that the types of serious and sudden changes shown in these films are not impossible.

VOCA   01 organism 유기체, 생물   multi-celled 다세포의   fascinating 대단히 흥미로운   flood 홍수   drought 가뭄   oxygen 산소   scarce 부족한   blow up 공기를 주입하다, 부풀리다   float 뜨다, 떠오르다   plentiful 풍부한
02 issue 주제, 쟁점, 사안   fictional 허구적인   climate 기후   threaten 위협하다   civilization 문명   crisis 위기   gradual 점진적인   suggest 제안하다; *시사하다   occur 일어나다, 발생하다

01   다음 글의 내용을 한 문장으로 요약하고자 한다. 빈칸 (A)와 (B)에 들어갈 말로 가장 적절한 것은?

Narcissists can be unpleasant to be around, particularly at times **when** their motivation leads them to put others down. But psychologists have made an interesting discovery that could help reduce such negative interactions. They have found two distinct motivational factors contributing to narcissism. The admiration factor, which motivates narcissists to achieve desirable outcomes, can be socially beneficial. However, it can be overcome by the rivalry factor, a desire to be better than others. This is the reason **why** narcissists often exhibit insensitive behavior and look down upon those around them. Fortunately, narcissists' social skills tend to improve in situations **where** they can work independently, because the rivalry factor decreases and the admiration factor takes over.

↓

_____(A)_____ social interaction is more likely when narcissists have _____(B)_____.

(A)	(B)	(A)	(B)
① Desirable	······ competitors	② Positive	······ autonomy
③ Rewarding	······ jealousy	④ Cooperative	······ an identity
⑤ One-sided	······ a leadership role		

02   다음 글의 밑줄 친 부분 중, 문맥상 낱말의 쓰임이 적절하지 <u>않은</u> 것은?

PC Reset Syndrome is a condition sometimes found in teenagers suffering from an Internet addiction. They spend so much time in front of a computer that they cannot ① <u>distinguish</u> reality from cyberspace. Because of this, they treat real life like a computer game. They think they can ② <u>erase</u> **whatever** is causing their problems in the real world and simply start again, much like pressing the reset button on a computer. This leads them to give up easily and act ③ <u>responsibly</u> **whenever** they face difficult situations. They tend to ignore anything ④ <u>inconvenient</u>, whether it is a job or a relationship. And since they have no consideration for others, they often have trouble fitting into society. In severe cases, PC Reset Syndrome can even lead to criminal behavior, as sufferers believe they can reset their sense of ⑤ <u>guilt</u> as well.

VOCA 01 narcissist 자기 도취자   motivation 자극, 유도 (v. motivate 동기를 부여하다)   psychologist 심리학자   interaction 상호 작용   distinct 뚜렷한   admiration 감탄, 존경   factor 요인   desirable 바람직한   outcome 결과   beneficial 유익한 overcome 극복하다; *압도하다   rivalry 경쟁   desire 욕구   look down upon …을 낮춰 보다   independently 독립하여
02 syndrome 증후군   addiction 중독   distinguish A from B A와 B를 구별하다   erase 지우다; 없애다   inconvenient 불편한   consideration 사려, 숙고   criminal 범죄의; 범죄자   guilt 죄책감

03 Oceanside Nature Walk에 관한 다음 안내문의 내용과 일치하지 <u>않는</u> 것은?

Oceanside Nature Walk

The Oceanside Nature Walk is a special festival held once a year. Participants will walk through the forest, **where** they can enjoy cultural events. All the money raised at the festival will be used to maintain our local parks, lakes, and rivers.

Details
- Time: Saturday, August 31
- Location: Along the forest trail of Northside Park
- Entry fee: $10 for adults, $5 for children and seniors

Attractions
- 12 kilometer walking trail with local food for sale along the way
- Traditional music and dancing performances at the end of the trail

The event is open to **whoever** wishes to join. However, you must first register online at *www.naturewalk.net*.

---

① 매년 개최되는 행사이다.　　　　　　② 전체 모금액은 지역 자연 환경 보전에 사용된다.

③ 어린이의 참가 비용은 어른의 절반이다.　④ 참가자들에게 걷는 동안 무료 음식이 제공된다.

⑤ 온라인으로 사전 참가 신청을 해야 한다.

---

04 주어진 글 다음에 이어질 글의 순서로 가장 적절한 것은?

Nepenthes are often called "pitcher plants," because they feed on insects caught in hanging pitchers that grow from their leaves. How their traps work is described below.

(A) Insects are attracted to the sweet odor inside the pitcher. Once they enter, however, they cannot climb back out, as the walls of the pitcher are covered with a slippery wax. Eventually, they fall into the liquid.

(B) As the insects struggle in the liquid, the plant releases a digestive acid. This acid is strong enough to dissolve **whatever** the plant traps. After the insects have dissolved, the plant then absorbs all their nutrients.

(C) When the pitcher is fully inflated, it begins to fill with liquid. Then the lid on the top opens up to reveal the interior. At this point, the trap is ready for prey.

① (A)–(C)–(B)　　　　② (B)–(A)–(C)　　　　③ (B)–(C)–(A)

④ (C)–(A)–(B)　　　　⑤ (C)–(B)–(A)

VOCA　03 raise 들어올리다; *(자금 등을) 모으다　maintain 유지하다　trail 오솔길, 산길　attraction 매력(적인 요소)　register 등록하다
04 pitcher 항아리, 주전자　trap 가두다; 덫　odor 냄새　struggle 몸부림치다　release 석방하다: *방출하다　digestive 소화의
acid 〈화학〉 산　dissolve 용해시키다; 용해되다　absorb 흡수하다　nutrient 영양분　inflate 부풀다　lid 뚜껑　reveal
드러내다　interior 내부

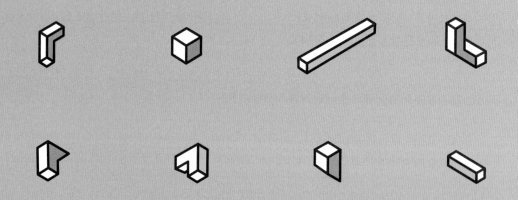

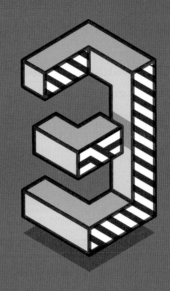

PART 3
주요 구문 및 품사

비교 구문

<u>Comparison</u> 형용사와 부사의 〈성질·상태·수량〉의 정도를 비교할 때 〈원급·비교급·최상급〉을 이용하여 표현한다.

 비교급 · 최상급 만드는 법

① **1음절이나 '-y'로 끝나는 2음절어인 경우 형용사[부사] 뒤에 '-er'을 붙여 비교급을, '-est'를 붙여 최상급을 만든다.**

¹ short-short**er**-short**est** / wide-wid**er**-wid**est** / fast-fast**er**-fast**est**

² early-earl**ier**-earl**iest** / big-big**ger**-big**gest**

★ '-y'로 끝나는 단어는 'y'를 'i'로 고치고 '-er', '-est'를, 「단모음 + 단자음」으로 된 단어는 끝의 자음을 한 번 더 쓰고 '-er', '-est'를 붙여 비교급과 최상급을 만든다.

② **2음절 이상의 대부분, 특히 '-ful, -ous, -ive, -ing, -ed' 등으로 끝나는 형용사[부사]와 3음절 이상의 형용사[부사] 앞에 'more'를 붙여 비교급을, 'most'를 붙여 최상급을 만든다.**

³ famous-**more** famous-**most** famous / useful-**more** useful-**most** useful

⁴ wisely-**more** wisely-**most** wisely / softly-**more** softly-**most** softly

③ **handsome, clever, common, quiet, polite, quickly 등 몇몇 2음절의 형용사[부사]는 '-er', '-est' 와 'more', 'most'를 둘 다 사용하여 비교급·최상급을 나타낼 수 있다.**

⁵ Will computers ever be clever**er**[**more** clever] than people?

⁶ Who do you think is the handsom**est**[**most** handsome]?

④ **good, bad 등과 같이 불규칙하게 변하는 형용사[부사]가 있으므로 유의한다.**

원급		비교급	최상급	원급		비교급	최상급
good well	형 좋은 부 잘	better	best	old	형 오래된, 나이든 손윗사람의	older elder	oldest eldest
ill bad badly	형 아픈 형 나쁜 부 몹시	worse	worst	late	형 (시간이) 늦은 (순서가) 늦은	later latter	latest last
many much	형 (수) 많은 형 (양) 많은	more	most	far	형 (거리가) 먼 (정도가) 심한	farther further	farthest furthest
little	형 (양) 거의 없는	less	least	few	형 (수) 거의 없는	fewer	fewest

〉〉 정답 및 해설 p.44

괄호 안에서 알맞은 말을 고르시오.

1 min. check up ✔

❶ Here are all the (last / latest) novels.

❷ Are there any (farther / further) questions?

❸ Smartphones in this shop are (expensive / more expensive) than in other shops.

원급을 사용한 비교 구문

정도가 동등한 둘을 비교할 때, 형용사[부사]의 원급을 'as ... as' 사이에 넣어 표현하며, '~만큼 …하다'로 해석한다.

¹ You can take **as** much **as** you like.

① **not as[so] ... as ~** 「~만큼 …하지 않은」 (= less ... than ~)
² The second movie was **not as** good **as** the first.

② **as ... as possible** 「가능한 한 …하게」 (= as ... as one can)
³ She ran **as** fast **as possible**.
   (= She ran **as** fast **as she could**.)

③ **as ... as any + 명사** 「~에 못지않게 …한」
⁴ He is **as** brave **as any** soldier.

④ **as ... as ever** 「전례 없이 …한」
⁵ He is **as** great a man **as ever** lived.

⑤ **배수사 + as ... as A** 「A의 ~배만큼 …한」 (= 배수사 + 비교급 + than A)
⁶ This new computer is **three times as** fast **as** the old one.
   (= This new computer is **three times** fast**er than** the old one.)

⑥ **not so much A as B** 「A라기보다는 오히려 B」 (= B rather than A)
⁷ Luis is **not so much** a poet **as** a novelist.
   (= Luis is a novelist **rather than** a poet.)

⑦ **not so much as + 동사** 「…조차도 않다」
⁸ Julia **didn't so much as** say thank you.

⑧ **as many** 「같은 수의」, **as much** 「같은 양의」
⁹ I made ten spelling mistakes in **as many** lines.
¹⁰ He was greatly respected, while she was **as much** despised.

〉〉 정답 및 해설 p.44

1 min. check up ✓

주어진 우리말과 일치하도록 빈칸에 알맞은 말을 쓰시오.

❶ The sofa is _____ _____ comfortable as it might appear.
= 그 소파는 보이는 것만큼 편하진 않다.

❷ Please email me as soon _____ _____. It's urgent.
= 가능한 한 빨리 이메일을 보내 주세요. 급하거든요.

❸ This will be not so _____ a challenge as an opportunity.
= 이번 일은 도전이라기보다는 오히려 기회가 될 것이다.

3 비교급을 사용한 주요 구문 1

비교급의 기본 형태는 「비교급 + than ...」이며, '…보다 더 ~한[하게]'라고 해석한다.

¹ Diamond is **harder than** iron.

① 비교급 + and + 비교급 「점점 더 …한[하게]」

² It is getting **warmer and warmer**.

② the + 비교급 ..., the + 비교급 ~ 「…하면 할수록 더 ~하다」

³ **The happier** a person is, **the longer** he or she lives.
⁴ **The harder** Scott worked, **the more** money he made.

③ 비교급 강조 「even, far, much, still, a lot + 비교급」 「훨씬 더 …한[하게]」

⁵ Your dish was **much** *better than* mine.

　★ very는 비교급을 강조할 수 없다.

④ more A than B 「B라기보다는 A」 (= A rather than B)

⁶ Margaret is **more** a businesswoman **than** a politician.

⑤ 주의해야 할 비교 구문

'-or'로 끝나는 형용사 prior, superior, inferior, junior, senior 등의 표현을 사용하는 비교급에는 than 대신 to를 쓴다.

⁷ This product is **superior to** that one.
⁸ I knew about the plan **prior to** its announcement.

문법 PLUS➕

비교급을 포함한 관용구
• more or less 「다소, 얼마간」
• sooner or later 「조만간」
• more often than not 「매우 빈번히」 (= as often as not)
• for better or (for) worse 「좋든 나쁘든」

〉〉정답 및 해설 p.44

1 min. check up ✓

주어진 우리말과 일치하도록 빈칸에 알맞은 말을 쓰시오.

❶ My writing skills are inferior _____ his.
　= 나의 작문 실력은 그보다 못하다.

❷ The days are getting _____ and _____.
　= 낮이 점점 더 길어지고 있다.

❸ The _____ time I spend with her, the _____ we become.
　= 내가 그녀와 보내는 시간이 많을수록, 우리는 더 가까워진다.

비교급을 사용한 주요 구문 2

① **A is no more ... than B is** 「A가 …가 아닌 것은 B가 …가 아닌 것과 같다」(A는 B와 마찬가지로 …가 아니다)

¹ A whale is **no more** a fish **than** a horse is (a fish).

² He is **no more** a celebrity **than** I am the king of England.

★ A가 …가 아님을 강조하기 위해 사용하는 구문이다.

② **A is no less ... than B** 「A는 B만큼 …하다 (A≒B)」

³ Mason was **no less** tired **than** his father was.

⁴ I am **no less** excited **than** you are.

★ A가 B와 동등함을 강조하기 위해 사용하는 구문이다.

③ **no more than ...** 「꼭 … 정도밖에 많지 않다」(= only 「겨우 …밖에」)

⁵ I have **no more than** five apples.

⁶ Peter has **no more than** ten dollars in his bank account.

★ 말하는 사람이 비교 대상의 〈수〉나 〈양〉이 **적다**고 생각하면서 비교할 때 쓴다.

④ **no less than ...** 「꼭 … 만큼이나 많다」(= as many[much] as ...)

⁷ He gave me **no less than** 500 dollars.

⁸ They spent **no less than** half an hour arguing about it.

★ 말하는 사람이 비교 대상의 〈수〉나 〈양〉이 **크다**고 생각하면서 비교할 때 쓴다.

⑤ **no longer** 「더는 … 아니다」(= not ... any longer[more])

⁹ Nicole **no longer** works here.

(= Nicole does not work here any longer.)

¹⁰ Harold **no longer** eats meat, since he wants to lose weight.

〉〉 정답 및 해설 p.44

밑줄 친 부분에 유의하여 문장을 우리말로 해석하시오.

❶ Sara no longer loves Raul.

❷ She spent no more than 30 dollars at the shopping mall.

❸ I think the readers are no less smart than the editors or the journalists.

1 min.
check
up ✔

최상급은 원급에 '-est'를 붙이거나 원급 앞에 'most'를 써서 나타낸다. 보통 최상급 앞에 the가 오고(부사인 경우는 예외), 뒤에는 of(…중에)나 in(…안에) 등 한정하는 말이 오는 경우가 많다. 원급·비교급을 이용하여 최상급을 표현할 수도 있다.

① 최상급

A the + 최상급 + in ... 「…에서 가장 ~한」
¹ Ian is **the most talented** musician in Korea. 〈the + 최상급〉
    = Ian is **more talented than any other musician** in Korea. 〈비교급 + than any other + 단수명사〉
    = **No** musician in Korea is **more talented than** Ian. 〈no ... + 비교급 + than〉
    = **No** musician in Korea is **as talented as** Ian. 〈no ... + as[so] + 원급 + as〉

B the + 최상급 + (that) + 주어 + have ever p.p. 「주어가 지금까지 …한 것 중에 가장 ~한」
² This is **the most beautiful** song (that) I've ever heard.
    = This is **more beautiful than any other song** (that) I've ever heard.
    = **No** (**other**) song I've ever heard is **more beautiful than** this.
    = **No** (**other**) song I've ever heard is **as beautiful as** this.

C one of the + 최상급 + 복수명사 「가장 …한 ~ 중 하나」
³ Steve Jobs is **one of the greatest innovators** in the history of business.

② 양보의 뜻을 갖는 최상급
⁴ **The richest** man in the world cannot buy happiness.
    (= Even the richest man in the world cannot buy happiness.)

③ 최상급 강조 「**by far/the very/far and away** + 최상급」 「단연코 가장 …한」
⁵ He is **by far** *the bravest* of them all.
⁶ This is **the very** *best* smartphone app for finding good restaurants.

〉〉 정답 및 해설 p.45

주어진 문장이 보기와 유사한 의미가 되도록 빈칸에 알맞은 말을 쓰시오.

〈보기〉 The Volga River is the longest river in Europe.

❶ The Volga River is _____ _____ any other river in Europe.
❷ No river in Europe is _____ _____ the Volga River.
❸ No river in Europe is _____ long _____ the Volga River.

Grammar Practice

>> 정답 및 해설 p.45

01 괄호 안에서 가장 적절한 말을 고르시오.

(1) Charlie is one of the smartest (kid / kids) in the world.

(2) The dessert was (much / very) better than the main dish.

(3) The longer you stay in this city, (the more / the most) you will like it.

(4) He gave me a lot of helpful advice prior (than / to) my visit to China.

(5) This is the (high / highest) score that he's ever gotten.

02 다음 도표를 보고 원급·비교급·최상급 표현을 사용하여 괄호 안의 주어진 단어를 바르게 고치시오.

Tablet PC	Battery life	Screen size	Internal storage	Price(won)
A	9 hours	10.1 inch	64G	576,000
B	12 hours	10.1 inch	64G	556,000
C	10 hours	9 inch	32G	428,000
D	11 hours	7 inch	16G	394,000

(1) B can store twice (much) C can.

(2) D is (narrow) any of the other tablet PCs.

(3) C is (expensive) than D. A is (expensive) of all.

(4) A is (wide) B, but its battery life is (short) of all four.

03 두 문장이 유사한 의미가 되도록 빈칸에 알맞은 말을 쓰시오.

(1) Health is the most valuable possession of all.

→ _____ _____ is as valuable as health.

(2) He is a dancer rather than a singer.

→ He is _____ _____ _____ a singer _____ a dancer.

(3) I've never heard a funnier story than that.

→ That's _____ _____ story I've ever heard.

(4) It was more exciting than any other trip I had ever had.

→ It was _____ _____ exciting trip I had ever had.

(5) His backpack is three times more expensive than mine.

→ His backpack is _____ _____ _____ _____ as mine.

04 괄호 안에서 가장 적절한 말을 고르시오.

> Saturday is (much / the very) latest day he will get out of the hospital. His condition is slowly getting (good / better) than before. Call me if you need any (farther / further) information.

05 다음 중 우리말에 대한 영작으로 <u>틀린</u> 것은?

① 나는 더는 너를 돕지 않을 것이다. = I will no longer help you.

② 버스가 점점 더 빨리 달린다. = The bus runs faster more faster.

③ 너는 어느 교수 못지않게 똑똑하다. = You are as smart as any professor.

④ 네 남동생보다 더 열등하다고 느끼지 마라.

   = Don't feel you are inferior to your brother.

⑤ Jake는 우리 동네에서 가장 부지런한 아이이다.

   = No kid in our neighborhood is more diligent than Jake.

서술형
06 주어진 문장과 유사한 뜻이 되도록 조건에 따라 (1), (2), (3)을 완성하시오.   ▶ 5. 최상급을 사용한 주요 구문 ①

This amusement park is the most exciting place that I've ever visited.

(1) No other place I've ever visited was ＿＿＿＿＿＿＿＿＿＿＿＿＿＿＿ this amusement park.

(2) None of the places I've visited were ＿＿＿＿＿＿＿＿＿＿＿＿＿＿＿ this amusement park.

(3) This amusement park is ＿＿＿＿＿＿＿＿＿＿＿＿＿ that I've ever visited.

> 〈조건〉 • (1)은 원급 표현을, (2)와 (3)은 비교급 표현을 사용할 것

서술형
07 주어진 우리말과 일치하도록 조건에 따라 문장을 완성하시오.   ▶ 2. 원급을 사용한 비교 구문 ②

그는 가능한 한 빨리 그 일을 끝마쳤다.

= ＿＿＿＿＿＿＿＿＿＿＿＿＿＿＿＿＿＿＿＿＿＿＿＿＿＿

> 〈조건〉 • 원급 비교 구문을 사용할 것
> • 다음 표현을 제시된 순서대로 사용하되, 필요하다면 형태를 바꿀 것:
>   finish, the job, quickly
> • 위의 표현을 포함하여 8단어로 작성할 것

Grammar Practice ★수능문법★

〉〉정답 및 해설 pp.45-46

01 (A), (B), (C)의 각 네모 안에서 어법에 맞는 표현으로 가장 적절한 것은?

The microwave is one of the world's most common household appliances. Surprisingly, it was invented by accident! In 1945, an American engineer named Percy Spencer was visiting a lab that was testing magnetrons, devices that produce microwaves. To his surprise, the candy bar in his pocket started to melt. While others had noticed the heating effects of microwaves prior (A) to / than this, they hadn't taken it as (B) serious / seriously as Spencer did. After testing the effects of microwaves on other foods, Spencer and his company developed the first commercial microwave oven. It was about the size of a refrigerator and twenty times as (C) heavy / heavier as today's microwaves.

*magnetron: 자기장 속에서 극초단파를 발생시키는 진공관의 한 종류

	(A)		(B)		(C)
①	to	……	serious	……	heavier
②	to	……	seriously	……	heavy
③	than	……	serious	……	heavier
④	than	……	seriously	……	heavy
⑤	than	……	serious	……	heavy

02 다음 글의 밑줄 친 부분 중, 어법상 <u>틀린</u> 것은?

Many biologists study ① <u>how long different types of animals live</u> to learn why some species live longer than others. Their studies show that an animal's lifespan depends on its metabolism. In mammals, the larger the animal, ② <u>longer it lives</u>. This is because large mammals have slower metabolisms than small ③ <u>ones</u>. Mammals with slower metabolisms have slower heart rates, so their hearts are ④ <u>less stressed</u>. These findings ⑤ <u>apply to</u> most mammals except for humans, who have longer lifespans than usual due to the beneficial effects of modern healthcare and technology.

*metabolism: 신진대사

VOCA 01 microwave 전자레인지; 극초단파, 마이크로파   household 가정   appliance (가정용) 기기   lab (= laboratory) 실험실   device 장치, 기구   commercial 상업의   refrigerator 냉장고
02 biologist 생물학자   species (*pl.*) 동물의 종(種)   lifespan 수명   depend on …에 달려 있다   mammal 포유류   except for …을 제외하고는   beneficial 유익한, 이로운   healthcare 의료

01 밑줄 친 he[his/him]가 가리키는 대상이 나머지 넷과 <u>다른</u> 것은?

The word "panic" comes from the Greek god Pan. Pan was a goat-like creature and a **lesser** god, **inferior to** the **greater** gods but still **superior to** humans. He lived between the Greek city-states, and **one of** ① <u>his</u> **most beloved pastimes** was to play tricks on passing travelers. One time, a traveler was walking through a quiet forest where Pan was hiding. **The loudest** sounds **in** the forest were ② <u>his</u> own footsteps until Pan started to rustle the leaves of some bushes. This mysterious sound made ③ <u>him</u> nervous, and he started to walk **faster**. But Pan kept up, and the traveler couldn't get away from the sound. ④ <u>He</u> ran along the path **as fast as he could** until he escaped from the forest. Because of Pan's mischief, ⑤ <u>he</u> could not return to the forest without experiencing a wave of fear.

02 다음 글의 제목으로 가장 적절한 것은?

There are certain chemical compounds in wine that help it last a long time. **The more** of these compounds a bottle of wine has, **the better** it will taste as it ages. The aging process is very complex, but the basic rule is that **the less** water the wine grapes have in them, **the more** successfully the wine will age. As a wine ages, its compounds interact with each other **more and more**. In a red wine, this makes the liquid **paler** and **softer** to taste, but at the same time **more flavorful**. As a result of this, high-quality red wines usually get **better the longer** they are allowed to age.

① The Most Expensive Wine in the World
② The Key to Good Tasting Wine: Grapes
③ Older is Better: The Aging Process of Wine
④ Good or Bad? The Roles of Chemical Compounds
⑤ Are Chemical Compounds Being Added to Your Wine?

VOCA 01 **-like** (형용사 끝에 붙여) …같은, 비슷한 **creature** 생물, 생명체 **inferior** (…보다) 못한, 열등한 **superior** (…보다) 우수한, 우월한 **beloved** (대단히) 사랑하는 **pastime** 취미 **play tricks (on)** …에게 장난을 하다 **rustle** 바스락거리다 **bush** 관목, 덤불 **mischief** 나쁜 짓, 장난
02 **chemical** 화학의, 화학적인 **compound** 화합물, 혼합물 **age** 나이가 들다; *숙성되다 **process** 과정 **complex** 복잡한 **successfully** 성공적으로 **interact** 상호 작용을 하다 **pale** (색깔이) 엷은, 연한 **flavorful** 풍미 있는, 맛 좋은

03 다음 글에서 필자가 주장하는 바로 가장 적절한 것은?

These days, young people are generally **less concerned** about history and tradition **than older** people. The past is the last thing they consider when they plan to do something. They believe that what happens in the future is within their control, or **at least** subject to their influence. Changes, they think, will probably produce improvements. For them, new things are **far better than** the old ones. But these attitudes seem to neglect some important values. While there will always be new things to replace the old, tradition is important precisely because it stays the same. No matter how much technology and our modern way of life might change, tradition reminds us where we came from. It connects us to past generations, giving us a sense of belonging and continuity in our increasingly chaotic modern world.

① 불확실한 미래를 준비하라.
② 역사와 전통을 경시하지 마라.
③ 새로운 삶의 방식을 창조하라.
④ 역사와 전통 교육을 강화해야 한다.
⑤ 역사를 통해 과거의 잘못을 반복하지 마라.

04 글의 흐름으로 보아, 주어진 문장이 들어가기에 가장 적절한 곳은?

In fact, only 15% of teens sleep eight hours or more a night, and **more than** 25% sleep **less than** seven hours.

You need a certain amount of sleep to be alert and get through the day. Without it, irritability, an inability to concentrate, and even depression can occur. (①) Teens need **even more** sleep **than any other age group** because of everything going on with their bodies. (②) How much more? (③) Studies show that most teens need about nine hours of sleep per night. (④) Unfortunately, there's also evidence that few teens actually get close to that during a typical school night. (⑤) Because quality sleep provides numerous health benefits to keep your body and mind working right, this is a serious problem.

VOCA 03 be concerned about …에 관심을 가지다   generally 일반적으로   subject to …의 권한 아래 있는   influence 영향   improvement 향상   attitude 태도, 자세   neglect 도외시하다, 등한하다   value 가치   replace 교체하다   precisely 바로, 꼭, 정확히   remind 상기시키다   generation 세대   sense of belonging 소속감   continuity 지속성   chaotic 혼돈 상태인
04 alert 기민한   get through the day 하루를 보내다   irritability 화를 잘 냄, 성급함   inability 무능, 불능   concentrate 집중하다   depression 우울증   numerous 많은

특수 구문

영어 문장은 경우에 따라 일부 어순이 바뀌기도 하고, 어떤 것이 덧붙여지거나 빠지기도 한다.
이렇게 변형이 일어난 문장을 특수 구문이라고 한다.

 도치 구문

① 강조를 위한 도치

부정어(구), 부사(구), 보어 등이 강조를 위해 문장 앞에 나오면 주어와 (조)동사의 어순이 바뀌는 경우가 있다.

A 부정어(not, never, no, little, hardly, seldom, rarely 등)가 문두

¹ *Little* **did she** dream that she would have her picture taken with the singer.
　　　　조동사　주어

² *Hardly* **does he** show how he feels.

³ *No sooner* **had my teacher** asked me a question *than* the bell rang.

⁴ *Not until* people lose their health **do they** realize its value.

B 부사(구)가 문두

⁵ *Next to the door* **was a big box**.
　　　　　　　 be동사　　주어

⁶ *There* **goes my teacher**!

C only가 문두

⁷ *Only* then **did I** understand what she meant.
　　　　　　 조동사 주어

D 보어가 문두

⁸ *Great* **was his passion for music**.
　　　 be동사　　　　주어

② 그 밖의 도치

A So + 동사 + 주어 「(주어)도 역시 …하다」

B Neither[Nor] + 동사 + 주어 「(주어)도 역시 …하지 않다」

C 조건절에서의 도치 (if 생략)　▶ p.82 참조

 문법 PLUS ➕

주어가 대명사인 경우 부사(구) 혹은 보어가 문두로
나오더라도 도치가 일어나지 않는다.

¹² *Here* she comes!

¹³ *Right* you are.

⁹ A: I'm hungry. – B: *So* **am I**.

¹⁰ A: I don't like opera. – B: *Neither[Nor]* **do I**.

¹¹ **Had I hurried**, I'd have caught the bus.

〉〉 정답 및 해설 p.47

1 min. check up ✓

빈칸에 알맞은 말을 쓰시오.

❶ I could hardly believe what she said.

→ Hardly _____ _____ _____ what she said.

❷ Some books are in her bag.

→ In her bag _____ _____ _____.

❸ A: Jay, I don't want to go out tonight.

B: Neither _____ _____.

강조 구문

① 일반동사 강조 「do[does, did] + 동사원형」

¹ You **do** *look* nice today!

² He **did** *come*, but he soon went back.

② 명사 강조 「the very + 명사」

³ This is **the very** *book* I have been looking for.

③ 부정문의 강조 at all, in the least, whatsoever 등의 어구를 삽입한다.

⁴ Sumi *cannot* speak French **at all**.   「전혀」, 「조금도」

⁵ I'm *not* **in the least** afraid of snakes.   「조금도」, 「전혀」

⁶ Steven had *no* ambition **whatsoever**.   「조금의 …도 (없는)」

④ 의문문의 강조 의문사 바로 뒤에 on earth, in the world, ever 등의 어구를 삽입한다.

⁷ *What* **on earth** are you doing here?   「도대체」

⁸ *Who* **in the world** is that man?   「도대체」

⑤ It is[was] ... that 강조 구문 It is[was]와 that 사이에 강조하려는 어구를 둔다.

⁹ Sally phoned John yesterday at the bank.

→ ¹⁰ **It was** *Sally* **that** phoned John yesterday at the bank.

→ ¹¹ **It was** *yesterday* **that** Sally phoned John at the bank.

→ ¹² **It was** *at the bank* **that** Sally phoned John yesterday.

¹³ *Why* **was it that** he got angry? (의문사를 강조하는 의문문)

cf. 강조되는 말이 사람이면 that 대신 관계대명사 who를 사용할 수 있다.

¹⁴ **It was** *Sally* **who** phoned John yesterday at the bank.

문법 PLUS ➕

가주어 구문 *vs.* 강조 구문
It is[was]와 that을 생략했을 때에도 완전한 문장이면 강조 구문이고, 그렇지 않으면 가주어 구문이다.

¹⁵ (**It was**) Lauren (**that**) sent me the love letter. 〈강조 구문〉

¹⁶ (**It was**) certain (**that**) Lauren sent me the love letter. 〈가주어 구문〉

〉〉 정답 및 해설 p.47

강조되는 부분에 밑줄을 그으시오.

❶ The only person who does know my secret is Dr. Adams.

❷ The baseball players did their best until the very end.

❸ It was his genuine smile that attracted me to him.

1 min.
check
up ✔

삽입 구문

추가로 생각나는 것을 말하거나, 말을 머뭇거릴 때 문장 중간에 단어·구·절 등을 삽입한다.

¹ Jane had, **surprisingly**, paid for everything. 〈단어〉
² He was, **so to speak**, a walking dictionary. 〈구〉
³ His idea, **it seems to me**, is the best. 〈절〉
⁴ There is little, **if any**, chance of her recovering. 〈관용 표현〉

생략 구문

문맥상 의미 파악에 지장이 없는 어구들은 문장을 간결하게 하거나 반복을 피하기 위해 생략할 수 있다.

① 부사절의 「주어 + be동사」 생략

¹ When (**you are**) in Rome, do as the Romans do.
² Though (**she was**) sick, she went to school as usual.
³ I will go there if (**it is**) necessary.

② 반복되는 요소의 생략

⁴ Kelly went to Greece, and Alice (**went**) to Spain.
⁵ To some, life is pleasure; to others, (**life is**) suffering.
⁶ I didn't like to be late for school, but I was (**late for school**).

③ 비교 구문에서의 생략

⁷ The weather isn't as good as (**it was**) yesterday.
⁸ He likes movies more than I (**like movies**).

④ 응답에서의 생략

⁹ A: Will it rain?
  B: I hope (**it will**) not (**rain**).
¹⁰ A: Will he come home soon?
  B: I am afraid (**he will**) not (**come home soon**).

문법 PLUS ➕

관용적인 생략

· No smoking (**is allowed**). 「흡연 금지」
· (**Keep your**) Hands off. 「손대지 마시오.」
· (**This is**) Not for sale. 「비매품」
· What (**would happen**) if it were true?
 「그게 사실이라면 어떻게 될까?」

〉〉 정답 및 해설 p.48

1 min. check up ✓

밑줄 친 부분에서 생략된 부분을 넣어 다시 쓰시오.

❶ When invited to dinner, Americans like to bring part of the meal. It is common, for example, for one person to bring a salad, and ❷ another a dessert.

❶ _____

❷ _____

동격 구문

명사 혹은 명사구를 나란히 두어 앞의 명사를 보충 설명할 때, 이를 동격이라고 한다. 동격은 보통 콤마(,), 세미콜론(:) 등에 의해 연결되지만 of가 이끄는 명사구나 that이 이끄는 명사절이 동격이 될 수도 있다.

¹ *Mr. Green*, **my boss**, called me last night. 〈콤마(,)를 이용〉

² At first, she wanted the role of *Snow White*, **the most important character**.

³ I like *your idea* **of donating money to charity**. 〈of를 이용〉

⁴ *The news* **that he failed the exam** made me sad. 〈절을 이끄는 접속사 that을 이용〉

★ 동격절을 이끄는 주요 명사: news, fact, thought, opinion, idea, hope, doubt, danger 등

 무생물 주어 구문

영어에는 사람이 아닌 무생물이 주어로 나오는 구문이 자주 등장한다. 이런 구문은 무생물 주어 부분을 원인, 이유, 수단, 조건 등의 부사구[절]로 해석하면 자연스럽다.

¹ **The heavy rain** prevented them from going out. 〈원인〉
(= They could not go out because of the heavy rain.)

² **The threat** forced us to follow their orders. 〈이유〉
(= We had to follow their orders because of the threat.)

³ **The book** enabled us to understand the secret of magic. 〈수단〉
(= Thanks to the book, we were able to understand the secret of magic.)

⁴ **This medicine** will make you feel better. 〈조건〉
(= If you take this medicine, you will feel better.)

〉〉 정답 및 해설 p.48

밑줄 친 부분에 유의하여 문장을 우리말로 해석하시오.

❶ The scholarship enabled him to study abroad.

❷ He has a habit of shaking his leg when he is nervous.

❸ His father's death forced him to leave school and find a job.

❹ We should not ignore the fact that there are some participants who are disabled.

부정 구문

① 전체 부정
1 He had **nothing** to say. (= He didn't have anything to say.)
2 I know **neither** of them. (= I don't know either of them.)
3 **None** of the men in the room could solve the problem.

② 부분 부정 「항상[반드시] …한 것은 아니다」
always, all, necessarily, both, every 등이 not과 함께 쓰이면 부분 부정을 나타낸다.
4 The rich are **not always** happy.
5 **Not all** the students are present.

③ 이중 부정 not, never 등의 부정어가 또 다른 부정적 의미의 어구와 함께 쓰이면 강한 긍정을 나타낸다.
6 She **never fails** to keep her promises.
(= She always keeps her promises.)
7 He **never** comes **without** complaining about others.
(= Whenever he comes, he complains about others.)

④ 부정어(**not, never, no**)를 포함하지 않는 부정 표현
A anything but 「결코 …은 아니다」 (= far from)
8 He is **anything but** a gentleman.

B free from 「(제약·부담 등이) 없는」
9 The operation was quite **free from** danger.

C beyond 「(정도·범위) …을 넘어서」, 「…이외에는」
10 The price was **beyond** what he could pay.

>> 정답 및 해설 p.48

두 문장이 같은 뜻이 되도록 빈칸에 알맞은 말을 쓰시오.

❶ I don't like either of the men.
= I like _____ of the men.

❷ His English is far from correct.
= His English is _____ _____ correct.

❸ There is no one who does not like him.
= _____ likes him.

Grammar Practice

>> 정답 및 해설 pp.48-49

01   괄호 안에서 가장 적절한 말을 고르시오.

(1) A: I went to watch the football game yesterday.

B: (So did I / So I did). It was quite exciting.

(2) A: Were all three people in the car injured in the accident?

B: No, (it was / that was) only the two passengers who got hurt.

(3) A: May I use your phone for a second?

B: Sure, here (go you / you go).

02   밑줄 친 부분을 「It is[was] ... that」 구문을 사용하여 강조하시오.   ▶ 2. 강조 구문 ⑤

(1) I bought the camera in America <u>last year</u>.

→ _____

(2) <u>What</u> does the boy intend to make?

→ _____

(3) He was waiting for <u>the train</u> in the early morning.

→ _____

03   다음 문장을 주어진 어구로 시작하도록 다시 쓰시오.

(1) The letter arrived only yesterday.

→ Only yesterday _____.

(2) I have never heard of such a thing.

→ Never _____.

(3) We couldn't solve the problem until he left.

→ Not until he left _____.

(4) Physics enables us to understand some of nature's secrets.

→ We can understand some of nature's secrets _____.

04   어법상 틀린 부분을 찾아 바르게 고치시오.

(1) They had the thought which he would come back later at night.

(2) She do study harder than anyone in my class right now.

(3) No sooner he opened the box than he screamed.

(4) They don't like rock music, and neither I do.

05 다음 밑줄 친 부분 중 생략할 수 <u>없는</u> 것은?   ▶ 4. 생략 구문

① A: That car needs cleaning.

   B: It certainly does <u>need cleaning</u>.

② When I <u>was</u> little, I used to go there.

③ Visit our store whenever you would like to <u>visit it</u>.

④ I can't see you today, but I can <u>see you</u> tomorrow.

⑤ I've bought one of these, and Sue has <u>bought one</u>, too.

06 다음 밑줄 친 부분 중 쓰임이 나머지와 <u>다른</u> 하나는?   ▶ 2. 강조 구문 ⑤

① <u>It</u> is my cat that makes that noise.

② <u>It</u> is the tiger that my kid wants to see.

③ <u>It</u> was essential that we prepared the lunch.

④ <u>It</u> was yesterday that we visited the museum.

⑤ <u>It</u> was at the riverside that they had an accident.

서술형

07 주어진 우리말과 일치하도록 괄호 안의 단어를 배열하여 문장을 완성하시오.   ▶ 6. 무생물 주어 구문

고장 난 차 때문에 우리는 동물원에 가지 못했다.

= _____

(car / zoo / the / to / going / from / the / prevented / broken-down / us)

서술형

08 주어진 우리말과 일치하도록 조건에 따라 문장을 완성하시오.   ▶ 7. 부정 구문 ③

그녀는 설거지를 할 때마다 노래를 부른다.

= _____

〈조건〉 • 이중 부정 표현인 never와 without을 사용할 것
  • 다음 표현을 제시된 순서대로 사용하되, 필요하다면 형태를 바꿀 것:
    do the dishes, sing a song
  • 위의 표현을 포함하여 9단어로 작성할 것

Grammar Practice ★수능문법★

>> 정답 및 해설 p.49

---

01 (A), (B), (C)의 각 네모 안에서 어법에 맞는 표현으로 가장 적절한 것은?

Stress in the workplace is a fairly common occurrence. Many jobs require people to work long hours at the office in order to finish a project or meet a deadline. Some jobs, though, not only require such mental endurance (A) | nor / but | put a lot of strain on a person's body as well. Athletes, for example, push themselves by always trying to go faster, higher, and farther than anyone else. This can potentially be the cause of a serious injury. Thus, athletes often spend long periods of time recovering from the damage they have caused to their bodies (B) | during / while | in training. So serious (C) | these injuries are / are these injuries | that they can even end an athlete's career.

	(A)	(B)	(C)
①	nor	during	these injuries are
②	nor	while	these are injuries
③	but	during	are these injuries
④	but	while	these injuries are
⑤	but	while	are these injuries

---

02 다음 글의 밑줄 친 부분 중, 어법상 <u>틀린</u> 것은?

My life has taken many twists and turns. I was born into a very poor family, but now I'm a billionaire, and I ① <u>am considered to be</u> one of the richest people in the world. I remember ② <u>my father saying</u> to me, "If you work hard, you can be a rich man someday." It turned out he was right. People say that I'm a very happy man. While I can understand why they think that, I remember being truly happy because of money only once in my life. It was just after I'd made my first million. I can still hear my wife ③ <u>saying</u>, "Isn't life wonderful? We're rich!" But since then, ④ <u>hardly I have felt</u> happy. In fact, being rich has caused me more problems than ⑤ <u>it has solved</u>.

VOCA 01 occurrence 발생하는 것 meet 충족시키다; *(기한 등을) 지키다 endurance 인내 strain 압력, 압박 athlete 운동선수 potentially 잠재적으로 cause 원인; 초래하다 injury 부상 recover 회복되다 damage 손상, 피해 career 직업, 직장 생활
02 twists and turns 우여곡절 billionaire 억만장자 turn out 밝혀지다

01 다음 글에서 전체 흐름과 관계 없는 문장은?

Unfortunately, great artists did **not always** live long enough to know how successful they would be. The painting *Irises* was painted by the 19th-century Dutch painter Vincent van Gogh **the year before his death, in 1889**. Surprisingly, in 1987, it sold for more than $53 million; no painting had ever been auctioned for so much money. ① Yet during his lifetime, his paintings did not sell well. ② **Neither did the paintings of 17th-century Dutch painter Vermeer**. ③ Vermeer is considered to have been a master at showing the effects of light in his paintings. ④ He also sold few of his paintings and died in debt, but his works sell for millions today. ⑤ Van Gogh and Vermeer illustrate **the sad truth that** great artists are often appreciated only after they are dead.

02 다음 빈칸에 들어갈 말로 가장 적절한 것은?

In 1970, a new theory was introduced by economist George Akerlof in a paper titled "The Market for Lemons." Using the used car market as an example, it explains what happens when important product information is possessed by **only the sellers in a market**. He assumes that some used cars are **"lemons," American slang that refers to defective automobiles**. Sellers often know whether their cars are lemons or not, but **buyers don't**. Therefore, the amount of money buyers are willing to pay is lowered, as they feel they are taking the risk of buying a bad car. Sellers, **however**, don't want to accept lower prices for their high-quality cars, so they are discouraged from trying to sell them. As a result, fewer good cars are offered for sale, and the overall quality of used cars available for purchase becomes lower. In conclusion, _____.

① sellers in the used car market have earned buyers' trust

② a market for "lemons" helps buyers to get the best deal

③ low-quality cars are usually sold for more than their true value

④ an increase in high-quality products lowers average product prices

⑤ a buyer-seller information gap forces good products out of the market

VOCA 01 Dutch 네덜란드의   auction 경매로 팔다   debt 빚   illustrate 설명하다, 예증하다   appreciate 인정하다
02 economist 경제학자   used 중고의   possess 소유하다   assume 추정하다, 상정하다   slang 속어   defective 결함이 있는
automobile 자동차   take the risk of v-ing …하는 위험을 무릅쓰다   discourage 막다; *의욕을 꺾다   overall 종합적인, 전체의
quality 질

03 다음 빈칸에 들어갈 말로 가장 적절한 것은?

Every mother rat treats her babies differently. Some do a lot grooming, while **others very little**. When they become adults, **interestingly**, the rats that were groomed heavily as babies experience less stress than those that **were not**. To find out whether or not this difference is genetic, an experiment was performed. Researchers separated the babies of a mother rat at birth and placed them in the care of two foster mothers. One of these substitute mothers groomed the babies often, while the other **did not**. Once again, the babies that were heavily groomed were less stressed as adults. This showed that it wasn't important _____. **It was** not their biological mother **that** determined their stress levels as adults. It was the mother that took care of them.

① how often the rats were groomed as babies

② how differently the mothers raise their young

③ what genes the babies got from their mother

④ who took care of the rats when they were babies

⑤ when the babies were separated from their mother

04 Henrietta Nesbitt에 관한 다음 글의 내용과 일치하지 <u>않는</u> 것은?

Henrietta Nesbitt first saw the White House on March 4, 1933. **It was** on that day **that** Franklin Roosevelt began his first term as president of the United States. **Mr. Roosevelt's wife, Eleanor**, had hired **Nesbitt, a neighbor of hers**, to be the head housekeeper at the White House. Even though this was her first job as a professional housekeeper, Nesbitt was ready for the challenge. She was confident that the skills she had learned taking care of her own home were all she would need to manage the presidential residence. **Little did Nesbitt know** that she would spend more than a dozen years in her position and manage daily activities at the White House through both the Great Depression and World War II.

① Roosevelt 대통령의 취임식 날 처음 백악관을 보았다.

② Roosevelt 대통령의 부인이 그녀를 수석 가정부로 고용했다.

③ 이전에 전문 가정부로 일한 적이 없었다.

④ 과거 집안일의 경험은 대통령 사저 관리와 무관하리라고 생각했다.

⑤ 12년 넘게 백악관의 가사를 관리했다.

VOCA 03 groom (털 등을) 손질하다 genetic 유전의 place 놓다, 두다 foster mother 수양어머니, 양모(養母) substitute 대신하는 사람[것], 대리자 biological 생물학의 determine 알아내다; *결정하다
04 term 용어; *기간 president 대통령 (a. presidential 대통령의) hire 고용하다 housekeeper 가정부 confident 자신감 있는; *확신하는 manage 관리하다 residence 거주지 position 직책 the Great Depression 대공황(1930년대 미국발 세계 경제 불황기)

명사·관사·대명사

<u>Noun·Article·Pronoun</u> 명사는 사람이나 사물의 이름을 나타내는 품사이고, 관사는 명사 앞에 놓여 단·복수, 성, 격 따위를 나타내는 품사이다. 대명사는 사람이나 사물의 이름을 대신하여 쓰이는 말이다.

 명사

C 셀 수 있는 명사 (Countable Noun)	U 셀 수 없는 명사 (Uncountable Noun)
• 보통명사: friend, book, house 등 • 집합명사: family, class, audience 등	• 고유명사: Rome, Mike, July 등 • 추상명사: belief, love, information 등 • 물질명사: oil, gas, money 등
① '하나, 둘, 셋'과 같이 낱개로 셀 수 있다. ② 단수형과 복수형(-s[-es])이 있다. ③ 정관사(the)와 부정관사(a[an]) 모두 쓸 수 있다.	① 원칙적으로 셀 수 없으며, 용기나 단위 등으로 양을 나타낼 수 있다. ② 단수형만 있고, 복수형이 따로 없다. ③ 부정관사를 쓸 수 없다.

① 셀 수 있는 명사

A 보통명사 같은 종류의 사람·사물을 공통적으로 나타내는 명사

1 **A boy** is surfing the Internet, and **two girls** are listening to music.

B 집합명사 개개의 사람·사물이 모여 이룬 집합체를 나타내는 명사

2 **My family** *is* a large one. 〈하나의 집합체로 보면 단수 취급〉

3 **My family** *are* all early risers. 〈구성원 개개인으로 보면 복수 취급〉

　★ 단수·복수 취급이 모두 가능한 집합명사: family, committee, audience, crowd 등

4 **The police** *are* on high alert.

　★ 단수형이지만 항상 복수 취급하는 집합명사: police, people, cattle 등

　cf. 셀 수 없는 집합명사: furniture, baggage, clothing 등

5 Cecilia checked in *two pieces of* **baggage** at the Incheon Airport.

② 셀 수 없는 명사

A 고유명사 특정 사람 혹은 사물의 이름

6 **Tom** and **Kathy** moved to **Boston** from **New York** last **August**.

　★ 고유명사는 대문자로 시작하며, 원칙적으로 a[an]를 붙이거나 복수형으로 나타내지 않는다.

B 추상명사 관념적인 대상

7 John has **passion** but lacks **patience**.

C 물질명사 일정한 형태가 없는 물질의 이름

8 **Water** consists of **oxygen** and **hydrogen**.

③ 셀 수 없는 명사를 셀 때 그 명사를 담는 용기, 단위 등을 이용한다.

⁹ I drink **three cups of** *coffee* a day.

 cf. 주문할 때는 예외적으로 셀 수 있는 명사로 취급하기도 한다.

¹⁰ Waiter, **two coffees**, please.

¹¹ Three samples and **two pieces of** *information* will be provided.

¹² Brian was so hungry that he ate **two bowls of** *rice*.

 cf. 셀 수 없는 명사의 양을 나타낼 때는 그 앞에 much, a lot of[lots of], little 등을 쓴다. ▶ p.156 참조

¹³ I wanted to drink **some** *milk*, but there was **little** left.

④ 셀 수 있는 명사로의 전환

물질명사나 추상명사는 셀 수 없는 명사이지만, 구체적인 종류, 제품, 개체를 나타낼 때는 셀 수 있는 명사가 된다.
또한, 다의어인 경우 그 의미에 따라 셀 수 있는지의 여부가 달라진다.

¹⁴ I had my **hair** cut the other day. 머리카락 전체 U

¹⁵ The guest found **a hair** in the soup. 머리카락 한 가닥 C

¹⁶ They kept **company** with people who had many titles. 교제 U

¹⁷ Perry met with the leaders of the **three companies**. 회사 C

⑤ 전치사 + 추상명사 = 형용사 / 부사

¹⁸ He is a man **of wisdom**. (= a wise man)

¹⁹ She solved the problem **with ease**. (= easily)

⑥ 이중 소유격 한정어 + 명사 + of + 소유대명사[명사's]

소유격의 수식을 받는 명사를 관사, 지시대명사(this, that), 부정대명사(some, any, no) 등의 한정어로 다시 수식하려면
반드시 이중 소유격의 형태로 쓴다.

²⁰ I met **a friend of mine** this morning.
 cf. a my friend (×)

²¹ It's **no fault of my brother's**.
 cf. no my brother's fault (×)

> 문법 PLUS ➕
>
> a[an] + 물질명사 = 일반명사
>
> • glass(유리) – a glass(유리잔)
> • iron(철) – an iron(다리미)
> • paper(종이) – a paper(신문)
> • beer(맥주) – a beer(맥주 한 잔)
> • fire(불) – a fire(한 건의 화재)

〉〉 정답 및 해설 p.51

1 min. check up ✔

괄호 안에서 알맞은 말을 고르시오.

❶ I dyed my (hair / hairs) brown the other day.

❷ My family all (like / likes) watching TV on weekends.

❸ You've already had three cups of (tea / teas) today.

❹ Jack has been working for (company / a company) for years.

❺ I usually get (information / informations) from the Internet.

관사

① 부정관사 a[an]의 쓰임

A 불특정한 하나를 언급할 때
 ¹ Where can I book **a** movie ticket online?

B 「하나의 (one)」의 의미
 ² Rome was not built in **a** day.

C 「어떤 (a certain)」의 의미
 ³ In **a** sense, we're all addicted to something.

D 「똑같은 (the same)」의 의미
 ⁴ Birds of **a** feather flock together.

E 「…당, …마다(per)」의 의미
 ⁵ Take this medicine three times **a** day.

F 고유명사 앞에 쓰여 「…라고 하는 사람」, 「…와 같은 사람」의 의미
 ⁶ **A** *Mr. Edwards* came to see you.   「…라고 하는 사람」
 ⁷ He wishes to become **a** *Thomas Edison*.   「…와 같은 사람」

② 정관사 the의 쓰임

A 이미 언급된 명사 / 듣는 이가 이미 알고 있는 명사 앞에
 ⁸ I heard a song on the radio, and **the** song was terrific.
 ⁹ It's freezing in here. Please, turn on **the** heater.

B 구나 절이 명사 뒤에서 수식할 때
 ¹⁰ **The** wine *from this region* tastes good.
 ¹¹ **The** boy *I met on the street* was Paul's brother.

C 유일무이한 명사 / 악기 이름 앞에
 ¹² **The** *sun* comes up and **the** *moon* goes down.
 ¹³ My sister can play **the** *piano* and **the** *flute*.

D 「by + the + 단위」
 ¹⁴ They are paid **by the hour**.   「시간당」

 ★ by the pound 「파운드 당」, by the day 「일당」, by the gallon 「갤런 당」 등

>> 정답 및 해설 p.51

빈칸에 알맞은 관사를 쓰시오.

❶ I run five kilometers _____ day.

❷ Meat is priced by _____ gram in the market.

❸ I received a letter yesterday and haven't read _____ letter yet.

1 min. check up ✔

E 형용사의 최상급, 서수, same, only, very 등의 앞에

¹⁵ This is **the** *best* picture I've ever taken.

¹⁶ They wanted to go to **the** *same* college.

F 신체의 일부를 가리킬 때 소유격 대신

¹⁷ The ball hit the child in **the** *face*.

¹⁸ As I was dozing off, somebody shook me by **the** *shoulder*.

G 관용적으로 사용할 때

¹⁹ You should come here in **the** morning. 〈in the morning 「아침에」〉

²⁰ I would like to go to **the** movie. 〈go to the movie 「영화를 보러 가다」〉

③ 관사의 생략

A 복수 보통명사 · 추상명사 · 물질명사 앞에서

²¹ He likes **dogs** but doesn't like **cats**.

²² **Beauty** is within all of us.

²³ **Water** is essential to life.

> ★ 셀 수 없는 명사라 해도 뒤에 한정해 주는 어구가 나오면 정관사를 사용하기도 한다.

²⁴ **The water** *in this sea* is very clear.

B 가족관계를 나타내는 말 앞에서

²⁵ **Dad** told me to go with you.

C 부르는 말(호격어) 앞에서

²⁶ Please ease my pain, **doctor**.

D 신분 · 관직 등을 나타내는 명사 앞에서

²⁷ **Professor** Kim is the youngest professor at the college.

²⁸ **Queen** Elizabeth I ruled England from 1558 to 1603.

E 식사 · 학과목 · 스포츠 등을 나타내는 명사 앞에서

²⁹ You should not skip **breakfast** if you want to stay healthy.

³⁰ **History** is my favorite subject.

³¹ How about playing **soccer** after school?

> **문법 PLUS ⊕**
>
> breakfast, lunch, dinner 앞에
> 형용사가 붙을 경우에는 관사를 쓴다.
> ³² She had **a wonderful dinner**
> with him last night.

〉〉 정답 및 해설 p.52

어법상 **틀린** 부분을 찾아 올바르게 고치시오.

❶ Many people are trying to achieve the fame.

❷ Hangeul was created in the 15th century by the King Sejong.

❸ I prefer the English to the mathematics.

1 min.
check
up ✔

F 시설물, 사물 등이 본래의 목적으로 쓰일 때

³³ They go to **school** at eight o'clock. 「학교에 (공부하러) 가다」

³⁴ You should go to **bed** by eleven o'clock. 「잠자리에 들다」

★ 건물이나 장소 그 자체를 나타낼 때는 the를 붙인다.

³⁵ They went to *the* **school** to play basketball. 「학교에 (볼 일 보러) 가다」

³⁶ You should go to *the* **bed** to wake him up. 「침대로 가다」

G 교통·통신수단을 나타낼 때

³⁷ He came here by **taxi** but will return by **bus**.

³⁸ We'll contact you by **email**.

3 대명사

① 대명사 *it*의 주의할 용법

A 시간·날씨·거리 등을 나타내는 비인칭 주어 it

¹ What time is **it** now? – **It**'s ten o'clock.

² **It**'s raining. Bring your umbrella.

B 가주어·가목적어 it

³ **It**'s not true *that I was there last night*. (It = that I was there last night)

⁴ I think **it** funny *to wait for him*. (it = to wait for him)

cf. 가주어 it과 「it is[was] ... that ~」 강조 구문에서의 it을 혼동하지 않도록 주의한다. ▶ p.133 참조

⁵ It was her innocent smile that charmed me. 〈강조 구문〉

C 사람을 가리키는 it

⁶ Karen, **it**'s Jim on the phone.

D 관용적으로 쓰이는 it

⁷ How's **it** going with Diana?

⁸ Take **it** easy. There's nothing to worry about.

〉〉 정답 및 해설 p.52

어법상 틀린 부분을 찾아 올바르게 고치시오.

❶ They found that difficult to pass the exam.

❷ Mrs. Kim went to school to pick her son up.

❸ This is very surprising that we were born on the same day.

❹ A: How long does this take to the theater from here?

　 B: About 15 minutes.

② 재귀대명사

인칭대명사의 소유격 또는 목적격에 '-self(단수)/-selves(복수)'를 붙인 것을 재귀대명사라고 하며, '… 자신'이라는 뜻을 나타낸다.

A 행위의 주체와 대상이 일치할 때 쓰이는 재귀 용법

⁹ *I* cut **myself** while I was shaving.

¹⁰ *The wise man* doesn't think **himself** superior to others. (The wise man = himself)

　　cf. ¹¹ The wise man doesn't think **him** superior to others. (The wise man ≠ him)

B 의미를 강조하는 강조 용법

¹² Did you see *the mayor* **himself**? 〈the mayor를 강조〉

¹³ This is a picture which *I* painted **myself**. 〈I를 강조〉

　　★ 재귀대명사는 강조 용법일 때는 생략 가능하나 재귀 용법일 때는 생략할 수 없다.

C 관용 표현

¹⁴ He couldn't **make himself understood** in English.

¹⁵ You should think **for yourself** before asking my opinion.

　　★ 〈전치사 + 재귀대명사〉의 관용적 표현

　　　by oneself 「혼자서(= alone)」　　　　　　　　　　for oneself 「혼자의 힘으로」

　　　by itself 「저절로」　　　　　　　　　　　　　　　in itself 「본래(= by nature)」

　　　enjoy oneself 「즐거운 시간을 보내다」　　　　　　between ourselves 「우리끼리 얘긴데」

　　　behave oneself 「예의 바르게 처신하다」　　　　　make oneself at home 「마음을 편히 가지다」

　　　make oneself understood 「(…에게) 자신을 이해시키다」

③ 지시대명사 that과 those

A 반복을 피하기 위한 that / those

¹⁶ *The population* of Seoul is larger than **that** of Busan. (that = the population)

¹⁷ Her *students* are more clever than **those** of Mr. Brown. (those = students)

B 특정한 사람들을 가리킬 때 쓰이는 those

¹⁸ **Those** who don't try will never learn. 〈those who 「…하는 사람들」〉

¹⁹ **Those** who want to leave now may do so.

〉〉 정답 및 해설 p.52

1 min. check up ✓

괄호 안의 대명사를 문맥에 맞게 변형해 쓰시오.

❶ Please make _____ at home. (you)

❷ Everything comes to _____ who wait. (that)

❸ Jim's earnings are 10 percent higher than _____ of Jack. (that)

❹ His parents died when he was young, so he had to support _____. (he)

④ 부정대명사 불특정한 사람·사물 또는 일정하지 않은 수량을 나타내는 대명사

A one / another / other
20 The new house costs more than the old **one** did. 〈앞서 나온 것과 같은 종류의 명사를 대신〉

★ 복수명사는 ones로 쓴다.

cf. 앞서 언급된 특정한 것을 가리킬 때는 it을 쓴다.
21 My cellphone is missing. I had **it** with me when I left home.
22 **One** must obey the traffic regulations. 〈막연한 일반인〉
23 Here are two pens. I'll take **one**. You take **the other**. 〈둘 중 하나는 one, 다른 하나는 the other〉
24 Here are some cookies. **One** is for Jane, **another** is for Jill, and **the others** are for me.
〈another: 여러 개 중 또 다른 하나, the others: 나머지 전부〉

B every / each / all / most / no
every와 each는 수를 나타내고, 뒤에 단수명사가 온다. all, most, no는 수와 양을 모두 나타내며, 뒤에 단수·복수명사 둘 다
올 수 있다.
25 He handles **every** matter cautiously.
26 You have to answer **each** question honestly.
27 **Each** of us is a unique and precious being.

★ every와 each가 수식하는 주어는 단수동사로 받는다.

28 **All** my money *is* gone. 〈양은 단수 취급〉
29 **All** the guests *are* here tonight. 〈수는 복수 취급〉
30 **Most** children *are* afraid of the dark.
31 There *was* **no** sign of life at that house.

문법 PLUS ➕

all이 '유일한 것'이라는 의미로 쓰일 때는 단수 취급한다.
35 **All** I need now *is* some rest. (= The only thing)

★ 〈none[most, half, the rest, a lot] of + 명사〉는 of 뒤의 명사에 동사의 수를 일치시킨다.

C some / any
some과 any는 수와 양을 모두 나타내며, 수를 나타내면 복수 취급, 양을 나타내면 단수 취급한다.
some은 주로 긍정의 평서문에, any는 주로 부정문, 의문문, 조건절에 쓰인다.
32 **Some** of them *were* shy and *weren't* talking to each other. 〈몇몇: 복수 취급〉
33 There are several books. **Some** *are* about science, **others** *are* about art.
〈some ..., others ~: 어떤 것[사람]들은 …, 다른 것[사람]들은 ~〉
34 If **any** of the fruit *is* rotten, throw it away. 〈어느 것: 단수 취급〉

〉〉 정답 및 해설 p.53

주어진 우리말과 일치하도록 빈칸에 알맞은 말을 쓰시오.

1 min.
check
up ✔

❶ This skirt is too short. Can I have a longer _____?
= 이 치마는 너무 짧군요. 조금 더 긴 것을 볼 수 있을까요?

❷ If _____ of you know who she is, please tell me about her.
= 만일 너희들 중 그 누구라도 그녀가 누구인지 안다면, 그녀에 대해서 말해 줘.

Grammar Practice

〉〉 정답 및 해설 p.53

01 괄호 안에서 가장 적절한 말을 고르시오.

(1) Her eyes are as red as (that / those) of a rabbit.

(2) The police (was / were) running after the crowd.

(3) Would you give me some good (advice / advices)?

(4) I'm (the / a) tallest one in my class. Actually, all the people in my family (is / are) tall.

(5) All the rooms (is / are) available for students.

(6) The door opened (by itself / in itself). I was a little scared.

(7) I've lost my cellphone, so my dad will buy me (it / one).

(8) It is no fault of (me / mine) that you're not happy.

(9) I danced with (the / a) girl at Joan's party. Her name was Lucy.

(10) There are three girls in the garden. One is watering the flowers, (another / the other) is walking the dog, and (another / the other) is singing.

02 빈칸에 알맞은 대명사를 보기에서 찾아 쓰시오.

〈보기〉	yourself	the other	those	one	it

(1) I think I put my book in your room. Can you look for _____?

(2) Here are two T-shirts. _____ is for you, and _____ is for your sister.

(3) I hope you make _____ at home.

(4) The wheels of this car are larger than _____ of that car.

03 주어진 우리말과 일치하도록 빈칸에 알맞은 말을 쓰시오.

(1) 네가 외롭다고 느낄 때 너를 사랑하는 사람들을 생각해라.

= When you feel lonely, think of _____ _____ love you.

(2) Emma는 혼자서 외국으로 공부하러 갔다.

= Emma went abroad to study _____ _____.

(3) 그들 각자는 다른 외모를 지니고 있다.

= _____ _____ _____ has a different appearance.

(4) Ted는 한 달에 두 번씩 조부모 댁을 방문한다.

= Ted visits his grandparents _____ _____ _____.

04 다음 중 주어진 문장의 밑줄 친 부분과 같은 의미로 쓰인 것은?　▶ 3. 대명사 ①

> I found it confusing that there were many possible answers.

① It was freezing and windy last night.
② Hey, come on! It's Ann on the phone.
③ He thought it hard to study by himself.
④ It is strange that you haven't met Neil.
⑤ I got up and looked at the clock. It was 5 a.m.

05 다음 중 어법상 어색한 문장은? (2개)
① Please handle the problem with care.
② Can you help me to move the furnitures?
③ The cattle are gathering in front of the barn.
④ Sometimes I talk to me on the subway.
⑤ Each of the guests is welcomed by my mother.

서술형
06 주어진 우리말과 일치하도록 괄호 안의 단어를 배열하여 문장을 완성하시오.　▶ 1. 명사 ③
나에게 종이 세 장을 건네줄 수 있니?

→ _____

(can / me / of / paper / pass / pieces / you / three)

서술형
07 주어진 우리말과 일치하도록 조건에 따라 문장을 완성하시오.　▶ 3. 대명사 ④
모든 학생들은 그 경기장에 있었다.

= _____

〈조건〉 • 다음 단어를 제시된 순서대로 사용하되, 필요하다면 형태를 바꿀 것:
　　　　every, student, be, stadium
　　　 • 위의 단어를 포함하여 6단어로 작성할 것

01 (A), (B), (C)의 각 네모 안에서 어법에 맞는 표현으로 가장 적절한 것은?

If people want to be successful in multinational business, they must understand the cultures of other countries and learn how to adapt to (A) them / themselves . It's important for them to avoid business decisions that are based on misconceptions, which (B) is / are mistaken ideas. One cause of misconceptions is ethnocentrism, the belief that one's own culture's way of doing things is better than (C) that / those of other cultures. Ethnocentrism can exist both in an individual person and in an organization. It takes the form of "We're better than anyone else."

*ethnocentrism: 자민족 중심주의

	(A)	(B)	(C)
①	them	…… is	…… that
②	them	…… are	…… that
③	them	…… are	…… those
④	themselves	…… is	…… that
⑤	themselves	…… are	…… those

02 다음 글의 밑줄 친 부분 중, 어법상 틀린 것은?

The tradition of New Year's Day goes all the way back to 153 BC. Since then, many cultures ① have celebrated it. For the Romans, the start of the new year was represented by the mythical god Janus. His head was shown with two faces, one in front and ② other in back, so he could look both backward and forward at the same time. ③ Like him, on January 1 people in Rome would look back over the old year and forward to ④ the new. All around the world, people now celebrate this day both in its literal sense and its symbolic ⑤ one.

VOCA 01 multinational 다국적의 adapt 적응하다 be based on …에 기반하다 misconception 오해 mistaken 잘못된 belief 신념, 확신 individual 각각의, 개개의; 개인의 organization 조직, 단체
02 celebrate 기념하다 represent 나타내다, 상징하다 mythical 신화 속에 나오는 backward 뒤쪽으로 forward 앞으로 literal 문자 그대로의 sense 감각; *의미 symbolic 상징적인

01 다음 글의 주제로 가장 적절한 것은?

Ray Oldenburg, an urban sociologist, believes that **it** is important to have places for people to gather informally. He calls these "third places," with first places being our homes and second places being our workplaces. Third places are areas where people can go to relax and enjoy the **company** of other people from their community. Locations that can be considered third places include cafés, main streets, post offices, etc. More than just a place for socializing, Oldenburg views them as a basis for a strong community and a healthy democracy. This is because when people gather in third places, they can interact with **one another** as social equals.

① the dangers of spending too much time in the workplace
② the best locations for socializing and meeting new people
③ why most people prefer public places to their own homes
④ how people's homes encourage them to form communities
⑤ the importance of having places where people can get together

02 다음 글의 제목으로 가장 적절한 것은?

Taking risks can be dangerous. Despite this, there are many people who decide to take risks. **Some** do so in order to get personal satisfaction. These include people such as rock climbers, skydivers, and racecar drivers. **Others** take risks in order to help people and make **the** world a better place. Astronauts, firefighters, and rescue workers all show great **courage** and **selflessness** as they take risks to benefit other people. Regardless of their reasons, most risk-takers enjoy the challenge of their actions and are willing to accept the consequences of their choices. Although they take great risks, they realize that they must take responsibility for their decisions.

① Avoid These Dangerous Jobs
② Safety Isn't a Priority for Everyone
③ The Consequences of Taking Risks
④ Working Together to Make Jobs Safer
⑤ The Importance of Minimizing Danger

VOCA 01 urban 도시의 sociologist 사회학자 gather 모이다 informally 비공식으로 socialize 교제하다, 어울리다 view 견해; *…라고 여기다 democracy 민주주의 equal 동일한; *동등한 사람 [문제] prefer A to B B보다 A를 선호하다
02 **take a risk** 위험을 감수하다 despite …에도 불구하고 selflessness 사심이 없음, 이타적임 regardless of …에 상관없이 **be willing to-v** 기꺼이 …하다 consequence 결과 [문제] priority 우선 사항 minimize 최소화하다, 축소하다

03 (A), (B), (C)의 각 네모 안에서 문맥에 맞는 낱말로 가장 적절한 것은?

Totalitarian governments throughout the course of history have tried to forbid people to think **for themselves** and express their own views. Books have been banned in countries ruled by totalitarian governments because free access to publications could give people **pieces of information** that (A) threaten / strengthen the government's power. Unfortunately, these days this behavior is not limited to totalitarian governments. Efforts to (B) allow / control access to information and the right to free expression can be observed in governments of all types. Even in democratic societies, there is sometimes pressure to (C) protect / monitor certain kinds of publications. This is sometimes acceptable, but only if it doesn't take away our right to free speech.

	(A)	(B)	(C)
①	threaten	allow	protect
②	strengthen	allow	monitor
③	threaten	control	monitor
④	strengthen	control	monitor
⑤	threaten	control	protect

04 다음 빈칸에 들어갈 말로 가장 적절한 것은?

Contrary to popular **belief**, studies show that most people are satisfied with their jobs and would continue to work even if they didn't have to. However, _____ varies from person to person. Although to most people a job is primarily a source of financial independence, to **some** it is a major source of self-respect. For **others**, it is a challenge that gives them a sense of achievement when they succeed. Most people find that they enjoy **the** opportunity to make decisions **for themselves**. Out of **all** the workers asked, **the** main reason for job satisfaction was reported as "having the chance to improve and progress in a chosen career."

① the work duties
② the meaning of work
③ the job opportunities
④ the amount of money earned
⑤ the sense of accomplishments

VOCA 03 totalitarian 전체주의의 forbid 금하다 ban 금지하다 rule 통치하다 access 접근 publication 출판물 observe 관찰하다 democratic 민주주의의 pressure 압력 acceptable 용인되는, 받아들여지는 take away 제거하다
04 contrary to …에 반해서 continue to-v 계속해서 …하다 vary 다양하다 primarily 주로 independence 독립 achievement 성취 opportunity 기회 progress 발전하다 career 직업

15 형용사·부사

<u>Adjective·Adverb</u> 형용사와 부사는 다른 문장 성분과 함께 쓰여 그 의미를 구체화하고 풍부하게 만들어 주는 역할을 한다.

 형용사

① **형용사의 두 가지 용법**

A **한정적 용법** 명사의 앞이나 뒤에서 명사를 수식하는 역할

¹ I had a **strange** *dream* about my **close** *friend*.

² There's *something* **different** about his novel.

B **서술적 용법** 주어나 목적어를 보충 설명하는 역할

³ *He* was **brilliant**, **bold**, and **fearless**. 〈주격 보어〉

⁴ I found *history class* **amusing** and **useful**. 〈목적격 보어〉

② **용법에 주의해야 할 형용사**

A **한정적 용법으로만 사용되는 형용사**

⁵ What's the **main** *problem* with your new job?　*cf.* The problem is main. (×)

⁶ A **drunken** *man* was wandering around the parking lot.
　cf. I was drunken last night. (×)

　★ chief, only, golden, wooden, former, latter, inner, outer, live 등

B **서술적 용법으로만 사용되는 형용사**

⁷ The child *was* **alone** in the house.　*cf.* the alone child (×)

⁸ The man *is* still **alive**.　*cf.* the alive man (×)

　★ afraid, alike, asleep, ashamed, awake, content, pleased, worth, upset 등

③ **the + 형용사[분사]**

A **the + 형용사[분사] = 복수 보통명사 「…한 사람들」**

⁹ **The rich** are not always happier than **the poor**.

B **the + 형용사 = 추상명사**

¹⁰ She has an eye for **the beautiful**. (= beauty)

〉〉 정답 및 해설 p.55

괄호 안에서 알맞은 말을 고르시오.

❶ Blankets kept the kids (warm / warmly).

❷ They try to give work to (unemployed / the unemployed).

❸ The truck driver was (drunk / drunken) when he hit the car.

❹ A famous sports star was a guest on the (live / alive) TV show.

④ 용법(위치)에 따라 뜻이 달라지는 형용사

A certain

¹¹ A **certain** salesman came to see me. 「어떤」〈한정〉

¹² I'm **certain** that he will join us. 「확신하는」〈서술〉

B present

¹³ Who is the **present** mayor of this city? 「현재의」〈한정〉

¹⁴ The mayor was **present** at the opening ceremony. 「참석한」〈서술〉

C ill

¹⁵ His **ill** manners made me unhappy. 「나쁜」〈한정〉

¹⁶ He was **ill** in bed on his birthday. 「아픈」〈서술〉

D late

¹⁷ The **late** Mr. Smith was a famous doctor. 「고인이 된」〈한정〉

¹⁸ She is always **late** for math class. 「늦은」〈서술〉

⑤ 부사로 착각하기 쉬운 형용사

'-ly' 형태로 되어 있어 부사로 착각하기 쉬운 형용사가 있으므로 주의한다.

¹⁹ My father was a **friendly** man who liked to invite people for dinner. 「친절한」

²⁰ She is **likely** to stay in the hospital for at least two months. 「…할 것 같은」

★ lovely(사랑스러운), lonely(외로운), costly(비싼) 등

⑥ 사람이 주어로 올 수 없는 형용사

사람을 주어로 할 수 없는 형용사는 「It is[was] + 형용사 + for 목적격 + to-v」의 형태로 표현한다.

²¹ It is **dangerous** for children to cross a busy road.
   cf. Children are dangerous to cross a busy road. (×)

²² It was **difficult** for me to accept the fact that he was dead.
   cf. I was difficult to accept the fact that he was dead. (×)

★ hard, convenient, possible, important, natural, necessary 등

〉〉 정답 및 해설 pp.55-56

밑줄 친 부분의 뜻을 쓰시오.

❶ It's not easy to get rid of <u>ill</u> habits.

❷ I like Ann very much, especially her <u>lovely</u> smile.

❸ Why do <u>certain</u> people often catch colds but others don't?

❹ Two officers were <u>present</u> while the construction took place.

⑦ **수량형용사** 명사의 수·양을 나타낼 때 명사 앞에 쓴다.

A 수를 나타낼 때: many(많은) · a few(조금) · few(거의 없는)

²³ We have **a few** eggs. I'll make you an omelet for breakfast.

²⁴ There are **few** eggs. We should buy some today.

B 양을 나타낼 때: much(많은) · a little(조금) · little(거의 없는)

²⁵ Adam has **a little** money left. So he can pay the bill.

²⁶ I should exercise more, but I have **little** time these days.

C 수와 양 모두를 나타낼 때: some(약간의) · any(어떤) · a lot of[lots of](많은)

²⁷ I need **some** books for the assignment. I don't have **any** resources.

★ some은 긍정문 · 평서문에, any는 부정문 · 의문문 · 조건문에 주로 쓰인다.

²⁸ She has **a lot of** friends at her college.

²⁹ It was hot, so we drank **lots of** water.

⑧ 주의해야 할 형용사의 위치와 어순

A 여러 형용사가 앞에서 수식하는 경우
여러 형용사가 명사 앞에서 동시에 수식하는 경우에는 대개 「관사[소유격, 지시어, 수사] + 수량형용사 + 성질·상태형용사 (크기 · 모양 · 연령 · 색채 순) + 명사」의 어순이 된다.

³⁰ The old man lived in **a large old** *house*.

³¹ Mom bought **two round green** *pillows*.

B 뒤에서 수식하는 경우
형용사는 명사의 앞에서 수식하는 것이 보통이나 다음과 같은 경우에는 대개 뒤에서 수식한다.

³² Yumi got a *box* **full of roses** this morning. 〈형용사가 수식어구를 동반하여 길어질 때〉

³³ *Something* **strange** was happening to me. 〈-thing, -body, -one으로 끝나는 대명사를 수식할 때〉

C all / both / double + the[관사, 소유격, 지시어 등] + 명사

³⁴ She knows **all the** *children* in town.

³⁵ I spent **double the** *amount* of money he did.

D such + a[an] + 형용사 + 명사 (= so + 형용사 + a[an] + 명사) ▶ p.94 참조

³⁶ It was **such an interesting** *book* that he couldn't put it down.

³⁷ It was **so hot a** *day* that we couldn't work in the garden.

〉〉 정답 및 해설 p.56

어법상 틀린 부분을 찾아 올바르게 고치시오.

❶ Every morning I eat a red big apple.

❷ She would probably like beautiful something.

❸ I know the both women standing over there.

❹ I am thirsty, but there is few water in the cup.

2 부사

① 부사의 역할

A 동사 수식

¹ Please *listen* **carefully** to what I'm saying.

² Most of you *did* **well** on the final exam.

B 형용사 수식

³ Today I feel **rather** *tired* and *blue*.

⁴ I think he is **very** *cheerful*, but also **very** *reserved*.

C 다른 부사 수식

⁵ Thank you **so** *much*, Mr. Cooper.

⁶ Minsu read the instructions **very** *carefully*.

D 문장 전체 수식

⁷ **Strangely**, *they met at the same place twice.*

⁸ *Charles* **wisely** *didn't make any further remarks.*

② 부사의 위치

일반적으로 부사는 문장 내에서 그 위치가 비교적 자유로운 편이지만, 다음의 경우에는 부사의 위치가 정해져 있다.

A 빈도부사 원칙적으로 일반동사의 앞, be동사 및 조동사의 뒤

⁹ On weekends, I **usually** *play* basketball.

¹⁰ She *is* **often** nervous around people she doesn't know well.

¹¹ I*'ll* **always** *love* you and stay with you.

★ usually, often, sometimes는 문두나 문미에도 쓰인다.

¹² **Usually**, I prefer to stay at home on weekends.

B 「타동사 + 부사」에서 목적어 대명사는 반드시 부사 앞에, 명사는 부사 앞 또는 뒤 둘 다 가능

¹³ I **turned** *the air conditioner* **off**, but soon I had to **turn** *it* **on** again.

¹⁴ He **took off** *the cap* and **put** *it* **on** again.

¹⁵ Did you **turn** *the paper* **over**(= **turn over** *the paper*)?

C 부사 enough 형용사 · 부사의 뒤

¹⁶ The web pages are *brief* **enough** to read in one sitting.

¹⁷ The police officers ran *fast* **enough** to catch the thief.

〉〉 정답 및 해설 p.56

어법상 <u>틀린</u> 부분을 찾아 올바르게 고치시오.

❶ Fortunate, he passed the difficult math test.

❷ Whoever borrowed my tablet PC, bring back it to me.

❸ All of them were enough old to travel by themselves.

③ 주의해야 할 부사

A hard 휑「단단한; 힘든; 열심히 하는」 ⺊「열심히」 / hardly ⺊「거의 …않다」

¹⁸ Today was a **hard** day. I had lots of work to do.

¹⁹ Many students worked **hard** for scholarships.

²⁰ I was **hardly** able to speak in front of people.

B late 휑「늦은」 ⺊「늦게」 / lately ⺊「최근에」

²¹ She was **late** for her date with Tim.

²² I got up **late** again this morning.

²³ **Lately** I've lost interest in my major.

C high 휑「높은」 ⺊「높이」 / highly ⺊「매우, 아주」

²⁴ A **high** income is the priority of all applicants.

²⁵ We saw the kite fly **high** up into the sky.

²⁶ Dr. Jones is **highly** respected by his pupils.

D near 휑「가까운」 ⺊「가까이」 / nearly ⺊「거의」

²⁷ The subway station is very **near**.

²⁸ A fire broke out somewhere **near**.

²⁹ The bus is **nearly** empty.

E already 〈긍정문〉「벌써, 이미」 〈의문문〉「(의외, 놀람) 벌써」 / yet 〈부정문〉「아직」 〈의문문〉「벌써」

³⁰ He has **already** done his work and left the office.

³¹ Did you hear the news **already**?

³² He has not come to the office **yet**.

³³ Has she written the report **yet**?

문법 PLUS ➕

모두 '거의 …않다'라는 의미이지만 hardly, scarcely, barely는 〈정도·양〉을 나타낼 때 쓰이고, seldom, rarely는 〈횟수〉를 나타낼 때 쓰인다.

³⁴ I can **hardly[scarcely]** believe what you said. 〈정도·양〉

³⁵ My father **seldom[rarely]** drinks these days. 〈횟수〉

>> 정답 및 해설 p.56

1 min. check up ✔

괄호 안에서 알맞은 말을 고르시오.

❶ I have been under a lot of stress (late / lately).

❷ A beautiful temple stood (high / highly) on the hill.

❸ Though Amy (hard / hardly) speaks Korean, we became best friends.

❹ She's looking for a job, but hasn't found the ideal one (yet / already).

Grammar Practice

정답 및 해설 p.57

01 괄호 안에서 가장 적절한 말을 고르시오. ▶ 2. 부사 ③

(1) He has (already / yet) paid for the ticket.

(2) I could (hard / hardly) believe it when I heard the news.

(3) Spring comes (late / lately) to Alaska even in the mildest years.

(4) She read *Seven Habits of* (*High / Highly*) *Effective People* last weekend.

(5) Those kids were (near / nearly) prepared to leave for the bus.

02 어법상 어색한 부분을 찾아 바르게 고치시오.

(1) You will find the musical interestingly.

(2) They took injured to a nearby hospital.

(3) There are small four brown bags on the bench.

(4) It was so a cold morning that I had him wear sweater.

(5) Your photos are ready. You can pick up them after 4 p.m.

03 다음 문장에서 보기의 형용사나 부사가 들어가기에 적절한 곳을 찾아 써넣으시오. (단, 한 번씩만 쓸 것)

〈보기〉   little   enough   many

(1) She speaks English slowly for him to understand.

(2) I got advice, so I'm not sure what to do.

(3) There were wildflowers in his garden.

04 주어진 우리말과 일치하도록 빈칸에 알맞은 말을 쓰시오.

(1) 도서관에 학생들이 거의 남아있지 않았다.

= _____ _____ were left in the library.

(2) 나에게 맛있는 것을 추천해줄래?

= Can you recommend _____ _____?

(3) Paul은 쪽지시험에 대한 정보를 조금 안다.

= Paul has _____ _____ _____ about the quiz.

(4) 그 모자가 이상해 보여서, 나는 그것을 벗었다.

= The hat looked strange, so I _____ _____ _____.

15 형용사·부사 | 159

05 다음 중 밑줄 친 부분의 뜻으로 <u>틀린</u> 것은?   ▶ 1. 형용사 ③, ④

① I was <u>ill</u> and missed my exam. How can I make it up? (→ 나쁜)

② There's a <u>certain</u> girl I've been in love with for a long time. (→ 어떤)

③ She thanked her <u>late</u> husband when she got the award. (→ 작고한)

④ The majority of <u>the young</u> were sure that they would succeed. (→ 젊은 사람들)

⑤ It cannot be denied that the <u>present</u> conditions are not so good. (→ 현재의)

06 다음 중 밑줄 친 부분이 어법상 <u>어색한</u> 것은?

① He <u>will always wait</u> for you there.

② He bought me a very <u>costly</u> watch.

③ They <u>were ashamed</u> of being caught there.

④ She washes her baby with soap <u>free of</u> chemical.

⑤ I can't believe <u>such talented a woman</u> is your sister.

서술형

07 다음 조건에 따라 문장을 완성하시오.   ▶ 1. 형용사 ⑧

> 〈조건〉 • 다음 단어를 모두 사용하되, 각 한 번씩만 쓸 것:
>
>   books, both, online, ordered, the, we
>
> • 위의 단어를 변형하지 말 것
> • 위의 단어 이외의 말을 사용하지 말 것

→ _____

서술형

08 주어진 우리말과 일치하도록 조건에 따라 문장을 완성하시오.   ▶ 1. 형용사 ⑥

우리가 대중교통을 이용하기는 편리했다.

= _____

> 〈조건〉 • 다음 단어를 제시된 순서대로 사용할 것:
>
>   convenient, use, public transportation
>
> • 위의 단어를 포함하여 9단어로 작성할 것

01 (A), (B), (C)의 각 네모 안에서 어법에 맞는 표현으로 가장 적절한 것은?

People with little experience in analyzing art often do not know what to look for in a work of art. They might glance quickly at a painting or sculpture and decide immediately (A) if / whether or not they like it. However, students of art learn to look at art in two special ways: they use art criticism and art history. In art criticism, students (B) usually learn / learn usually to describe the work of art first. Then they analyze the work and interpret it. On the other hand, art history allows students to learn the story behind the work of art so that they can understand the art (C) deeper / more deeply.

	(A)		(B)		(C)
①	if	⋯⋯	usually learn	⋯⋯	deeper
②	if	⋯⋯	learn usually	⋯⋯	more deeply
③	whether	⋯⋯	learn usually	⋯⋯	deeper
④	whether	⋯⋯	usually learn	⋯⋯	more deeply
⑤	whether	⋯⋯	usually learn	⋯⋯	deeper

02 다음 글의 밑줄 친 부분 중, 어법상 틀린 것은?

Some adults have symptoms ① typical of anxiety-based disorders. People with these disorders are deeply anxious and seem unable to free ② themselves of worries and fears. When serious anxiety is focused on a particular object, activity or situation that seems unrelated to any real dangers, it is called a *phobia*. There are many different kinds of phobias. Social phobia, for example, is the fear of being in social situations. People with this phobia find being in public ③ almost unbearably. They avoid parties and social events, as they fear being judged by others. Agoraphobia, on the other hand, is the fear of being in places ④ from which people can't easily escape. Sufferers may feel ⑤ anxiety when in elevators, trains, or large shopping malls.

*phobia: 공포증

VOCA 01 analyze 분석하다 glance 힐끗 보다 sculpture 조각 immediately 즉시 criticism 비평 interpret 해석하다
02 symptom 증상 anxiety 불안 (*a.* anxious 불안해하는) disorder (신체 기능의) 장애 free A of B A에서 B를 없애다
particular 특정한 object *물체; 목적 unrelated 관계없는 judge 판단하다 escape 달아나다, 탈출하다

Reading & Structure ★ 수능독해 ★

〉〉 정답 및 해설 pp.58-59

01

Rembrandt에 관한 다음 글의 내용과 일치하지 않는 것은?

Although Rembrandt is considered one of the greatest Dutch painters of all time, his personal life was full of misfortune. He married a wealthy woman at the age of 33. **Unfortunately**, three of their four children died **shortly** after birth. His wife died a few years later, when she was just 29 years old. Rembrandt was careless with his money, spending too **much** and making **some** bad investments. He also purchased many **costly** works of art at auctions. All of this caused him to experience numerous financial difficulties in his later years. **Strangely**, there is **hardly any** information about how he died. We know he was 63 at the time, but there is no record of him suffering from **any** illnesses. Having lost **nearly** all of his money before his death, he was buried in an unmarked grave.

① 네덜란드 미술계에서 위대한 인물 중 하나였다.
② 세 명의 아이를 출생 직후 잃었다.
③ 아내가 출산 이후 29세의 나이로 사망했다.
④ 재정적인 어려움 때문에 경매로 작품을 팔았다.
⑤ 죽음에 관해 알려진 것이 거의 없다.

02

밑줄 친 They[them]가 가리키는 대상이 나머지 넷과 다른 것은?

Prison sentences seem to be one of the most accepted ways to punish criminals. However, human rights activists, social workers, and psychiatrists have been demanding changes to the prison system for years. ① They're conducting a worldwide campaign, arguing that locking somebody up **scarcely** changes anything. They say that the current prison system doesn't prepare criminals for life after prison. Instead, most of ② them just learn that a prison sentence is a horrible punishment and come out of prison unreformed. And there is a **high** probability that ③ they will wind up back in prison after committing new crimes. Therefore, activists demand that special education programs be developed that would enable ④ them to **truly** reform. Through these programs, the criminals must be taught skills that will help ⑤ them find work and fit back into society.

*psychiatrist: 정신과 의사

VOCA 01 misfortune 불운, 불행 investment 투자 costly 많은 돈[비용]이 드는 auction 경매 numerous 많은 financial 금융의, 재정의 unmarked 표시가 없는 grave 무덤, 묘
02 prison 교도소, 감옥 sentence 문장; *형벌, 형 accepted 용인된 punish 처벌하다 (*n.* punishment 처벌) criminal 범죄의; *범죄자 (*n.* crime 범죄) lock up (철창 안에) 가두다 current 현재의 unreformed 교화되지 않은 (*v.* reform 교화되다) probability 개연성 wind up (장소·상황에) 처하게 되다 commit 저지르다, 범하다 fit into …에 적응하다

03 다음 표의 내용과 일치하지 <u>않는</u> 것은?

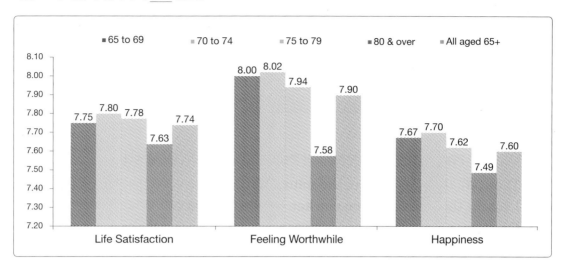

The above graph shows the levels of personal well-being experienced by **the elderly** in the UK in 2012 and 2013, with the data broken down by age group. ① All three aspects of well-being measured—life satisfaction, feeling worthwhile, and happiness— showed a steady decline after the age of 70. ② For each one, the pattern is **nearly** the same—feelings of well-being peak between the ages of 70 and 74, drop **slightly** between 75 and 79, and then decrease **sharply** after 80. ③ Those over the age of 80 have a lower level of well-being than those in all the other age groups. ④ "Feeling worthwhile" was rated highest by the three youngest groups, while "Happiness" was rated the lowest by all four. ⑤ As for "Life satisfaction," the difference between the two oldest groups was two times as large as that between the two youngest groups.

04 다음 글에서 전체 흐름과 관계 <u>없는</u> 문장은?

Lucid dreaming is defined as "being **aware** that what you are dreaming is a dream." **Any** person who realizes they are **asleep** while they are dreaming is said to be "lucid." ① However, there are different levels of this awareness. ② Some dreamers may be **slightly aware** that they're experiencing a dream. ③ But they may also be unable to think **rationally enough** to understand that things in the dream aren't real. ④ Many people have tried to explain why you dream, but **few** people know the reason. ⑤ Other dreamers can be **completely aware** that they're **asleep** and control everything in their dreams. Still, those who have lucid dreams are a minority. Most people **barely** remember their dreams.

*lucid dreaming: 자각몽

VOCA 03 aspect 측면, *양상 satisfaction 만족 worthwhile 가치 있는, 보람 있는 steady 꾸준한 decline 감소 peak 절정[최고조]에 달하다 decrease 줄다, 감소하다 sharply 급격히
04 lucid 의식이 또렷한 define 정의하다 aware 알고 있는 (*n*. awareness 의식) slightly 약간, 조금 rationally 이성적으로 completely 완전히 minority 소수 barely 거의 …않다

 # 전치사

<u>Preposition</u> 전치사란 (대)명사·동명사 등 명사 어구 앞에서 시간, 장소, 방향, 위치 등을 나타내는 말이다. 하나의 전치사에는 여러 가지 뜻이 있으므로, 문맥에서 쓰인 적절한 의미를 파악하는 것이 중요하다.

 ## 전치사의 역할과 쓰임

① 전치사의 역할

전치사는 명사나 명사 상당어구와 함께 구를 이루어 문장에서 형용사나 부사의 역할을 한다.

1 Those are *the albums* **from the school library**. 〈형용사 역할: the albums 수식〉
2 I *bought* this shirt **at a flea market**. 〈부사 역할: bought 수식〉
3 **From my point of view**, *the film was perfect*. 〈부사 역할: 문장 전체 수식〉

② 전치사의 목적어

전치사 뒤에 오는 말을 전치사의 목적어라고 한다. 전치사의 목적어로 (대)명사, 명사구·절, 형용사, 부사가 올 수 있다. 이때, 대명사는 목적격으로 쓴다.

4 I worked **for** *them* **for** *a month*. 〈대명사·명사〉
5 I'm looking forward **to** *watching the game*. 〈명사구〉
6 I learned **about** *how this copy machine works*. 〈명사절〉
7 His symptoms went **from** *bad* **to** *worse*. 〈형용사〉

③ 전치사의 생략

시간·날짜·방법을 나타내는 표현에서 전치사가 생략되기도 한다.

8 We usually stay up late (**on**) *Friday nights*.
9 The speech lasted (**for**) *50 minutes*.
10 Let's do it (**in**) *this way*, then.

④ 전치사의 후치

전치사는 목적어 앞에 오는 것이 일반적이나 목적어와 분리되어 문장 뒤에 오기도 한다.

11 *Who(m)* did you fight **with**? 〈의문사가 전치사의 목적어일 때〉
  cf. **With** *whom* did you fight? 〈격식체에서는 전치사를 의문사 앞에 두기도 함〉
12 This is the last issue *that* we have to talk **about**. 〈관계대명사가 전치사의 목적어일 때〉
13 Give him *something* to sit **on**. 〈형용사적 용법의 부정사구에 전치사가 포함될 때〉
14 *Children* should be well taken care **of**. 〈전치사를 포함하는 동사구가 수동태가 될 때〉

>> 정답 및 해설 p.59

어법상 틀린 부분을 찾아 올바르게 고치시오.

 1 min. check up ✓

❶ Ann insisted on go back home to get the car.
❷ She knew of he from the stories her parents used to tell.
❸ To overcome his emotional problems, he needs somebody to talk.

2 시간의 전치사

① at / in / on
시간이나 날짜 등 짧은 시간에는 at을, 달·계절·연도 등 비교적 긴 시간에는 in을, 특정한 요일이나 날짜에는 on을 쓴다.

1 Participants should arrive **at** nine o'clock.
2 Johann Sebastian Bach was born **in** 1685.
3 We usually have a party **on** Christmas Day.

② in, after, before, within / past, to
4 I have to drop by the drugstore. See you **in** ten minutes. 「in: (지금부터) … 후에」
5 He often took a short nap **after** lunch. 「after: … 후에」
6 You must come back home **before** two o'clock. 「before: … 전에」
7 Return this card **within** ten days. 「within: (기간) … 이내에」
8 The appointment was at half **past** twelve, but I was a little late. 「past: …을 지나」
9 I arrived at the place at a quarter **to** one. 「to: … 전에」

③ by, till[until] / since, from / for, during, through
10 The project will be completed **by** the end of this year. 「by: …까지」〈동작이나 상태의 완료〉
11 Tim and his wife will stay here **till** next month. 「till: …까지」〈동작이나 상태의 계속〉
12 Things have changed a lot **since** the accident. 「since: … 이래로」
13 The flower shop is open **from** ten to six o'clock. 「from: …부터」〈시작 시점을 나타냄〉
14 She has been in a coma **for** a month. 「for: … 동안」
15 What happened **during** the war? 「during: … 동안」

★ during은 the summer, the vacation 등과 같이 행사나 사건 등이 진행되는 특정 기간을 나타낼 때 사용하고,
for는 two days, a few minutes 등과 함께 써서 어떤 일이 지속된 구체적 시간에 대해 말할 때 사용한다.
즉, during은 "When …?"에 대한 대답이고, for는 "How long …?"에 대한 대답이다.

16 I tossed and turned all **through** the night. 「through: … 동안 줄곧, 내내」

〉〉 정답 및 해설 p.59

보기에서 빈칸에 알맞은 전치사를 찾아 쓰시오.

1 min. check up ✓

〈보기〉	in	through	for	after	at

I left early ❶ _____ the afternoon and arrived at the airport ❷ _____ six o'clock. The bus took me from my home to the airport. I carried my bags into the airport and waited in line ❸ _____ an hour. But ❹ _____ all that, I couldn't get on the plane. Why? I had forgotten my passport at home! I was so frustrated that I stayed up thinking about it ❺ _____ the night.

① at / in / on

¹ I found the book **at** the library. 「at: (비교적 좁은 장소, 하나의 지점) ···에」

² There are five big markets **in** this city. 「in: (국가 · 도시 등 비교적 넓은 장소) ··· 안에」

³ I think I put the keys **on** the kitchen table. 「on: (어떤 면) ··· 위에」

② above, below / over, under / on

⁴ There are gulls **above** the water. 「above: ···의 위에」

⁵ There is a shelf **below** the window. 「below: ··· 아래에」

⁶ The bridge stretches **over** the lake. 「over: ··· 위에, ··· 위를 덮어」

⁷ A yacht is **under** the bridge. 「under: ···의 바로 밑에, ···의 아래에」

⁸ A couple is standing **on** the bridge. 「on: ···의 표면 위에」

③ between, among / behind, beside / near

⁹ There are no secrets **between** us. 「between: (둘) 사이에」

¹⁰ I couldn't find her **among** the crowd. 「among: (셋 이상의) 사이에」

★ 셋 이상의 사물[사람]이 하나하나 명확히 구분될 때는 between을 사용한다.

¹¹ Ecuador lies **between** Colombia, Peru, and the Pacific Ocean.

¹² Who's the person **behind** Alex? 「behind: ···의 뒤에」

¹³ She sat **beside** the baby, singing a song. 「beside: ···의 옆에」

cf. ¹⁴ There were three more students **besides** me. 「besides: ···외에, ···에 덧붙여」

¹⁵ His house is **near** the city. 「near: ···가까이에, 근처에」

문법 PLUS ➕

말하는 사람이 어떤 장소를 지점으로 보느냐 넓은 공간으로 보느냐에 따라 같은 장소라도 전치사 at과 in이 모두 올 수 있다.

¹⁶ You'll enjoy a full day of fun **at** the village. (지점)

¹⁷ The hotel is conveniently located **in** the village. (넓은 공간)

>> 정답 및 해설 p.60

1 min. check up ✓

at, in, on 중 알맞은 전치사를 빈칸에 쓰시오.

❶ I don't think she's arrived _____ her house yet.

❷ People _____ France eat a lot of wine and cheese.

❸ He looked at the picture _____ the wall.

운동·방향의 전치사

① **into[in], out of / onto[on], off**
1 She suddenly went **into[in]** the house. 「into[in]: ⋯ 안으로」
2 The mouse came **out of** the hole with some cheese. 「out of: ⋯ 밖으로」
3 A frog jumped **onto** the stone. 「onto[on]: ⋯의 표면 위로」
4 The frog slipped **off** the stone. 「off: ⋯로부터 벗어나, 분리되어」

② **along, across, through / around[round], about**
5 A stream runs **along** the road. 「along: ⋯을 따라서」
6 A dog is going **across** the road. 「across: ⋯을 가로질러」
7 A car is passing **through** the tunnel. 「through: ⋯을 통과하여」
8 Boys are sitting **around[round]** the campfire. 「around[round]: ⋯ 주위에, ⋯ 둘레에」
9 She wandered **about** downtown, looking at the shop windows. 「about: ⋯ 주위에」
cf. 10 Evelyn came back home **about** 11 p.m. 「about: 약, 대략」

③ **to, for, toward / from / up, down**
11 They rode their bicycles **to** City Hall. 「to: ⋯로, ⋯까지」
12 Is this the train **for** Tokyo? 「for: ⋯(목적지)를 향해」
13 The ship sailed **toward** the Suez Canal. 「toward: ⋯쪽으로」
14 I've just come **from** the gym. 「from: ⋯로부터」
15 A girl is running **up** the steps. 「up: ⋯의 위로」
16 A boy is running **down** the steps. 「down: ⋯의 아래로」

〉〉 정답 및 해설 p.60

1 min. check up ✔

보기에서 빈칸에 알맞은 전치사를 찾아 쓰시오.

〈보기〉 along   toward   off   around

❶ Please keep _____ the lawn.
❷ I took a walk _____ the beach.
❸ The earth moves _____ the sun.
❹ The big dog was coming _____ me. I was scared.

① 원인 · 이유 · 목적의 전치사

1 We were surprised **at** the accident. 「at: …으로 인해」
2 I'm very sorry **for** coming late. 「for: … 때문에」
3 Damage **from** the flood must be repaired. 「from: … 때문에」
4 My grandfather died **of** a heart attack. 「of: …으로 인해」
5 She visited Shanghai **on** business. 「on: …의 용건으로」
6 His whole body trembled **with** terror. 「with: …으로 인해」
7 Jaden bought the ring **for** his girlfriend. 「for: …을 위해서」
8 The fire was caused **through** no fault of the resident. 「through: … 때문에」

② 재료 · 원료 / 수단 · 매개의 전치사

9 The bridge is made **of** steel. 「of: …로 (만든)」
10 Pancakes are made **from** flour and eggs. 「from: …로 (만든)」

★ 일반적으로 재료를 식별할 수 있을 때(물리적 변화)는 of를, 형태가 완전히 변해서 재료 식별이 어려울 때(화학적 변화)는 from을 쓴다.

11 Sketch the figure **with** a 4B pencil. 「with: …을 가지고」〈도구·수단〉
12 The advice column was written **by** Mr. Kim. 「by: …에 의해」
13 I know traveling **by** car is convenient. But I like to travel **on** foot. 「by: …을 타고」, 「on: …로」
14 Distance education **through** the Internet is growing popular. 「through: …을 통한, …에 의한」
15 Please exchange this **for** five ten-dollar bills. 「for: …로」〈교환〉
16 You should speak **in** English in this class. 「in: …로」〈언어〉

③ 관련 · 언급의 전치사

17 Tell me something **about** Mary. 「about: …에 대하여」
18 I wrote an essay **on** dinosaurs. 「on: …에 대하여」〈전문적인 내용〉
19 Some people still argued **over** the results. 「over: …에 관하여」
20 The film told the story **of** a self-made man. 「of: …에 관한」

>> 정답 및 해설 p.60

1 min. check up ✓

괄호 안에서 알맞은 말을 고르시오.

❶ I met Stella yesterday, and we talked (about / with) her new life in the big city.
❷ The speaker makes an annoying noise. I'll exchange it (by / for) a new one.
❸ The professor's lecture (by / on) the development of new medicine was impressive.
❹ We have two ways to get to Martin's house: (by / on) bus or (by / on) foot.

Grammar Practice

>> 정답 및 해설 pp.60-61

01 괄호 안에서 가장 적절한 말을 고르시오.

(1) A: I heard you went to the theater last weekend. How was it?

B: Terrible. I fell asleep (for / during) the performance.

(2) A: We should get to the terminal (by / until) eight o'clock.

B: It's ten (to / past) eight. We have only ten minutes left.

(3) A: Did you get any news (from / with) Jane?

B: No. We haven't seen each other (for / since) four months.

(4) A: My grandparents live (on / in) the country. We seldom see each other.

B: Why don't you visit them this summer?

02 어법상 틀린 부분을 찾아 바르게 고치시오.

(1) This tofu is made on organic beans.

(2) Turn around! The singer is right below you.

(3) She stayed awake by to drink black coffee.

(4) This is a secret among you and me. We must keep it to ourselves.

(5) Place the walnut on a flat surface and strike it firmly through the hammer.

03 빈칸에 공통으로 들어갈 알맞은 전치사를 쓰시오.

(1) • This train will pass _____ the city.

• He bought the sneakers _____ the online store.

• Heavy snow in that area continued _____ the winter.

(2) • Is this the plane _____ Amsterdam?

• He prepared that sandwich _____ his girlfriend.

• Can I exchange this T-shirt _____ a smaller one?

04 주어진 우리말과 일치하도록 빈칸에 알맞은 전치사를 쓰시오.

(1) 지하철로 약 30분 걸릴 것이다.

= It will take _____ 30 minutes _____ subway.

(2) 사람들은 불어로 의사소통하고 있었다.

= People were communicating _____ French.

(3) 그 개는 해변을 따라 달렸다.

= The dog ran _____ the beach.

05 빈칸에 알맞은 전치사를 보기에서 찾아 쓰시오.

> 〈보기〉　　from　　near　　since　　throughout　　till　　with

Rain clouds are hanging low in the sky. The forecast says that the rain will be coming down hard starting (1) _____ this afternoon. This will be good news for the farmers, who have been suffering through a drought (2) _____ last month. However, it will be bad news for baseball fans. The Korean Series will be delayed (3) _____ next week. There will be heavy rain (4) _____ strong winds (5) _____ the night, so we ask those who are camping (6) _____ the river to move to a secure place.

06 다음 중 빈칸에 들어갈 말이 바르게 짝지어진 것은?

> • They all were surprised _____(A)_____ his sudden visit.
> • Korea hosted the Winter Olympics _____(B)_____ 2018.
> • Look at the family picture _____(C)_____ the wall!

	(A)	(B)	(C)
①	at	at	on
②	at	in	in
③	in	at	at
④	at	in	on
⑤	in	on	in

서술형

[07-08] 주어진 우리말과 일치하도록 조건에 따라 문장을 완성하시오.

07 그녀는 방해받지 않고 일하는 것을 필요로 한다.　　▶ 1. 전치사의 역할과 쓰임 ②

= _____

> 〈조건〉　• 다음 단어를 모두 사용하되, 필요하다면 형태를 바꿀 것:
> 　　　　 be, need, she, work, disturb, without, to
> 　　　　• 위의 단어 이외의 말을 사용하지 말 것

08 그는 그 과학책을 처음부터 끝까지 읽었다.　　▶ 4. 운동·방향의 전치사 ③

= _____

> 〈조건〉　• 다음 표현을 제시된 순서대로 사용할 것: science book, beginning, end
> 　　　　• 위의 표현을 포함하여 9단어로 작성할 것

Grammar Practice ★ 수능문법 ★

>> 정답 및 해설 p.61

01 (A), (B), (C)의 각 네모 안에서 어법에 맞는 표현으로 가장 적절한 것은?

Tofi is a new term meaning "thin on the outside, fat on the inside." It refers to people who look fit on the outside but still have trouble (A) at / with body fat. They aren't considered overweight but have large amounts of fat inside them. Research done by professor Jimmy Bell shows that up to 4 in 10 people may be tofis. Unfortunately, such people usually aren't concerned (B) to / about fat, even though it's linked to many serious health problems. However, they should be aware of the fact that the fat can lead to diabetes and heart disease because it (C) lying / lies around their vital organs.

	(A)	(B)	(C)
①	at	to	lying
②	at	about	lies
③	with	to	lying
④	with	to	lies
⑤	with	about	lies

02 다음 글의 밑줄 친 부분 중, 어법상 틀린 것은?

When he was 34 years old, Gerardo Pecchia ① left his village in Italy to work in the United States. He worked there ② during 40 years; then, at the age of 74, he retired and returned to Compodimele, his native village. Gerardo was happy to be back ③ among his family and old friends. He was also happy that he had enough money to enjoy his retirement. Throughout his 40 years in the United States, he ④ had paid into the Social Security fund, so he received a small pension. It was enough money ⑤ for him to live a simple but comfortable life.

VOCA 01 term 용어, 말 refer to …을 가리키다 fit 건강한 overweight 과체중의 link 연결하다 diabetes 당뇨병 vital 생명 유지에 필수적인 organ 장기, 기관
02 retire 은퇴하다 (*n.* retirement 은퇴 생활) native 태어난 곳의 security 보안; *(미래를 위한) 보장 fund 기금 pension 연금

Reading & Structure ★수능독해★

01 다음 빈칸에 들어갈 말로 가장 적절한 것은?

The term "Pyrrhic victory" refers to a victory that causes great damage. This sometimes occurs **in** courtrooms, when people win a case but find that their legal costs _____. **In** 2011, for example, a man named Hank Greenberg filed a lawsuit **against** the US government. Greenberg, the former CEO of American International Group (AIG), claimed the government treated his company unfairly when they gave it a bailout **after** a financial crisis. **After** four years, **during** which Greenberg spent millions of dollars on legal fees, the judge decided that Greenberg was correct—the terms of the government's bailout of AIG were unfair. The judge, however, did not award Greenberg any money as compensation. The reason, according to the judge, was that without the bailout, AIG would have gone bankrupt.

*bailout: (심각한 재정위기에 처한 기업·국가 등에 대한) 긴급 구제

① exceed the amount of money they receive
② must be fully paid by the loser of the case
③ were worth the satisfaction of being correct
④ have been reduced as a reward for winning
⑤ were calculated incorrectly by their lawyers

02 다음 글의 밑줄 친 부분 중, 문맥상 낱말의 쓰임이 적절하지 <u>않은</u> 것은?

There's nothing worse than finding that someone has broken **into** your house. Unfortunately, this happens to **about** one million people each year **in** Britain. If your house needs better ① protection **against** burglars, consider these tips. First, the best way to ② improve security is to make sure your window and door locks are working. Second, put lighting all **around** your house so that burglars can't hide **in** the shadows. Installing an alarm system is another recommended ③ safety measure. And finally, working together with your neighbors is a very ④ effective way to prevent crime. When you're away **on** holiday, ask a neighbor to collect your mail and newspapers to make your house seem ⑤ unoccupied.

03 주어진 글 다음에 이어질 글의 순서로 가장 적절한 것은?

> The Caspian Sea lies **between** Europe and Asia, and is bordered by five countries. It has been called a sea **since** ancient times due to its size and salty water.

(A) All five bordering countries want access **to** these natural resources. If the Caspian is a lake, they must share it equally. If it is a sea, it will be divided based on coastline length.

(B) To settle the matter, an agreement was signed designating the Caspian's surface international waters **beyond** a certain distance **from** shore. However, there still isn't any official decision **on** whether it is a lake or a sea.

(C) However, it can also be considered a lake. It is landlocked and contains fresh water **in** the north, where a river flows **into** it. This distinction matters because of the oil and gas **under** the Caspian.

① (A)–(B)–(C)　　　　② (B)–(A)–(C)　　　　③ (B)–(C)–(A)
④ (C)–(A)–(B)　　　　⑤ (C)–(B)–(A)

04 글의 흐름으로 보아, 주어진 문장이 들어가기에 가장 적절한 곳은?

> This helps them search for things to eat **in** dry soil.

Although European starlings can be found **across** the United States and Canada, they are not native **to** North America. One cold winter day **in** 1890, sixty of the birds were released **in** New York City, and they quickly found shelter **beneath** the roof of a building. (①) Although many species would have died **from** the cold, starlings have several characteristics that helped them survive. (②) Their special muscles allow them to open their beak **after** digging it **into** the ground. (③) Also, their eyes, located **toward** the front of their face, are perfectly positioned **for** spotting small insects. (④) Thanks to these traits, starlings don't have to migrate in order to find food in winter. (⑤) This allows them to claim the best nesting locations **for** the breeding season.

VOCA　03 border (경계를) 접하다　coastline 해안선　settle 해결하다, 끝내다　matter 문제; 중요하다　agreement 협정, 합의
designate 지정하다　landlocked 육지에 둘러싸인　distinction 차이; 구분
04 starling 찌르레기　release 풀어 주다　shelter 주거지; 대피처　characteristic 특징　beak 부리　spot 발견하다, 찾다
trait 특성　migrate 이동하다　claim 주장하다; *얻다, 차지하다　breeding season 번식기

지은이

NE능률 영어교육연구소

NE능률 영어교육연구소는 혁신적이며 효율적인 영어 교재를 개발하고
영어 학습의 질을 한 단계 높이고자 노력하는 NE능률의 연구조직입니다.

능률기본영어

펴 낸 이	주민홍
펴 낸 곳	서울특별시 마포구 월드컵북로 396(상암동) 누리꿈스퀘어 비즈니스타워 10층
	㈜NE능률 (우편번호 03925)
펴 낸 날	2019년 8월 10일 개정판 제1쇄 발행
	2021년 11월 15일 제6쇄
전 화	02 2014 7114
팩 스	02 3142 0356
홈 페 이 지	www.neungyule.com
등 록 번 호	제1-68호
I S B N	979-11-253-2906-0 53740
정 가	13,000원

NE 능률

고객센터

교재 내용 문의 : contact.nebooks.co.kr (별도의 가입 절차 없이 작성 가능)
제품 구매, 교환, 불량, 반품 문의 : 02-2014-7114
☎ 전화문의는 본사 업무시간 중에만 가능합니다.

NE능률 교재 MAP

문법 구문

초1-2	초3	초3-4	초4-5	초5-6
	그래머버디 1	그래머버디 2	그래머버디 3	Grammar Bean 3
	초등영어 문법이 된다 Starter 1	초등영어 문법이 된다 Starter 2	Grammar Bean 1	Grammar Bean 4
		초등 Grammar Inside 1	Grammar Bean 2	초등영어 문법이 된다 2
		초등 Grammar Inside 2	초등영어 문법이 된다 1	초등 Grammar Inside 5
			초등 Grammar Inside 3	초등 Grammar Inside 6
			초등 Grammar Inside 4	

초6-예비중	중1	중1-2	중2-3	중3
능률중학영어 예비중	능률중학영어 중1	능률중학영어 중2	Grammar Zone 기초편	능률중학영어 중3
Grammar Inside Starter	Grammar Zone 입문편	1316팬클럽 문법 2	Grammar Zone 워크북 기초편	1316팬클럽 문법 3
원리를 더한 영문법 STARTER	Grammar Zone 워크북 입문편	문제로 마스터하는 중학영문법 2	고득점 독해를 위한 중학 구문 마스터 2	문제로 마스터하는 중학영문법 3
	1316팬클럽 문법 1	Grammar Inside 2	원리를 더한 영문법 2	Grammar Inside 3
	문제로 마스터하는 중학영문법 1	열중 16강 문법 2	중학영문법 총정리 모의고사 2	열중 16강 문법 3
	Grammar Inside 1	고득점 독해를 위한 중학 구문 마스터 1	쓰기로 마스터하는 중학서술형 2학년	고득점 독해를 위한 중학 구문 마스터 3
	열중 16강 문법 1	원리를 더한 영문법 1	천문장 입문	중학영문법 총정리 모의고사 3
	쓰기로 마스터하는 중학서술형 1학년	중학영문법 총정리 모의고사 1		쓰기로 마스터하는 중학서술형 3학년

예비고-고1	고1	고1-2	고2-3	고3
문제로 마스터하는 고등영문법	Grammar Zone 기본편 1	필히 통하는 고등영문법 실력편	Grammar Zone 종합편	
올클 수능 어법 start	Grammar Zone 워크북 기본편 1	TEPS BY STEP G+R Basic	Grammar Zone 워크북 종합편	
천문장 기본	Grammar Zone 기본편 2		올클 수능 어법 완성	
	Grammar Zone 워크북 기본편 2		천문장 완성	
	필히 통하는 고등영문법 기본			

수능 이상/ 토플 80-89 · 텝스 600-699점	수능 이상/ 토플 90-99 · 텝스 700-799점	수능 이상/ 토플 100 · 텝스 800점 이상			
TEPS BY STEP G+R 1	TEPS BY STEP G+R 2	TEPS BY STEP G+R 3			

능률
기본
영어

정답 및 해설

NE 능률

능률기본영어

PART 1 동사의 이해

 기본 5문형

1 제1문형 p.08

1 그녀는 미소 지었다.
2 눈이 많이 오고 있다.
3 소년들은 풀밭 위에 누웠다.
4 누군가가 현관에 있다.
5 오디션은 한 시간 후에 시작할 것이다.
6 이 작은 침대는 그 아기에게 충분할 것이다.
7 그의 의견들은 중요하지 않다.
8 그녀에게 사랑은 매우 중요하다.
9 내 시계가 작동하지 않는다.

1 min. check up ✓

❶ ⓒ / A: 버터가 필요하니?

　　　B: 응, 하지만 마가린으로 충분할 거야.
❷ ⓑ / 내 디지털 카메라가 작동하지 않고 있다.
❸ ⓐ / 나는 내 생각이 그다지 중요하지 않다고 느꼈다.

2 제2문형 p.09

1 지구는 둥글다.
2 조용히 하십시오.
3 그 가게는 닫혀 있다.
4 Justin의 딸은 의사가 되었다.
5 커피가 식고 있다.
6 그는 살이 찌고 있다.
7 이 문제는 어려워 보인다.
8 Kelly는 신나 보인다.
9 그 환자는 걱정스러워 보였다.
10 그는 외로움을 느낀다.
11 무엇인가 아주 좋은 냄새가 난다.
12 그의 이야기는 사실인 것처럼 들린다.
13 내 꿈은 아나운서가 되는 것이다.
14 내 관심사는 체중을 줄이는 것이다.
15 사실은 그가 아무 말도 하지 않았다는 것이다.
16 수건에 상쾌한 냄새가 났다.

1 min. check up ✓

❶ bad / 그 우유는 상했다.
❷ friendly / 그는 다정한 것 같다.
❸ easy / 이 책은 읽기 쉬워 보인다.
❹ awful /
그 음식은 지독한 냄새가 나는데, 먹어도 안전할까?

3 제3문형 p.10

1 우리에게는 개 한 마리와 고양이 두 마리가 있다.
2 Cathy는 쇼핑몰에서 무엇을 샀니?
3 나는 직업을 바꾸기로 결정했다.
4 Charlie는 말하는 것을 멈췄다.
5 우리는 그가 그녀를 좋아한다는 것을 안다.
6 네가 어제 무엇을 했는지[나는 네가 어제 한 것이] 궁금하다.
7 그는 내가 중국 음식을 좋아하는지 물었다.
8 경찰은 우리에게 그 사고에 대해 알려 주었다.
9 Jim은 그의 답안을 선생님의 것과 비교했다.
10 그녀는 그들에게 많은 음식을 제공했다.
11 당신의 개가 우리 집 마당에 들어오지 못하게 해주세요.
12 나는 나의 선생님께 조언을 구했다.
13 그는 미식축구보다 야구를 더 좋아한다.
14 Chris는 그의 친구들과 함께 체육관에 들어갔다.
15 그 배는 2012년 5월 30일에 뉴욕에 도착했다.
16 Rachel은 그와 결혼하는 것을 승낙했다.
17 다음 주제에 관해 토론할까요?
18 David는 그가 교실에서 한 것에 대해 거짓말을 했다.
19 그녀는 낮잠을 자기 위해 침대에 누웠다.
20 너는 책상 위에 그 책을 놓았다.
21 등록금이 많이 올랐다.
22 너의 양팔을 올려라.

1 min. check up ✓

❶ resembles with → resembles /
Jay는 그의 할아버지를 닮았다.
❷ lay → laid / 어제 그가 그녀의 어깨에 손을 올렸다.
❸ discuss about → discuss /
나는 너와 그 문제에 대해 절대로 토론하지 않을 것이다.
❹ an opportunity → with an opportunity /
우리는 참가자들에게 말할 기회를 준다.

4 제4문형 p.11

1 그는 나에게 약간의 돈을 주었다.

2 그 가게 지배인이 나에게 이메일을 보냈다.

3 그녀는 학생들에게 영어를 가르친다.

4 나에게 그 책을 가져다줘.

5 그녀는 딸에게 새 드레스를 사 주었다.

6 내가 너에게 그 콘서트 티켓을 가져다줄게.

7 엄마는 어제 우리에게 피자를 만들어 주셨다.

8 제 가방을 찾아 주시겠습니까?

9 그는 나에게 부탁을 하나 했다.

10 나는 부모님께 모든 것을 설명했다.

1 min. check up ✅

❶ May I ask a question of you?
/ 질문을 하나 해도 될까요?

❷ I gave my school uniform to him.
/ 나는 그에게 나의 교복을 주었다.

❸ She told her mother the secret.
/ 그녀는 엄마에게 그 비밀을 말했다.

❹ He bought her a new smartphone.
/ 그는 그녀에게 새 스마트폰을 사 주었다.

5 제5문형 p.12

1 그 팀은 그를 주장으로 선출했다.

2 우리는 그 아기를 Jane이라고 부를 것이다.

3 나는 그 쪽지 시험이 쉽다는 것을 알았다.

4 그는 종종 문을 열어 둔다.

5 나는 그녀가 노래하는 것을 들었다.

6 나는 그가 축구하는 것을 보았다.

7 그의 얼굴 주름이 그를 늙어 보이게 했다.

8 우리는 그녀가 성공하기를 기대한다.

9 Tom은 그의 이름이 불리는 것을 들었다.

10 나는 오늘 머리카락을 잘라야 한다.

11 그녀는 자전거를 도둑맞았다.

1 min. check up ✅

❶ enter[entering] /
나는 그가 방에 들어가는 것을 보았다.

❷ to finish / 나는 네가 숙제를 지금 끝마치기를 원한다.

❸ repaired / 그는 몇 주 전에 차를 수리했다.

🔷 Grammar Practice pp.13-14

01 (1) · 나는 그 책이 쉽다는 것을 알았다.

· 나는 그 책을 쉽게 찾았다.

(2) · 그녀는 남편에게 메모를 남겼다.

· 그녀는 런던으로 가기 위해 뉴욕을 떠났다.

· 그녀는 책상을 지저분한 채로 내버려 두었다.

(3) · 나는 내 스마트폰을 수리 받았다.

· 아빠는 나에게 내 방을 청소하게 시키셨다.

· Jack은 멋진 노트북 컴퓨터를 가지고 있다.

02 (1) for / 그는 나에게 다양한 음식을 만들어 주었다.

(2) to / 그녀는 Hugh에게 자신의 사진을 보냈다.

(3) for / 아버지께서 나에게 전자 기타를 사 주셨다.

(4) of / 그녀는 나에게 그의 전화번호를 물었다.

03 (1) Kim brought us big presents.
    $\underset{S}{}$ $\underset{V}{}$ $\underset{O_1}{}$ $\underset{O_2}{}$
제4문형 / Kim은 우리에게 큰 선물들을 가져왔다.

(2) The girl appears very friendly.
    $\underset{S}{}$ $\underset{V}{}$ $\underset{SC}{}$
제2문형 / 그 소녀는 매우 친절해 보인다.

(3) We don't know what happened last night.
    $\underset{S}{}$ $\underset{V}{}$ $\underset{O}{}$
제3문형 / 우리는 어젯밤 무슨 일이 일어났는지 모른다.

(4) My father encouraged me to study harder.
    $\underset{S}{}$ $\underset{V}{}$ $\underset{O}{}$ $\underset{OC}{}$
제5문형 / 아버지는 내가 공부를 더 열심히 하도록 격려해 주셨다.

04 ⑤ 최고의 선수조차도 모든 경기를 이기지 못한다는 것은 잘 알려져 있다.

① 우리는 5분간 휴식할 수 있는지 물었다.

② 적십자는 피해자들에게 의료품을 제공했다.

③ 모든 부모는 자신의 아이들에게 좋은 본보기가 되기를 바란다.

④ 유감스럽게도 당신의 신청서가 승인되지 않았음을 알려 드립니다.

05 ② greatly → great

주인: 이곳은 따뜻하고 쾌적한 아파트입니다.

Sally: 완벽하게 묘사하셨어요. 멋져 보여요. 방이 어두울지도 모르겠다고 생각했는데, 벽지가 방을 더 밝게 보이게 하네요.

주인: 네, 그렇습니다. 아파트는 정말로 완벽하지요.

Sally: 이곳을 임차하고 싶지만, 남편과 상의해 보는 게 낫겠어요.

06 I advised my brother to accept the job offer.

07 He found his watch broken on the street.

01 ③   02 ③

01 해석   어제 나는 Peter의 집에 걸어가기로 했다. 밖에 있기에 날씨가 좋았고 바람이 상쾌했다. 나는 우리가 공원에서 함께 점심을 먹을지도 모르겠다고 생각했다. 그 집에 가까이 다가갔을 때, 나는 그가 어떤 음악을 들으며 잔디밭에 있는 나무 아래 의자에 앉아 있는 모습을 보았다. 그는 헤드폰을 끼고, 눈을 감고 있었다. 그는 음악에 맞추어 고개를 끄덕이며 미소를 짓고 있었다. 청바지에 녹색 티셔츠를 입은 그는 매우 매력적으로 보였다. 나는 그에게 걸어가서 그의 이름을 불렀다. 그러자 그는 눈을 뜨고 내게 대답했다.

해설   (A) 지각동사 see의 목적어와 목적격보어가 능동 관계이므로 목적격보어 자리에 원형부정사나 현재분사가 온다.

(B) '…처럼 보이다'라는 뜻의 불완전자동사 look 뒤에 주격보어로 형용사가 와야 한다.

(C) answer는 타동사로 전치사 없이 바로 목적어가 온다.

02 해석   때때로 어떤 종류의 음식은 본래의 정체성과 어울리지 않는 이름을 갖기도 한다. 이것은 지역과 경험 또는 농담을 바탕으로 한 기발한 별명일 수 있다. 하지만 여러분이 그 이름에 대한 비화를 모른다면 아마 그 이름의 의미를 이해하지 못할 것이다. 이것의 한 예가 미국 서부에 있었는데, 그곳에서는 카우보이들이 콩을 많이 먹었다. 그 카우보이들은 재미로 이 음식의 새로운 이름을 만들어냈다. 그들은 콩에 '애리조나 딸기'라는 새 이름을 붙였다. 이것은 재미있는 농담이었는데, 왜냐하면 딸기는 애리조나와 같은 건조한 지역에서는 자라지 않기 때문이다. 카우보이들은 건조한 지역에서 일했기 때문에, 그들은 한 번도 진짜 딸기를 먹어 보지 못했다.

해설   사역동사 make의 목적어(themselves)와 목적격보어(laugh)가 능동의 관계이므로, 목적격보어로 원형부정사 laugh가 와야 한다.

01 ②   02 ④   03 ④   04 ④

01 해석   제가 지난주에 귀사에 온라인으로 주문한 로봇 진공 청소기에 관해 몇 자 적습니다. 그것이 오늘 아침에 신속하게 배달되었지만, 뭔가 잘못된 게 있는 것 같습니다. 제가 여러 차례 시도를 했음에도 불구하고, 이 제품을 작동시킬 수가 없습니다. 배터리가 충분히 충전되어 있고 스위치가 '켜짐' 상태로 되어 있습니다. 저는 또한 그것과 함께 온 책자의 모든 설명을 따랐고 제안된 문제 해결 방법들을 시도해 보았습니다. 하지만 아무 소용이 없습니다. 제 생각에 이 제품이 제대로 기능을 하고 있는 것 같지 않습니다. 그러므로 제 생각에 귀사가 제게 대체품을 보내 주셔야 할 것 같습니다. 제가 결함이 있는 제품을 귀사에 반품하면 배송료 지불 없이 새것을 받을 수 있기를 바랍니다. 가능한 한 빨리 제게 연락해 주시고 이 상황을 처리해 주십시오.

해설   온라인으로 주문한 제품이 작동을 하지 않아 제품 교환을 요청하고 있다.

구문   [1-2행] I am writing in reference to a robot vacuum cleaner [**that** I ordered online from your company last week].: that은 목적격 관계대명사로 a robot vacuum cleaner를 수식한다.

[3-4행] **Despite** making numerous attempts, I can't *get* the product *to work*.: '…에도 불구하고'를 뜻하는 전치사 Despite의 목적어로 동명사 making이 쓰였다. / 「get + 목적어 + to-v」 '…를 ~하게 하다'

[5-6행] I also followed all of the instructions in the booklet [**that** arrived with it] and have tried the solutions *suggested*.: that은 주격 관계대명사로 the booklet을 수식한다. / suggested는 the solutions를 수식하는 과거분사이다.

02 해석   여러분의 손가락이 유리잔에 닿으면 그것은 자국을 남긴다. 이것은 여러분의 지문의 선과 무늬이다. 그러나 지문 없이 태어난 몇몇 사람들이 있다. 그들은 DPR이라고 불리는 매우 희귀한 유전적 장애를 가지고 있다. 지문이 없는 것과 더불어, DPR을 가진 사람들은 또한 땀을 흘리지 못한다. DPR을 가진 Cheryl Maynard의 사례를 보자. 일생 동안, 그녀는 자신의 질환으로 인해 고생해 왔다. 예를 들어, 지문의 결여는 그녀의 신분을 증명하는 것을 어렵게 했다. 그리고 땀을 흘리지 못하는 것은 모든 무더운 날이나 (몸을 움직이는) 활동을 열사병이 발생할 가능성이 있는 상황으로 만든다. 그래서 Maynard는 열을 식히기 위해 머리를 물에 담그기 전에는 몇 분 이상 운동을 할 수 없다.

해설   DPR이라는 희귀한 유전적 장애를 가진 사람들이 여러 어려움을 겪는다는 내용으로 ④ '희귀한 유전적 질환으로 야기되는 어려움'이 주제로 적절하다.

① 지문과 땀의 연관성

② 위험한 질병에 대한 치료법의 발견

③ 의사들이 질병을 진단하는 의외의 방법들

⑤ 지문을 확인하는 보안 장치의 사용

구문   [3-4행] In addition to **not having** fingerprints, people with DPR are also unable to sweat.: 전치사 to의 목적어로 동명사 having이 쓰였다. 동명사의 부정은 동명사 앞에 not을 붙인다.

[6행] …, her lack of fingerprints has made it difficult **to prove** her identity.: 「make + O + OC」의 5문형 문장에서 목적격보어로 형용사가 쓰였다. it은 가목적어이고, 진목적어는 to prove 이하이다.

[6-8행] And the inability to sweat **turns** every hot day or activity **into** a potential situation for heatstroke.: 「turn A into B」 'A를 B로 바꾸다'

03 해석

그레이스 고등학교 말하기 대회
당신의 말하기 실력을 전교생에게 보여 주세요!

말하기 대회는 12월 12일 월요일 오후 2시에 학교 체육관에서 개최될 예정입니다.

대회 지침
• 환경과 관련된 다음 주제 중 하나에 관한 연설을 준비하세요.
  - 지구 온난화의 영향
  - 재활용의 중요성
  - 에너지를 절약하는 가장 좋은 방법
• 총 말하기 시간은 10분에서 15분 사이가 되어야 합니다.

세부 사항
• 그레이스 고등학교 2학년과 3학년 학생들만 참가할 수 있습니다.
• 참가를 하려면, 11월 30일까지 등록해야 합니다. 신청서는 학교 웹 사이트에서 구할 수 있습니다. 작성한 서식을 grace@ghs.edu로 제출해 주세요. 먼저 등록한 20명만이 참가할 수 있으므로, 서둘러야 합니다!
• 3명의 우승자는 각각 200달러짜리 City 서점 상품권을 받게 됩니다.

해설 이메일로 신청을 한 학생 중 선착순 20명만이 참가할 수 있다고 했다.

구문 [5행] Prepare a speech on one of the following topics **related** to the environment.: related 이하는 the following topics를 수식하는 과거분사구이다.

[12행] **To participate**, you must register by November 30th.: To participate은 목적을 나타내는 부사적 용법의 to부정사로 '…하기 위해서'의 의미이다.

[13-14행] Only the first 20 students **to register** can take part, so you should hurry!: to register는 the first 20 students를 수식하는 형용사적 용법의 to부정사이다.

04 해석 검소하게 사는 것은 돈을 적게 쓰는 것을 요구하지만, 행복을 희생하는 것을 의미하지는 않는다. 그들은 단지 낭비하는 것보다 기략이 풍부한 것을 선호할 뿐이다. 검소한 것의 핵심은 당신의 돈이 정말로 중요한 것에 쓰이도록 하는 것이다. 예를 들면, 당신은 여러 개의 온라인 스트리밍 서비스에 가입할지도 모른다. 만약 당신이 그것들에 매달 80달러를 소비한다면, 당신의 10년간의 비용은 거의 1만 달러에 이를 것이다! 물론, 당신은 스스로에게서 오락을 빼앗는 것을 원하지는 않을 테지만, 비용적인 면에서 효율적인 많은 대안들이 있다. 또한 하나의 범주에서 비용을 절감하는 것은 다른 범주에서 더 많은 비용을 지출할 수 있도록 해준다는 것을 명심하라. 당신의 스트리밍 서비스를 포기하고 싶지 않다면, 대신 외식을 하는데 더 적은 돈을 쓰도록 해보자. 그것은 모두 당신의 개인적인 요구에 맞는 똑똑한 소비 균형을 찾는 것에 관한 것이다.

해설 하나의 범주에서의 비용 절감은 다른 범주에 사용 가능한 비용이 증가한다는 내용의 주어진 문장은, 외식에 드는 비용(하나의 범주)을 절감하여 포기하지 못하는 스트리밍 서비스(다른 범주)에 쓰도록 해보자는 문장 앞에 오는 것이 가장 자연스럽다.

구문 [4행] They just **prefer** being resourceful **to** being wasteful.: 「prefer A to B」 'B보다 A를 선호하다' / 동사 prefer의 목적어로 동명사 being이 쓰였으며, 전치사 to의 목적어로 쓰인 동명사구와 병렬관계를 이룬다.

[4-5행] The key to being frugal / is making sure / (that) your money **is being spent** / on [*what is truly important*].: 구동사 make sure 뒤에 목적어절을 이끄는 접속사 that이 생략되었다. / is being spent는 현재진행 수동태이다. / [ ]는 전치사 on의 목적어로 what은 '…하는 것'이라는 의미의 선행사를 포함한 관계대명사이다.

[8행] Of course, you don't want to **deprive** yourself **of** entertainment, ….: 「deprive A of B」 'A로부터 B를 빼앗다'

02 시제

1 기본 시제   p.18

1 Sam은 매일 밤 11시경에 잠자리에 든다.
2 야구 시즌은 보통 4월에 시작된다.
3 Henry 씨가 내게 30분 전에 전화를 했다.

4 여름은 봄이 지난 다음에 온다.

5 파블로 피카소는 1973년에 죽었다.

6 지구 온난화는 지구상 모든 생물체에 영향을 미칠 것이다.

7 나는 내일 LA로 떠날 것이다.

8 우리 가족은 다음 주 일요일에 소풍을 갈 것이다.

9 기차는 오전 10시에 출발할 것이다.

10 나는 이번 주 화요일에 동물원을 방문할 것이다.

1 min. check up ✅

❶ boils / 물은 섭씨 100도에서 끓는다.

❷ will answer / 전화가 울리고 있어. 내가 받을게.

❸ played / 그는 5년 전에 처음으로 국가 대표팀에서 뛰었다.

2 현재완료 p.19

1 나는 지금 막 그 과제를 마쳤다.

2 그들은 아직 학교에 도착하지 않았다.

3 그는 지난주부터 계속 아팠다.

4 나는 3년 동안 같은 회사에서 일했다.

5 너는 마라톤을 뛰어본 적 있니?

6 나는 전에 그 뮤지컬을 본 적이 있다.

7 그는 외출했다. (그래서 그는 지금 여기에 없다.)

8 나는 지갑을 잃어버렸다. (그래서 나는 지금 지갑이 없다.)

9 너는 파리에 가 본 적이 있니?

10 그는 파리로 가 버렸다.

11 Eric은 3년 전에 우리 동네로 이사왔다.

1 min. check up ✅

❶ 러시아 음식을 먹어본 적 있니?

❷ 박 선생님은 아마도 화장실에 가신 것 같다.

❸ Hilary는 이미 학교에서 그 계획에 대해 들었다.

❹ 우리가 초등학교를 졸업한 지 4년이 지났다.

3 과거완료 p.20

1 그가 왔을 때 나는 막 점심을 다 먹었다.

2 내가 강당에 들어섰을 때 강의는 이미 시작되어 있었다.

3 나는 2주일 동안 죽 아파서, 거기에 갈 수 없었다.

4 우리가 만나기 전에 Mike는 일 년 동안 시카고에 살았다.

5 나는 그때까지 한번도 유명 인사를 만난 적이 없었다.

6 Kelly는 사업상 중국에 가기 전에 그곳에 가 본 적이 없었다.

7 나는 전날 가방을 잃어버려서 가방이 없었다.

8 내가 파티에 도착했을 때, Lucy는 벌써 집에 가고 없었다.

9 전에 그를 본 적이 있어서, 나는 그 예술가를 바로 알아보았다.

10 우리는 누군가 사무실에 침입했었다는 것을 알았다.

4 미래완료 p.20

1 나는 6시까지 빨래를 다 끝낼 것이다.

2 오는 5월이면 우리 아버지는 은행에서 10년 동안 일을 하신 것이 된다.

3 만약에 그녀가 다시 미국에 간다면, 그녀는 세 번 그곳을 방문한 것이 될 것이다.

4 네가 돌아올 때쯤이면 나는 이미 여행을 가고 없을 것이다.

1 min. check up ✅

❶ had borrowed / 어제 나는 도서관에서 빌려 온 책을 읽었다.

❷ will have known / 오는 4월이면 우리는 3년 동안 서로 알고 지낸 것이 될 것이다.

❸ hadn't flown / 그녀는 전에 비행기를 타 본 적이 없어서 비행기 안에서 불안해했다.

❹ will have left / 네가 이 글을 읽고 있을 때쯤이면 나는 토론토로 떠났을 것이다.

5 진행형 p.21

1 Peter는 카페에서 친구와 이야기하는 중이다.

2 너는 어제 3시에 무엇을 하는 중이었니?

3 그들은 내일 이 시간에 일하는 중일 것이다.

4 Fred는 언제나 거짓말을 한다.

5 너는 계속 궁색한 변명만 늘어 놓고 있다.

6 얼마 동안 자리(가 나기)를 기다리고 있었니?

7 그는 밤새 계속 일을 하고 있었기 때문에 피곤해 보였다.

8 그 프로그램이 끝날 때, 나는 2시간 동안 텔레비전을 보고 있는 것이 될 것이다.

9 나는 좋은 시간을 보내고 있다.

10 그녀는 나날이 점점 더 어머니를 닮아가고 있다.

1 min. check up ✅

❶ is raining / 너 우산 있니? 지금 밖에 비가 오고 있어.

❷ will be eating / Dan은 다음 주 금요일 이 시간에 가족과 저녁을 먹고 있을 것이다.

❸ remembers / 그녀는 대부분 좋은 것들은 기억하고, 나쁜 것들은 잊는 경향이 있다.

6 시제 일치와 그 예외 p.22

1 Jane은 John이 자신을 사랑한다고(사랑할 것이라고 / 사랑해 왔다고 / 사랑했다고) 생각한다.

2 Jane은 John이 자신을 사랑한다고(사랑했었다고) 생각했다.

3 과거에는 사람들이 지구가 태양 주위를 돈다고 믿지 않았다.

4 그 아이는 10 곱하기 10은 100이라는 것을 배웠다.

5 Tony는 나에게 주말이면 언제나 하이킹을 간다고 말했다.

6 그녀는 자기가 서울에 산다고 말했다.

7 선생님은 우리에게 한국전쟁이 1953년에 끝났다고 말씀하셨다.

8 그는 그녀의 전화번호를 안다면 전화할 것이라고 말한다.

9 그는 그녀의 전화번호를 안다면 전화할 것이라고 말했다.

10 내일 너희 동네에 갈 때 너에게 전화할게.

11 네가 또 시험에 떨어지면 너의 부모님께서는 실망하실 것이다.

12 그녀는 지금보다 5년 전이 더 행복했다.

1 min. check up ✅

❶ would / 나는 우리가 그 경기에서 이길 거라고 생각했다.

❷ rises / 우리는 해가 동쪽에서 뜬다고 배웠다.

❸ was / IQ 시험은 전보다 더 어렵다.

❹ gets / 그는 그의 아버지가 매일 아침 7시 반에 일어나신다고 말했다.

📘 Grammar Practice pp.23-24

01 (1) had ended → ended /
그는 내게 2차 세계대전은 1945년에 끝났다고 말했다.
(2) will be → is /
페인트가 마를 때까지 앞문을 사용하지 마시오.
(3) have → had / 나는 30년 넘게 살았던 마을을 떠났다.
(4) froze → freezes /
우리는 물이 섭씨 0도에서 언다는 것을 배웠다.

02 (1) have known / 나는 그녀를 10년 전에 만났다. 나는 여전히 그녀를 안다.
(2) has gone / 그녀는 캐나다에 가서 지금 여기에 없다.
(3) has hated, since / 그는 어린 시절 치즈를 싫어했다. 그는 여전히 그것을 싫어한다.
(4) have visited / 나는 2010년과 2017년에 가장 친한 친구와 Orlando를 방문했다.

03 (1) slept / 그는 어젯밤에 10시간 동안 잤다.
(2) haven't seen / 나는 부모님을 10년 동안 뵙지 못했다.
(3) wants / 내 남동생이 나와 함께 가기를 원한다면 나는 그곳에 갈 것이다.
(4) got, had already started / 나는 어제 학교에 늦었다. 내가 교실에 도착했을 때 수업은 이미 시작되어 있었다.

04 (1) They went shopping
(2) I am going to attend[I will attend]
(3) Tom has been working[Tom has worked]
(4) He had never driven[He had not driven]

05 gone, didn't go

> Dean은 집에 없다. 그는 미국에 갔다. 그의 아내 Joanne은 몇 번 그와 함께 미국을 방문한 적이 있지만, 이번에는 그와 함께 가지 않았다.

06 started, draws, will have been drawing

> Janet은 집에 도착했을 때 그녀의 초상화를 그리기 시작했다. 그녀가 한 시간도 넘게 그림을 그린다면, 그녀는 세 시간 동안 그림을 그리고 있게 될 것이다.

07 ② has cooked → cooked / 그녀는 두 시간 전에 이 수프를 끓였다.
① 달은 지구 주변을 돈다.
③ 베토벤은 1770년에 태어나서 1827년에 죽었다.
④ 내 아들은 내일 아침에 미술관에 갈 것이다.
⑤ 내가 숙제를 끝냈을 때, 그 TV 쇼는 이미 끝나 있었다.

08 She has been teaching math since 2011.

09 We will be driving to California at this time next week.

📘 Grammar Practice ★수능문법★ p.25

01 ② **02** ③

01 해석 이번 주 초반에 안내해 드렸듯이, 우리 학교의 월례 가족 행사가 내일 열립니다. 이번 달에 우리는 교외로 당일 여행을 다녀올 것입니다. 내일 날씨가 화창하면 우리는 국립공원으로 가서 야유회를 할 것입니다. 11시에 학교를 떠날 예정이니, 학교에 10시 50분까지 도착해야 합니다. 도착하시면 차편을 배정받으실 것입니다. 야유회 때 즐길 음식과 음료수를 챙겨오

시기 바랍니다. 우리는 학교에 늦어도 오후 4시까지는 돌아올 것으로 예상합니다.

해설 (A) 조건의 부사절에서는 현재시제로 미래의 의미를 나타낸다.

(B) 가까운 미래에 일어날 것이 확실할 때, go, come, leave와 같은 동사는 현재진행형으로 미래의 의미를 나타낼 수 있다.

(C) 미래에 일어날 일에 대해 언급하고 있으므로 미래시제를 쓴다.

02 해석 대부분의 사람들은 단지 즐거움을 위해 춤을 추지만, 춤추는 것은 많은 다양한 문제를 해결하는 데에도 사용될 수 있다. 실제로 춤과 동작을 포함하는 치료 요법은 수백 년 동안 사용되어 왔다. 현대의 춤 동작 치료 방법은 2차 세계대전 직후 시작되었다. 이 시기에, 일부 정신질환자들은 다른 어떤 자극에도 반응하지 않았음에도 불구하고 음악과 춤에는 긍정적인 반응을 보이는 것으로 밝혀졌다. 창조적인 동작 또한 학습과 신체에 문제가 있는 환자들에게 큰 도움이 되는 것으로 여겨졌다. 오늘날, 춤 동작 치료 요법은 전 세계적으로 행해지고 있으며 모든 부류의 사람들에게 도움이 되고 있다.

해설 주절의 시점인 과거보다 더 이전부터 환자들이 다른 자극에 반응을 보이지 않은 것이므로 과거완료(had not responded)가 되어야 한다.

📖 Reading & Structure ★수능독해★ p.26

01 ②   02 ⑤   03 ③   04 ⑤

01 해석 사람들은 1950년대 후반부터 인공위성을 (지구의) 궤도로 보내왔으며, 그래서 현재 우주에는 거의 7천 개의 인공위성이 있다. (B) 현대에 발사된 대부분의 인공위성들은 그들의 궤도가 감속할 때쯤이면 20년 동안 지구 주위를 회전하고 있는 것이 될 것이다. 그러나 그들은 그전에 회전을 멈출 것이다. 오늘날, 단지 약 1천 개의 인공위성만이 사용 중이다. (A) 이것은 인간의 활동으로부터 나온 다른 잔해들과 함께, 지구 위를 떠다니는 수천 개의 쓸모없는 인공위성들이 있다는 의미이다. 우주 쓰레기가 심각한 문제가 되었기 때문에, 전 세계의 우주 프로그램들은 이 문제를 막기 위해 노력해 오고 있다. (C) 예를 들면, 기관들은 인공위성이 궤도에 남아있을 수 있는 시간을 제한하는 지침을 고려해 오고 있다. 그러나, 아직 장기적인 해결책은 없고, 기존의 잔해 역시 처리되지 않았다.

해설 현재 우주에 약 7천 개의 인공위성이 있다는 주어진 내용 뒤에, (B) 오늘날 약 1천 개의 인공위성만이 사용 중이고, (A) 나머지 인공위성들은 우주를 떠다니는 쓰레기가 되어 이

문제를 막기 위해 노력 중이며, (C) 그 예로 인공위성의 시간 제한이 있으나 장기적인 해결책은 없다는 순서로 글이 이어지는 것이 자연스럽다.

구문 [1-2행] People **have been sending** satellites into orbit since the late 1950s, so now there are nearly 7,000 of them in space.: 「have been v-ing」 '…해 오고 있다' (현재완료진행형)

[3-4행] That means / there are thousands of useless ones / **floating** above Earth, / along with other debris / from human activity.: floating이 이끄는 현재분사구가 useless ones를 수식한다.

[6-7행] Most of the satellites **launched** in modern times *will have been revolving* around the earth for a couple of decades when their orbits decay.: launched가 이끄는 과거분사구가 주어인 Most of the satellites를 수식한다. / 「will have been v-ing」'(미래의 그 시점까지) 계속 …하고 있을 것이다' (미래완료진행형)

[7-8행] But they **will have stopped** working before that.: 미래의 시점에 완료될 동작을 나타내는 미래완료이다.

02 해석 많은 학교에서 학생들이 다른 사람들과 함께 일을 잘하는 방법을 가르치는 데 주력하고 있다. 바깥 현실 세계에서 학생들은 함께 일할 사람을 항상 선택할 수는 없을 것이다. 그러므로 모든 부류의 사람들과 협력하는 능력을 갖는 것은 필수적이다. 학교는 학생들에게 그룹 과제를 하게 함으로써 이 기술을 가르친다. 각각의 그룹 구성원들이 항상 서로 잘 지내는 것은 아니지만, 그들이 다툰다면 결코 과제를 완성할 수 없을 것이다. 성공하기 위해서 그들은 타협하는 것을 배워야 한다. 이것은 직장 생활을 할 때 그들에게 도움을 줄 수 있는 소중한 교훈이다. 실제로 많은 학교들이 과제를 하는 동안 잘 배우고, 팀원들과 성공적으로 협력한 학생들에게 더 높은 점수를 주고 있다.

해설 여러 부류의 사람들과 협력하여 일하는 것의 중요성을 언급하며 많은 학교들이 이를 가르치는 데 주력한다는 내용으로 ⑤ '학교에서 하는 협력 학습의 중요성'이 주제로 적절하다.

① 좋은 직업 찾기의 어려움
② 새 학교 프로그램의 성공
③ 교육을 받는 것의 이점
④ 학생들이 학교에서 배우는 유용한 기술

구문 [1행] Many schools focus on teaching students **how to work** well with others.: 「how to-v」 '…하는 방법'

[1-3행] Out in the real world, students **won't**

always be able to choose the people [*whom/ that*) they work with], so having the ability to cooperate with all kinds of people is essential.:
_{S(동명사구)}
_V
「not always」 '항상 …하는[인] 것은 아니다' (부분부정) / [ ]는 the people을 선행사로 하는 목적격 관계대명사절로, 목적격 관계대명사 whom 또는 that이 생략되었다.

03 **해석** 과학자들은 종종 지구상의 빙하 지역으로 여행을 하는데, 그곳에서 그들은 얼음 속 깊이 구멍을 내어 기다란 원통형의 샘플들을 채집한다. 이것들은 '얼음 핵'으로 알려져 있으며, 과거의 기후에 대한 정보층들을 제공한다. 그들이 깊이 뚫으면 뚫을수록, 정보는 더 오래된 것이다. 눈이 대기를 통과하여 내려올 때, 그것은 화학물질들과 먼지와 아주 작은 금속 조각들을 포착한다. 아주 추운 곳에서는, 이 눈이 절대 녹지 않아서, 결국 얼음으로 변한다. 그리하여 과학자들은 그것을 사용하여 지구 환경 상태의 역사를 더 잘 이해할 수 있다. 예를 들어, 얼음 안에 갇힌 공기 방울들은 과학자들로 하여금 우리의 대기에 대한 중요한 사실들을 알게 해준다. 이러한 공기 방울들에 대한 연구들은 현재의 이산화탄소 수준이 산업혁명 전보다 거의 40퍼센트 더 높음을 보여 주었다.

해설 깊은 얼음층을 파보면 과거의 기후 역사를 알 수 있다는 내용이므로 ③ '얼음 속에 얼려진 우리 기후의 역사'가 제목으로 적절하다.

① 얼음을 이용하여 대기오염 줄이기
② 눈은 어떻게 얼음으로 변하는가?
④ 지구가 새로운 빙하기로 접어드는가?
⑤ 얼음 핵: 보다 깨끗한 에너지 형태

구문 [1-2행] Scientists often travel to frozen regions of the earth, **where** they drill deep into the ice to collect long, cylindrical samples.: where는 frozen regions of the earth를 선행사로 하는 계속적 용법의 관계부사이다.

[3-4행] **The deeper** they drill, **the older** the information is.: 「the + 비교급 + S + V, the + 비교급 + S + V」 '…하면 할수록 더욱더 ~하다'

04 **해석** 탄산음료를 마시는 사람들은 그들의 음료 속에서 발견되는 것에 주의할 필요가 있을지도 모른다. 프랑스의 한 연구가 가장 인기 있는 탄산음료 브랜드들의 절반 이상이 아주 적은 양의 알코올을 함유하고 있음을 밝혀냈다. 이 음료들에서 1리터당 대략 10밀리그램의 알코올이 발견될 수 있다. 탄산음료 제조업체들은 이것이 과일 발효의 자연적인 과정 때문이라고 설명했다. 그들은 더 나아가 알코올은 그들 제조법의 일부분이 아니라고 강조했다. 그럼에도 불구하고, 이것은 중요한 정보이다. 적은 양의 알코올조차도 특정 약을 복용하고 있는 사람들에게 부작용을 낳을 수 있다. 일부 사람들은 탄산음료 라벨에 해당 음료 속의 알코올 비율이 포함되어야 한다고 요구하고 있다. 이것은 사람들로 하여금 자신들이 마시는 것에 대해 잘 알고 결정을 내리게 해 줄 것이다.

해설 (A) 뒤에서 탄산음료에 소량의 알코올이 함유되어 있음이 밝혀졌다고 했으므로, 탄산음료를 마시는 사람들이 음료 속에서 발견되는 것에 '주의할' 필요가 있다고 하는 것이 적절하다. (believe: 믿다)
(B) 뒤에서 적은 양의 알코올조차도 특정 약을 복용하는 사람들에게는 부작용을 일으킬 수 있다고 했으므로, '중요한' 정보라고 하는 것이 적절하다. (useless: 소용 없는)
(C) 앞에서 적은 양의 알코올이 어떤 사람들에게는 부작용을 일으킬 수 있다고 했으므로, 사람들이 탄산음료 라벨에 알코올 비율이 '포함되어야' 한다고 요구하고 있다고 하는 것이 적절하다. (exclude: 제외하다)

구문 [1행] Soda drinkers may need to beware [**what** is found in their drinks].: [ ]는 beware의 목적어이다. / what은 선행사를 포함하는 관계대명사로 '…하는 것'의 의미이다.

[8-10행] Some people are **demanding** that soda labels (**should**) **include** the percentage of alcohol in the drink.: 주절의 동사가 요구 및 주장을 나타내는 경우 종속절의 동사를 「should + 동사원형」으로 쓰는데, 이때 should는 생략 가능하다.

03 조동사

1 can / could
p.28

1 수영을 할 수 있니? - 아니요, 전 못해요.
2 Emma는 그것을 혼자 할 수 있었다.
3 제가 이 의자를 사용해도 괜찮습니까?
　- 예, 괜찮습니다. / 아니요, 안 됩니다.
4 아이들도 암에 걸릴 수 있다.
5 그 소문이 과연 사실일까? 나는 그것을 좀처럼 믿을 수가 없다.
6 저 사람은 Joe일 리가 없어. 그는 도서관에 있어.
7 네가 그를 만난 적이 있을 리가 없어. 그는 이제 막 이곳으로 이사 왔거든.
8 제가 당신의 우산을 빌릴 수 있을까요?
9 이것이 네가 기다리고 있던 기회일 수도 있다.
10 우리는 부당함에 항의하지 않을 수 없다.

11 우리는 밤에 운전을 하는 것에 아무리 주의해도 지나치지 않는다.

12 나는 장학금을 받을 수 없을지도 모른다.

1 min. check up ✅

> ❶ can[am able to] / 나는 일본어를 읽을 수는 없으나, 말할 수는 있다.
>
> ❷ able to / 늦게까지 깨어 있으면, 너는 내일 일찍 일어나지 못할 것이다.
>
> ❸ can't[cannot] / 그는 그녀를 무척 사랑했다. 그가 그녀를 갑자기 떠났을 리 없다.

2 must   p.29

1 학생들은 수업시간이 끝나기 전에 수학 문제들을 풀어야 한다.

2 여기서 사진을 찍으면 안 됩니다. 저 표지판이 보이지 않습니까?

3 너는 설거지를 할 필요가 없어. 내가 할게.

4 소라는 궂은 날씨 때문에 여행을 취소해야 했다.

5 Jane에게 문제가 생긴 것이 틀림없어. 그녀는 계속 한숨을 쉬고 있어.

6 그의 안경이 배낭 안에 없어. 그가 집에 놓고 왔음에 틀림없어.

3 will / would   p.29

1 사고는 일어나기 마련이다.

2 Chris가 전화한 걸 거야.

3 나는 너를 위해서라면 무슨 일이든지 할 거야. 말만 해.

4 그는 나에게 말을 걸려고 하지 않는다. 그는 나에게 화가 났음이 틀림없다.

5 나는 그에게 오렌지 주스를 주었으나, 그는 그것을 마시려고 하지 않는다.

6 누가 저 좀 도와주시겠습니까? 길을 잃었어요.

7 나는 몇 시간씩 벤치에 앉아 오가는 사람들을 보곤 했다.

8 저희와 함께 나가서 저녁을 드시겠습니까?

9 너무 성급하게 행동하기보다 기다리며 지켜보는 것이 낫겠다.

1 min. check up ✅

> ❶ must have been / 그는 한때 미남이었음에 틀림없다.
>
> ❷ would / 그녀는 목욕을 할 때마다 노래를 부르곤 했다.
>
> ❸ would / 저 식당에서 식사를 하느니 차라리 집에서 식사하는 것이 낫겠다.

4 may / might   p.30

1 A: 방에 들어가도 될까요?

　 B: 예, 됩니다. / 예, 물론입니다. / 물론 됩니다. / 그럼요. 아니요, 안 됩니다. / 죄송하지만 안 됩니다. / 안 될 것 같습니다.

2 Amy는 그 생각을 좋아하지 않을지도 모르지만 다른 사람들은 그것을 무척 좋아한다.

3 그는 시험에 떨어질지 몰라 두려웠다.

4 그녀가 늦는구나. 그녀는 기차를 놓쳤을지도 몰라.

5 그들은 이미 비행기를 탔는지도 몰라.

6 두 분 모두 행복하시기를!

7 우리가 이 비극을 잊지 않기를!

8 그가 먹기 시작하도록 그에게 숟가락을 주어라.

9 어디를 가든지 너는 모든 사람들에게 사랑받을 것이다.

10 A: 내가 할머니의 찻주전자를 깨 버렸어.

　　 B: 할머니께서 화를 내시는 것도 당연해.

11 그의 흰 머리카락을 봐. 그는 당연히 예순 살이 넘었을 거야.

12 너는 옷을 잘 차려입는 것이 낫겠어. 그 행사 후에 파티가 있어.

13 Sandra는 Bob과 결혼하느니 차라리 혼자 사는 것이 낫겠다.

1 min. check up ✅

> ❶ may well get / 네가 Ted에게 거짓말을 했기 때문에, 그는 당연히 화를 낼 것이다.
>
> ❷ may as well take / 급하지 않다면, 택시보다 버스를 타는 편이 낫다.
>
> ❸ may well speak / Jason은 프랑스어를 전공했다. 그가 프랑스어를 유창하게 말하는 것은 당연하다.

5 should   p.31

1 모든 사람은 고속 버스에서 안전벨트를 매야 한다.

2 우리는 다른 이들을 속이면 안 된다.

3 우리는 그렇게 오래 머무르지 않았어야 했어. 마지막 버스를 놓쳤잖아.

4 그는 6시에 집에서 떠났으니 곧 여기에 도착할 거야.

5 너는 다음 월요일까지는 내 편지를 받게 될 거야.

6 그녀는 그가 규칙적으로 식사를 해야 한다고 주장했다.

7 Henry는 담임 선생님께 말씀드리자고 제안했다.

8 그녀는 창백해 보였지만 괜찮다고 주장했다.

9 그가 그의 가족을 부양하는 것은 당연하다.

10 Paul이 병원에 입원해 있다니 유감이다.

11 그녀가 그 비밀을 알고 있다니 놀랍다.

12 우리 산책하러 나갈래?

13 나는 절대 포기하지 않을 거야.

1 min. check up ✓

> ❶ should / 팀에 소속되어 있다는 것을 명심해. 너는 팀의 규칙을 따라야 해.
>
> ❷ have called / 너는 우리에게 전화했어야 했어. 어째서 그러지 않았니?
>
> ❸ get / 그녀는 그가 미래를 위해 안정된 직장을 구해야 한다고 주장했다.

6 ought to / had better / used to / need   p.32

1 그것은 너의 실수야. 너는 그에게 사과해야 해.

2 제한 속도를 넘어서 운전을 해서는 안 된다.

3 너는 부모님께 먼저 전화했어야 했어.

4 길이 미끄럽다. 너는 속도를 줄이는 것이 낫다.

5 너는 마지막 기차를 놓치지 않는 것이 낫다.

6 할아버지께서는 담배를 피우셨지만 지금은 끊으셨다.

7 그들은 컴퓨터 게임을 함께 하곤 했다.

8 나는 전에 그의 팬이었다. (하지만, 더이상은 아니다.)

9 이전에는 강을 가로지르는 철교가 있었다.

10 나는 만원 버스를 타는 데 익숙하다.

11 그것을 자르는 데 칼이 사용되었다.

12 너는 어떤 것도 가져올 필요가 없다.

13 내가 그 일을 되풀이해야 하니?

14 그녀는 잠시 머물 곳을 찾아야 한다.

15 그들은 서두를 필요가 없었다.

16 이전에는 길 건너에 우편함이 있었다.

1 min. check up ✓

> ❶ had better not / 너는 다음 수업 시간에 늦지 않는 것이 좋겠어.
>
> ❷ need not[doesn't need to] / 내일은 일요일이니 그는 일찍 일어날 필요가 없다.
>
> ❸ used to drink / 그녀는 점심을 먹은 후 커피를 마시곤 했지만, 지금은 주스를 마신다.

🔷 Grammar Practice   pp.33-34

01 (1) Must / 제가 그 일을 오늘까지 끝내야만 합니까? – 아니요, 그럴 필요는 없습니다.

(2) Would / 이 보고서에 잘못된 것이 있는지 확인 좀 해 주

시겠어요?

(3) should / Kay는 자신의 급여가 인상되어야 한다고 주장했다.

(4) shouldn't / 나는 배가 아프다. 아이스크림을 그렇게 많이 먹지 말았어야 했다.

(5) must / Betty 방의 불이 켜져 있다. 그녀가 집에 있는 것이 틀림없다.

(6) rather / 주차할 곳을 찾느라 시간을 허비하느니 차라리 버스를 타는 것이 낫겠다.

02 (1) used

• 그는 지금 예전보다 더 잘 살고 있다.

• 너는 젓가락을 사용하는 데 익숙해질 것이다.

• 이 카메라가 당신 가족의 사진을 찍는 데 사용되었습니까?

(2) should

• 그 공무원은 내가 수수료를 낼 것을 요구했다.

• 사무용 컴퓨터들이 이번 달에 업데이트되어야 한다는 것은 중요하다.

• 이 콘서트장에서 당신의 휴대폰 전원을 꺼야 합니다.

03 (1) May / 행복하게 살아!

(2) to go / 내일 쇼핑하러 갈래?

(3) used to / 여기 근처에 예쁜 연못이 있었다고 들었다.

(4) (should) raise / 그는 우리가 자선기금을 모아야 한다고 제안했다.

(5) must[may/should not] / 그녀는 매우 피곤해 보였다. 그녀는 밤을 새운 것이 틀림없다[밤을 새운 것인지도 모른다 / 밤을 새우지 말았어야 했다].

(6) can[may] / 우리와 저녁을 먹으러 나가려면 옷을 차려입으렴.

04 (1) had better not drive

(2) may well be disappointed

(3) ought to have been polite

05 (A) so that I might[could]

(B) should[ought to] have contacted

> 지난달 나는 처음으로 비행기를 탔다. 정말 신났다. 나는 휴가 동안 Ashley를 만나기 위해 애틀랜타에 갔다. 나는 그녀를 놀라게 하고 싶어서 그녀에게 간다고 말하지 않았다. 애틀랜타에 도착했을 때, 그녀는 거기 없었다. 그녀는 이미 가족과 함께 유럽으로 여행을 떠났다! 나는 도착하기 전에 그녀에게 연락하지 않았던 것을 후회했다.

06 ⑤ used to / 약 2년 전 그곳에 큰 차고지가 있었다.

① Would / 한 걸음 앞으로 움직여 주시겠어요?

② would / 우리는 도서관에서 많은 시간을 보내곤 했다.

③ would / 나는 프라이드치킨보다 차라리 파스타가 더 좋겠다.

④ would / 그녀는 Tom에게 화가 나서, 그에게 말을 걸지 않을 것이다.

07 You cannot help but ask him for more advice.

08 I would like to join this science club.

🪨 Grammar Practice ★수능문법★   p.35

01 ④   02 ④

01 해석   고추와 같은 향신료는 수천 년 동안 음식을 양념하는 데 사용되어 왔다. 그러나 왜 사람들은 높은 수준의 고통을 일으키는 향신료로 음식에 맛을 내기 시작했을까? 몇몇의 연구원들은 인간이 박테리아를 죽이기 위해서 음식에 향신료를 첨가하기 시작했음이 틀림없다고 믿는다. 어떤 연구들은 심지어 박테리아가 더 흔한 더 따뜻한 기후에서 매운 음식이 발달했다고 주장한다. 하지만, 오늘날에는 매운 음식을 이런 이유 때문에 먹지는 않는다. 어떤 사람들에게, 매운 음식으로 인한 고통은 즐거운 느낌으로 이어지는 것도 무리는 아니다. 왜냐하면 고통은 엔도르핀의 분비를 일으키기 때문에, 사람들이 매운 음식을 먹는 것을 즐겁게 여기는 것은 자연스러운 일이다.

해설   (A) 문맥상 과거의 습관적인 동작이 아닌 향신료의 용도를 설명해야 자연스러우므로, 현재완료 수동태(have been p.p.)가 적절하다. 이때 to season은 부사적 용법 중 목적을 나타내는 to부정사이다.

(B) 조동사 must 뒤에는 동사원형이 와야 하며, 문맥상 과거의 일에 대한 추측을 나타내는 「must have p.p.」가 되어야 한다.

(C) 「may well + 동사원형」 '…하는 것이 당연하다' / 「may as well + 동사원형」 '…하는 편이 낫다'

02 해석   당신이 요리하는 것을 즐긴다면, 요리 과정이 많은 다양한 음식에게 황갈색을 준다는 것을 분명히 알아차렸을 것이다. 이 색은 메일라아드 반응의 결과인데, 이것은 아마도 세계에서 가장 흔한 가정 화학 반응일 것이다. 그것은 1912년에 그것을 최초로 묘사했던 프랑스 화학자 Louis-Camille Maillard의 이름을 따서 지어진 것이다. 이 반응에서 형성된 복합분자는 음식에게 갈색뿐만 아니라 풍부한 맛도 제공한다. 더 높은 온도에서 요리하는 것은 메일라아드 반응의 속도를 높인다. 이것은 음식 안에 있는 물이 더 빨리 증발하는 것이 복합분자가 더 빠르게 형성되도록 하기 때문이다. 그러나, 많은 조리법은 조리 온도가 섭씨 180도 아래여야 한다고 제안한다. 너무 많

은 열은 음식을 태울 것이므로 메일라아드 반응이 일어나길 기다릴 때 신중을 기하고 인내심을 가지는 편이 낫다.

해설   제안을 나타내는 동사 suggest 뒤에 이어지는 that절에는 「(should) + 동사원형」을 써야 하므로, (should) be가 와야 한다.

🪨 Reading & Structure ★수능독해★   p.36

01 ④   02 ⑤   03 ①   04 ③

01 해석   고대 이래로 남성들은 다양한 이유로 목에 두르는 물건을 착용해오고 있다. 어떤 때는 그것의 목적이 자신의 직함이나 계급을 과시하는 것이었다. 또 어떤 때는 단순히 땀을 닦기 위해서 사용되었다. 그렇다면 현대 세계에서 넥타이의 지속적인 인기를 어떻게 설명할 수 있을까? 수년 동안 패션 역사가들은 넥타이에 기능이 거의 없거나 아무 기능도 없는 것처럼 보이기 때문에 남성들은 넥타이 착용을 그만두게 될 것으로 예측했다. <u>하지만 넥타이가 이제 하나의 전통이기 때문에 남자들은 계속 넥타이를 착용할지도 모른다.</u> 넥타이는 보통 공식적인 행사를 위해서, 직장의 회사원에 의해서 또는 유니폼의 일부분으로 착용된다. 세계와 업계의 리더들이 계속 넥타이를 착용하는 한 젊은 중역들도 그들을 따를 것이고 넥타이는 계속 인기를 누리게 될 것이다.

해설   넥타이가 하나의 전통이기 때문에 남자들이 계속 넥타이를 착용할지도 모른다는 내용의 주어진 문장은 넥타이를 착용하는 구체적인 상황이 언급된 문장 앞에 오는 것이 가장 자연스럽다.

구문   [2행] Since ancient times, men **have worn** neckwear for various reasons.: 「have p.p.」 '(지금까지) 죽 …해오고 있다' (현재완료)

[3-4행] At other times, it **was** simply **used to wipe away** sweat.: 「be used to-v」 '…하는 데 쓰이다[사용되다]'

02 해석   캐나다 오소유스 시(市) 근처에 위치한 점박이 호수는 지구상에서 가장 미네랄이 풍부한 수역 중 하나이다. 황산 마그네슘, 칼슘, 나트륨이 풍부한 이 호수는 현지의 아메리카 원주민 부족들에 의해 치유력을 갖고 있는 것으로 여겨졌다. 이 호수를 신성한 지역으로 여겨, 그들은 피부병과 신체 통증을 치료하기 위해 그곳의 진흙과 물속에서 목욕을 하곤 했다. 오늘날, 점박이 호수는 다른 이유로 방문객들을 끌어 모은다. 여름에 이 호수의 물이 증발하면, 커다란 미네랄 물웅덩이들이 남겨진다. 이 호수에 365개가 넘는 물웅덩이들이 생겨난다. 이 물웅덩이들은 미네랄 구성에 따라 다양한 색상을 지닌다.

물이 증발하여 굳은 미네랄만 남아 있는 곳인 물웅덩이들 주변에, 단단한 자연 길이 형성된다. 일반적으로, 이 물웅덩이들은 6월부터 9월까지 관찰될 수 있다.

해설 ⑤ 길은 미네랄이 굳은 장소에 만들어진다고 했다.

구문 [3-4행] ..., the water **was thought to have** healing powers by local Native American tribes.: 「be thought to-v」 '…하다고 여겨지다'

[4-5행] [Considering the lake a sacred site],
                      ___A___   ___B___
they *would* bathe in its mud and waters **in order to heal** skin diseases and body aches.: [ ]는 이유를 나타내는 분사구문이다. / 「consider A B」 'A를 B로 여기다' / would는 과거의 불규칙적인 습관을 나타내며, '…하곤 했다'의 의미이다. / 「in order to-v」 '…하기 위하여'

03 해석 과거에 포틀래치는 태평양 북서부 지역 아메리카 원주민들의 주요 문화적 경제적 행사였다. 그것은 일반적으로 마을에서 가장 부유한 가족이 주최했던 모임의 한 유형이었다. 포틀래치에서 주최자들은 덜 부유한 가족들에게 많은 양의 음식과 선물들을 그냥 주곤 했다. 이것은 처음 유럽에서 온 목격자들을 혼란에 빠지게 했다. 포틀래치를 개최하는 것은 비용이 매우 많이 들기 때문에 그것은 비실용적인 전통인 것처럼 보였다. 하지만, 단순히 파티를 여는 것보다 더 많은 것이 그것에 있었다. 주최자들이 많은 귀중한 물건들을 거저 주곤 했을지라도, 이것은 이웃들 사이에서 그들의 사회적 지위를 높였다. 아메리카 원주민들은 또한 상황이 나중에 뒤바뀔 수 있다는 것을 알았다. 부유해진 더 가난한 가족 중의 하나가 다음 포틀래치를 개최할지도 모른다. 이것은 마을의 화합과 균형을 보장해주었다.

해설 포틀래치라는 행사의 목적에 대하여 설명하고 있으므로
① '포틀래치의 실제 목적은 무엇인가?'가 제목으로 적절하다.
② 포틀래치: 누구도 개최하기를 원하지 않았던 파티
③ 아메리카 원주민 행사 뒤에 숨은 신화
④ 아메리카 원주민 마을을 세운 사회적인 행사
⑤ 초기 아메리카의 갈등: 부유한 자와 가난한 자

구문 [2-3행] It was a type of gathering [**that** *was* generally *hosted by* the wealthiest family in the village].: that 이하는 주격 관계대명사절로 선행사 a type of gathering을 수식한다. / 「be hosted by」 '…에 의해 개최되다'를 의미하는 수동태 표현이다.

[9-10행] One of the poorer families, [**having grown** wealthy], might host the next potlatch.: [ ]는 부대상황을 나타내는 분사구문으로 One of the poorer families에 대한 부연설명을 한다.

04 해석 무언가를 잘못했다는 생각이 들 때 여러분은 죄책감을 느낀다. 죄책감은 건강한 감정일 수 있다. 여러분이 실제로 무언가를 잘못했을 때, 죄책감은 여러분이 책임감을 가지고 그 상황을 바로잡는 데 도움이 될 것이다. 반면에, 여러분이 실제로 하지 않았던 일에 대해 스스로를 탓한다면 죄책감은 해로울 수 있다. 예를 들어, 여러분의 친구가 화가 났다면, 여러분이 잘못된 일을 하지는 않았지만 자신이 그 또는 그녀가 그렇게 느끼게 했다고 생각할지도 모른다. 여러분은 친구가 기뻐하도록 다른 행동을 했어야 했다고 생각할지도 모른다. 많은 사람들이 다른 사람들의 감정에 책임이 있다고 생각하도록 배웠기 때문에, 다른 사람들이 화가 났을 때 죄책감을 느낀다. 그러나 이러한 감정들을 고의적으로 유발한 것이 아니라면 이것은 건강하지 못한 죄책감이다. 그것이 여러분의 잘못이 아니라는 것을 아는 것은 중요하다.

해설 불필요한 죄책감은 해로울 수 있으므로 건강한 죄책감과 건강하지 못한 죄책감을 구별하는 것이 필요하다는 내용이므로, 요지로 ③ '어떤 죄책감이 건강하지 않은지 인식하는 것이 필요하다.'가 적절하다.
① 죄책감이란 다양한 이유로 사람들이 느끼는 감정이다.
② 타인의 감정은 여러분의 행동과는 무관하다.
④ 잘못된 일을 하지 않았더라도 죄책감을 느끼는 것은 당연하다.
⑤ 건강하지 못한 죄책감은 여러분이 다른 사람에게 나쁘게 행동하도록 만들 수 있다.

구문 [6-7행] You might think you **should have done** something different *so* (*that*) your friend *would* be happy.: 「should have p.p.」는 과거의 일에 대한 후회로 '…했어야 했는데 (하지 않았다)'의 의미이다. / 「so (that) + 주어 + would」 '…가 ~하도록'

[10행] **It**'s important [**to understand** that it's not your fault].: It은 가주어, [ ]는 진주어이다.

1 태의 이해   p.38

1 그가 내 노트북 컴퓨터를 수리했다.
2 내 노트북 컴퓨터가 그에 의해 수리되었다.

2 수동태가 주로 쓰이는 경우   p.38

1 많은 쓰레기가 현관 근처 바닥 위에 버려져 있었다.

2 그 시계는 스위스에서 만들어졌다.

3 나는 1999년에 태어났다.

4 아스피린은 (사람들에 의해) 통증을 없애기 위해 사용된다.

5 스페인어는 멕시코에서 사용된다.

1 min. check up ✅

> ❶ was built /
>
> 그 둥지는 지난봄에 저 흰 새에 의해 지어졌다.
>
> ❷ was, caused /
>
> 어제의 큰 화재는 무엇 때문에 일어난 것입니까?
>
> ❸ was sponsored /
>
> 작년에 특별 전시회가 여러 회사에 의해 후원되었다.

3 문형별 수동태   pp.39-40

1 말라리아는 모기에 의해 전염된다.

2 '절규'는 뭉크에 의해 그려졌다.

3 그 차는 (누군가에 의해) 도난당했다.

4 나는 나의 삼촌으로부터 책을 받았다.

5 책은 나의 삼촌에 의해 나에게 주어졌다.

6 생일 케이크가 나를 위해 나의 친구에 의해 만들어졌다.

7 그는 마음껏 즐겼다.

8 그들은 서로 쳐다봤다.

1 min. check up ✅

> ❶ Greece was conquered by Rome in 146 B.C. /
>
> 로마는 기원전 146년에 그리스를 정복했다.
>
> ❷ was given a piece of advice by me. /
>
> 나는 Jim에게 충고 한마디를 했다.
>
> ❸ Some clothes were made for the baby by Sue. / Sue는 그 아기에게 옷을 만들어 주었다.
>
> ❹ The movie was watched by three million viewers. / 3백만의 관객들이 그 영화를 보았다.
>
> ❺ were taught to us by Eri. / Eri는 우리에게 몇몇 유용한 일본어 표현을 가르쳐 주었다.

9 그녀는 (그들에 의해) 대통령으로 선출되었다.

10 그 벽은 우리에 의해 파란색으로 칠해졌다.

11 나는 낯선 사람들과 이야기하지 말라고 (어머니로부터) 들었다.

12 그녀가 버스를 기다리는 것이 (나에 의해) 목격되었다.

13 아이는 엄마에 의해 샤워를 하게 되었다.

4 의문문·명령문의 수동태   p.40

1 힙합 음악이 많은 사람들에게 즐겨집니까?

2 세계기록이 유나에 의해 깨질까?

3 누구에 의해서 전화기가 발명되었습니까?

4 어떤 책이 그녀에 의해 선택되었습니까?

5 이 꽃은 독일어로 무엇이라 불립니까?

6 그 편지는 어디에서 발견되었습니까?

7 그 시가 읽혀지게 하라.

8 우리의 약속이 잊혀지지 않게 하라.

1 min. check up ✅

> ❶ floating[to float] / 보트 한 척이 강 위를 떠다니는 것이 보였다.
>
> ❷ to tell / 그는 그들에게 모든 것을 말하게 되었다.
>
> ❸ translated / 누구에 의해 이 소설이 번역되었습니까?
>
> ❹ delayed / 왜 그 경기가 연기되었습니까?

5 수동태의 시제   p.41

1 다리가 시에 의해 올해 건설될 것이다.

2 그 선물은 너에게 우편으로 배달될 것이다.

3 숲이 관광객들에 의해 파괴되고 있다.

4 이 기계는 수리공에 의해 점검되고 있다.

5 많은 환자들이 그 의사에게 치료를 받고 있었다.

6 너는 개에 물려본 적이 있니?

7 그 호텔방은 Harris에 의해 예약되었다.

8 그 이야기는 내가 그것을 듣기 전에 (사람들에 의해) 여러번 언급되었다.

6 기타 주의해야 할 수동태   pp.41-42

1 Sara는 부유하다고 말해진다.

2 지구는 평평하다고 믿어졌다.

3 네 보고서는 (너에 의해) 제출되어야 한다.

4 그 차들은 Keeran에 의해 수리될 수 있다.

5 그는 그들이 오고 있는지 물었다.

1 min. check up ✅

> ❶ A boy is being helped by Sally. /
>
> Sally는 한 소년을 돕고 있다.
>
> ❷ The judge will punish him. /
>
> 그는 판사에 의해 처벌을 받을 것이다.
>
> ❸ I have broken the mirror. /
>
> 그 거울은 나에 의해 깨졌다.
>
> ❹ It is said that Ryan is a great scientist.
>
> [Ryan is said to be a great scientist.] /
>
> Ryan이 위대한 과학자라고 사람들이 말한다.

6 우리 개는 거의 차에 치일 뻔했다.

7 이 모든 소음을 참을 수가 없다.

8 나는 그 소식에 매우 놀랐다.

9 그들은 시험 점수에 만족했다.

10 강이 얼음으로 덮여 있었다.

11 이 잡지는 많은 광고로 가득 차 있다.

12 그는 한국사에 관심이 있었다.

13 한 반은 20명의 학생들로 구성되어 있다.

14 그녀의 이름은 학교에 있는 모든 사람에게 알려져 있었다.

15 그 새로 나온 청바지는 잘 팔린다.

16 익은 오렌지는 쉽게 껍질이 벗겨진다.

17 우리는 월말에 돈을 받았다.

18 그녀는 좋은 차를 가지고 있다.

19 새 신발은 나에게 맞지 않는다.

20 David는 그 유명한 영화배우와 닮았다.

1 min. check up ✅

❶ to / 우사인 볼트는 모든 사람들에게 알려져 있다.

❷ in / 나는 새로운 친구들을 사귀는 데 관심이 있다.

❸ at[by] / Anna는 갑작스런 변화에 놀랐다.

❹ with / 그 헬스클럽은 젊은 사람들로 가득 차 있다.

🎲 Grammar Practice   pp.43-44

01 (1) is being repaired /
소음에 대해 양해를 구합니다, 도로 보수 중입니다.
(2) has not been cleaned /
차가 정말 더럽다, 몇 주간 세차가 되지 않았다.
(3) was sent / 그 스카프는 어제 내 어머니에게 보내졌다.
(4) be seen / 이 산들은 아주 먼 거리에서도 보인다.

02 (1) is being written by / Alex는 논문을 쓰고 있다.
(2) were written by / 그는 30편이 넘는 희곡을 썼다.
(3) has been suggested by / Shirley는 새로운 아이디어를 제안했다.
(4) will be invited, by / Jennie는 Ann을 파티에 초대할 것이다.

03 (1) of / 그 소년은 어둠을 무서워한다.
(2) to sing / 그가 아름다운 노래를 부르는 것이 들렸다.
(3) not be sold / 그 책이 5시까지는 팔리지 않게 해라.
(4) resembles / Maria는 그녀의 할머니와 닮았다.

04 (1) by → of /
이 책은 12개의 짧은 이야기들로 구성되어 있다.

(2) knows → is known /
그 신형 휴대폰은 고품질의 카메라로 알려져 있다.
(3) dealt → dealt with /
그 문제는 많은 변호사들에 의해 처리될 것이다.
(4) clean → to clean /
그 소년은 혼자 교실을 청소하게 되었다.

05 ⑤ be taken care by → be taken care of by /
나의 어린 조카들은 숙모가 돌아올 때까지 나에 의해 보살핌을 받을 것이다.
① 그 반지는 그녀의 언니에게 주어졌다.
② 그는 국경을 넘은 것으로 여겨진다.
③ 그들은 일을 거의 안 하면서 많은 돈을 받고 있다.
④ 차는 중국 황제에 의해 발견되었다고 말해진다.

06 (1) was directed by Luca Lopez and produced by Pablo Mendes
(2) are said to be outstanding
(3) were specially designed by a famous designer
(4) has already been nominated for several awards by critics

> Helen Young은 새 영화 '달빛'의 주연을 맡았다. 그것은 아일랜드에서 스페인으로 이주한 한 어린 소녀에 관한 이야기이다. Luca Lopez가 감독하고 Pablo Mendes가 제작했다. 사람들은 Young의 의상이 돋보인다고 말한다. 한 유명한 디자이너가 특별히 그녀의 의상을 디자인했다. 비평가들은 이미 그 영화를 몇 개의 상에 후보로 지명해 놓았다. 그것은 올여름 개봉될 예정이다.

07 사람들은 대통령이 약속을 지킨다고 믿었다.
(1) was believed to keep his promises
(2) was believed that the president kept his promises

08 The table must be covered with a red cloth.

🎲 Grammar Practice ★수능문법★   p.45

01 ④ **02** ③

01 해석 '문화'라는 단어의 정확한 정의에 대해 모든 사람들이 의견을 같이 하는 것은 아니다. 어떤 사람들에게, 이 단어는 일군의 사람들이 오랜 시간에 걸쳐 창조해 온 위대한 책이나 음악, 그리고 미술 작품을 가리킨다. 이것은 때때로 비평적으로

갈채를 받은 작품들과 '민중' 또는 '대중' 문화를 구별하는 데 사용되는 용어인 '고급 문화'라고도 불린다. 하지만 인류학에서 '문화'란 더 넓은 의미를 가진다. 이것은 단순히, 한 무리의 사람들의 생활 방식인데, 여기에는 학습된 행위, 신념, 그리고 물질적인 소유물들이 포함된다. 이 형태의 문화는 한 세대에서 다음 세대로 학습과 경험을 통해 전달되어야 한다.

해설 (A) '사람들에 의해 일치되는' 것이므로 전치사 by를 쓴다.

(B) 그 단어가 '…을 가리키는' 것이므로 능동태가 적절하다.

(C) 이 형태의 문화가 '전달되어야 한다'는 것이므로 수동태가 적절하다.

02 해석 세계에서 가장 아름답고 흥미로운 도시 중 하나로 여겨지는 파리는 508년부터 프랑스의 수도였다. 하지만, 이 도시의 시작은 변변치 않았다. 파리라는 이름은 '파리지'라 불리던 한 무리의 사람들의 이름을 따서 지어졌다. 그들은 약 2,000년 전에 센 강 중간에 있는 섬인 시테 섬에 작은 마을을 세웠다. 이 섬은 노트르담 성당이 위치한 곳이다. 그러나 파리의 경계는 그 이후로 시테 섬을 훨씬 넘어 확장되었다. 센 강의 양쪽은 도시의 일부가 되었으며, 지금은 건물과 공원으로 가득 차 있다.

해설 「name A after B」는 'B의 이름을 따서 A라고 명명하다'라는 뜻으로, 파리라는 이름이 '파리지'라 불리던 사람들의 이름을 따 명명된 것이므로 수동태(is[was] named after)가 적절하다.

🔷 Reading & Structure ★수능독해★ p.46

01 ④   02 ③   03 ②   04 ④

01 해석

제가 오늘 아침에 월별 전기요금 청구서를 받았습니다. 이 청구서는 12월 15일에 발송되었고 10월과 11월 두 달 치에 대한 요금을 담고 있습니다. 그것에는 제가 5달러의 연체료를 내야 한다고도 쓰여 있습니다. 하지만 10월에 대한 45달러의 요금은 이미 지난달에 자동 이체로 납부되었습니다. 실제로, 제(가 거래하는) 은행이 지난 6월 이래로 매월 25일에 자동으로 청구서 요금을 지불해 오고 있습니다. 이것은 첨부된 은행 거래명세서를 보시면 확인이 가능합니다. 이러한 이유로, 저는 납기일 이전에 11월에 대한 정확한 요금 내역이 담긴 수정한 요금을 담고 있습니다. 그것에는 제가 5달러의 연체료를 내야 한다고도 쓰여 있습니다. 하지만 10월에 대한 45달러의 요금은 이미 지난달에 자동 이체로 납부되었습니다. 실제로, 제(가 거래하는) 은행이 지난 6월 이래로 매월 25일에 자동으

로 청구서 요금을 지불해 오고 있습니다. 이것은 첨부된 은행 거래명세서를 보시면 확인이 가능합니다. 이러한 이유로, 저는 납기일 이전에 11월에 대한 정확한 요금 내역이 담긴 수정된 청구서를 받고 싶습니다. 저는 추후에 자동 이체를 통해 이중 청구가 될까 봐 걱정이 됩니다. 혹시 의문점이 있으시다면, 516-441-1982로 제게 전화해 주십시오.

해설 자동 이체로 이미 납부된 요금이 추가로 청구되었으니 수정된 청구서를 다시 보내달라고 요청하고 있다.

구문 [4-6행] In fact, my bank **has been** automatically **paying** the bills on the 25th of each month since last June.: 「have been v-ing」 '…해 오고 있다' (현재완료진행형)

[6-7행] This can be confirmed **by viewing** the *attached* bank statement.: 「by v-ing」 '…함으로써' / attached는 bank statement를 수식하는 과거분사이다.

02 해석 '&' 기호, 즉 앰퍼샌드는 '그리고'라는 의미의 라틴 단어 et에서 유래되었다. 이 단어를 구성하는 문자들은 때때로 하나의 기호 '&'로 결합되었다. 이 기호는 서기 1세기에 처음 사용된 것으로 믿어진다. 최초로 발견된 예는 폼페이의 그래피티에 있다. 이 고대의 기원을 고려하면, 당신은 얼마나 최근에 '앰퍼샌드'라는 용어가 만들어졌는지에 놀랄 것이다. 19세기 초, 앰퍼샌드는 알파벳의 27번째 문자로 가르쳐지고 있었지만, 간단히 'and'로 읽혔다. 이것은 알파벳의 끝을 낭독하는 것을 혼란스럽게 만들었다. 그래서 'X, Y, Z, and and'라고 말하는 대신에, 아이들은 Z 뒤에 'and per se and'라는 문구('그리고, 그 자체로, &를 의미하는)를 사용하기 시작했다. 시간이 흐르면서, 이 문구는 '앰퍼샌드'라는 단어가 되었다.

해설 'X, Y, Z, and and'라고 말하는 대신에, Z 뒤에 'and per se and'라는 문구를 사용하기 시작했다는 빈칸 뒤의 내용으로 보아, 앰퍼샌드가 'and'로 읽힌 것이 ③ '알파벳의 끝을 낭독하는 것을 혼란스럽게 만들었다'는 것을 알 수 있다.

① 그 기호의 역사를 불분명하게 만들었다

② 다른 문자들을 외우는 것을 더 쉽게 만들었다

④ 아이들이 그 문자를 발음하는 것을 쉽게 만들었다

⑤ 아이들이 '&'를 쓰는 방법을 기억하기 어렵게 만들었다

구문 [1-2행] The letters [**that** make up this word] *were* sometimes *combined into* a single symbol, "**&**.": that은 선행사 The letters를 수식하는 주격 관계대명사이다. / 「be combined into」 '…로 결합되다'

[4-5행] [**Considering** this ancient origin], you will be surprised at [*how* recently the term "ampersand" was coined].: 첫 번째 [ ]는 '…을 고려

하면'의 의미인 비인칭 독립분사구문이다. / 두 번째 [ ]는 전치사 at의 목적어로 쓰인 의문사절이다.

[7행] This made **reciting** the end of the alphabet
     V   O(동명사구)
confusing.: 「make + O + OC(형용사)」 '…가 ~ 하게 만
     OC(형용사)
들다'

03 해석 우리가 하나의 기억을 되찾아오려고 할 때, 우리는 종종 다른 사건들 또한 회상한다고 한다. 더 알아보기 위해서, 두 개의 실험이 시행되었다. 첫 번째 실험은 2016년 미국 대통령 선거 직후에 이루어졌는데, 참가자들은 선거와 관련된 뉴스 기사를 기억하도록 요청 받았다. 두 번째 실험은 2018년 5월에 이루어졌고 그 해 초반의 뉴스 사건들을 기억하는 것을 포함했다. 첫 번째 실험에서, 연구원들은 각각의 회상된 이야기가 뉴스에 나타난 날짜를 확인했다. 두 번째 연구에서, 참가자들은 인터넷에 접속할 수 있었고 어떤 이야기들을 그들이 기억해 냈는지 알아내도록 요청 받았다. 두 실험 모두에서, 그들은 함께 회상된 이야기들이 같은 날짜에 뉴스에 처음 나타났다는 것을 발견했다.

> → 연구에 따르면, 두 개의 별개의 사건들이 가깝게 발생할 때, 그것들은 우리의 기억 속에서 연관될 수 있다.

해설 두 개의 실험을 통해, 각각의 회상된 이야기들이 같은 날짜에 뉴스에 처음 나타난 사건들이었다는 것을 알아냈다고 했으므로 요약문에 적절한 단어로 separate(별개의)와 linked(연관된)가 가장 적절하다.

구문 [3-4행] … participants were asked to remember news stories [related to the election].: [ ]는 news stories를 수식하는 과거분사구이다.

[5-6행] In the first experiment, the researchers identified the date [on which each recalled story appeared in the news].: [ ]는 the date를 수식하는 「전치사 + 관계대명사」절로, on which를 관계부사 when으로 바꿔 쓸 수 있다.

[7-8행] … and were asked to identify [which stories they had recalled].: [ ]는 identify의 목적어 역할을 하는 의문사절로, 「의문사(+명사) + 주어 + 동사」의 어순을 따른다.

[8-9행] In both experiments, / they found / **that** stories [*that* were recalled together] had first appeared / in the news / on the same day.: 첫 번째 that은 동사 found의 목적어절을 이끄는 접속사이고, 두 번째 that은 선행사 stories를 수식하는 주격 관계대명사이다.

04 해석 썰매는 얼음과 눈 위를 돌아다니기 위해서 수세기 동안 사용되었지만, 1800년대 후반까지는 경쟁적인 경주에 사용되지 않았다. 이 스포츠는 봅슬레이로 알려지게 되었는데 왜냐하면 경주팀이 속도를 높이기 위해 앞뒤로 움직였기 때문이며, 그리고 1897년에, 스위스의 St. Moritz에 세계 최초의 봅슬레이 클럽이 설립되었다. 오늘날의 강철 썰매와는 달리, 첫 번째 경주용 썰매는 나무로 만들어졌다. 그리고 그 스포츠는 원래 부유한 사람들을 위한 오락적인 활동으로 여겨졌다. 그러나 1950년대에, 봅슬레이는 오늘날 우리가 아는 경쟁적인 스포츠로 인식되기 시작했다. 경쟁심이 강한 봅슬레이 팀들은 빠른 출발의 중요성을 알고 다른 스포츠로부터 선수들을 영입하기 시작했다. 체조 선수, 육상 선수, 그리고 출발 시에 강한 힘을 줄 수 있는 다른 선수들이 많은 인기를 받았다.

해설 봅슬레이가 경쟁적인 스포츠로 인식되기 시작했다는 내용의 주어진 문장은, 원래 부유한 사람들의 오락 활동으로 여겨졌다는 문장과 경쟁심이 강한 봅슬레이 팀들이 다른 스포츠 선수들을 영입하기 시작했다는 문장 사이에 오는 것이 가장 자연스럽다.

구문 [1-2행] But in the 1950s, bobsleigh started to **be recognized as** the competitive sport [(*which/that*) we know today].: 「be recognized as」 '…로 인식되다' / [ ]는 목적격 관계대명사절로 the competitive sport를 수식하며, 목적격 관계대명사 which 또는 that이 생략되었다.

[4-5행] This sport came **to be known** as bobsleigh because racing crews would bob back and forth to increase speed, ….: to be known은 결과를 나타내는 부사적 용법의 to부정사이다. / 「be known as」 '…로 알려지다'

05 부정사

1 명사적 용법   p.48

1 에너지를 보존하는 것은 중요하다.
2 나는 그 제안을 수락하기로 결정했다.
3 그녀는 유명한 사람들의 사진을 찍고 싶어 한다.
4 나는 진실을 말하는 것이 필요하다고 생각한다.
5 나는 수영하는 것이 쉽다는 것을 알았다.
6 Lynda의 꿈은 유명한 배우가 되는 것이다.
7 그녀는 부모님께서 그녀에게 새 수영복을 사주기를 바란다.
8 어떻게 사느냐 하는 것은 인생에서 중요한 문제이다.

9 다 맛있게 보여서 무엇을 먼저 먹어야 할지 못 정하겠어요.

10 나는 이 책장을 어디에 놓아야 할지 모르겠다.

11 그가 우리에게 바이올린을 언제 연주해야 하는지 알려 줄 것이다.

11 이 상자는 나르기에 꽤 무겁다.

12 그 프로그램은 사용하기 매우 어렵다.

13 그는 그 영화를 볼 수 있을 만큼 충분히 나이가 들었다.

14 나는 너무 흥분되어 잠을 잘 수가 없었다.

1 min. check up ✅

❶ to / 여기에서 인터넷 사용이 가능한가요?

❷ it / 그는 외국인 친구를 사귀는 것이 어렵다는 것을 알았다.

❸ to / 이 설명서는 전자레인지를 이용하여 고기를 요리하는 법을 설명해준다.

1 min. check up ✅

❶ to be / 그녀는 회의 시간에 맞추기 위해 일찍 떠났다.

❷ to talk / 당신과 이야기를 할 수 있다면 저는 기쁠 것입니다.

❸ fast enough to compete / 그는 경기에 출전할 수 있을 정도로 충분히 빨랐다.

2 형용사적 용법   p.49

1 너는 오늘 해야 할 일이 많다.

2 우리는 의논해야 할 몇 가지 문제가 더 있다.

3 제게 앉을 의자를 주세요.

4 그는 함께 놀 친구가 없다.

5 다음 동계올림픽은 2022년에 열리기로 되어 있다.

6 그와 나는 6시에 만나기로 되어 있다.

7 하늘에는 별 하나 보이지 않는다.

8 생물체의 흔적을 찾아볼 수 없었다.

9 우리는 어르신들께 공손해야 한다.

10 박식해지고자 한다면, 많은 책을 읽어야 한다.

11 그는 결코 집으로 돌아오지 못할 운명이었다.

1 min. check up ✅

❶ Lauren은 늦게 도착한 유일한 사람이었다.

❷ 네가 여기에 머물고자 한다면, 조용히 해야 한다.

❸ 너는 3개월 안에 그 프로젝트를 끝내야 한다.

❹ 미국 축구팀이 다음 주에 서울에 도착할 예정이다.

4 의미상의 주어·시제·수동태   p.51

1 나는 이 식물의 이름을 알고 싶다.

2 너는 내가 여기를 떠나기를 바라니?

3 3D 영화를 보는 것은 재미있다.

4 내가 그 문제를 푸는 것은 불가능하다.

5 나를 집까지 태워주다니 그는 무척 친절했다.

6 그녀는 아픈 것처럼 보인다.

7 나는 그가 곧 회복하기를 기대한다.

8 그녀는 아팠던 것처럼 보인다.

9 그들은 어제 그 세미나에 참석하기를 기대했었다.

10 나는 시애틀로 가는 버스를 타고 싶었었다.

11 태블릿 PC는 많은 십 대들에 의해 사용되는 것 같다.

12 내 자전거를 도둑맞은 것 같다.

1 min. check up ✅

❶ for / 그는 물을 많이 마실 필요가 있다.

❷ of / 버스에 휴대전화를 놓고 내리다니 너는 조심성이 없었다.

❸ have been / 그는 학교에서 인기가 있었던 것 같다.

3 부사적 용법   p.50

1 그는 영어를 공부하기 위해 호주에 갔다.

2 많은 사람들이 열악한 근무 환경에 항의하기 위해 모였다.

3 나는 그 공지 사항을 읽고 놀랐다.

4 Lucy는 옛 친구들을 다시 만나서 기뻤다.

5 그렇게 행동하다니 Tom은 신사임에 틀림없다.

6 너 같은 친구가 있다니 나는 운이 좋다.

7 그녀의 아들은 자라서 과학자가 되었다.

8 우리는 서둘러 공항에 갔지만 결국 비행기를 놓치고 말았다.

9 네가 떠나는 것을 보면 나는 슬플 것이다.

10 그녀가 독일어를 말하는 것을 듣는다면 너는 깜짝 놀랄 것이다.

5 부정사의 기타 용법   p.52

1 아이들이 탄산음료를 마시지 못하게 해라.

2 그 슬픈 음악이 나를 울게 했다.

3 James는 남동생이 집을 청소하게 했다.

4 나는 네가 들어오는 것을 보지 못했다.

5 그녀는 그가 노래 부르는 것을 들었다.

6 나는 그녀가 언덕을 천천히 올라가고 있는 것을 보았다.

7 A: 정원을 둘러보셨습니까?
   B: 그러고 싶었지만, 그렇게 하도록 허락받지 못했습니다.

8 감기에 걸리지 않도록 조심해라.

9 솔직히 말하면, 나는 아직 그 기사를 읽지 않았어.

10 이상한 이야기지만, 4월 1일에 눈이 내렸다.

11 내가 파티 준비하는 것을 도와줄게.

12 그는 남자 아이가 티셔츠를 입는 것을 도와주었다.

1 min. check up ✅

> **❶** told him not to / 그는 엄마가 나가지 말라고 말씀하셨는데도 외출했다.
>
> **❷** To tell the truth / 솔직히 말하면, 나는 네가 말했던 것을 기억하지 못한다.
>
> **❸** let me use / 나의 아버지는 내가 책들을 살 때 그의 신용카드를 쓰게 해주셨다.
>
> **❹** (to) find / 나는 그녀가 서점을 찾는 것을 도와주었다.

📖 Grammar Practice
pp.53-54

01 (1) 그는 세상을 알기 위해 외국에 갔다. / 부사적 용법 〈목적〉

(2) 나는 그가 시험에 떨어졌다는 것을 듣고 충격을 받았다. / 부사적 용법 〈감정의 원인〉

(3) 나는 잠이 깨서 아버지가 내 옆에 앉아 잠들어 계신 것을 발견했다. / 부사적 용법 〈결과〉

(4) 체중을 줄이려면 더 적게 먹고 더 많이 운동해야 한다. / 형용사적 용법 (「be + to부정사」〈의도〉)

(5) 그녀는 태평양을 횡단 비행한 최초의 사람이 되고 싶었다. / to be: 명사적 용법 〈목적어〉, to fly: 형용사적 용법 (명사 수식)

02 (1) kind enough to show / 그녀는 나에게 길을 가르쳐 줄 만큼 충분히 친절했다.

(2) to have been born / Nick은 2000년경에 프랑스에서 태어난 것 같다.

(3) to write on / 나는 메모를 해야 한다. 쓸 종이가 한 장 필요하다.

(4) for me to finish / 내가 내일까지 그 숙제를 끝내는 것은 불가능하다.

(5) run[running] away / 우리는 그 도둑이 대낮에 도망가는 것을 보았다.

03 (1) ⓒ / 너는 정오까지 네 방을 청소해야 한다.

(2) ⓓ / 완벽해지려면 계속 연습해라.

(3) ⓑ / 건강은 돈으로 살 수 없다.

(4) ⓐ / 그 비행기는 십 분 후에 이륙할 것이다.

04 (1) I was disappointed to have missed the party. / 나는 그 파티에 참석하지 못해 아쉬웠다.

(2) It is natural for them to want to go to the amusement park. / 그들이 놀이공원에 가고 싶어하는 것은 당연하다.

(3) I don't know how to open this bottle. / 나는 이 병을 어떻게 열어야 하는지 모르겠다.

(4) This exam is too difficult for me to answer all the questions. / 이 시험은 너무 어려워서 나는 모든 문제에 답할 수 없다.

(5) She seems to have lost my book last week. / 그녀는 지난주에 내 책을 잃어버린 것 같다.

05
> 나의 여동생은 입을 드레스가 하나도 없다.
> (형용사적 용법: 명사 수식)

① 버스로 그곳에 갈 다른 방법이 없다. (형용사적 용법: 명사 수식)

② Jen은 벼룩 시장에서 무엇을 팔지 내게 물었다. (명사적 용법: 의문사 + to부정사)

③ 그는 전 여자친구를 마주하게 되어 매우 당황했다. (부사적 용법: 감정의 원인)

④ 그 놀이터에서 단 한 명의 아이도 발견되지 않았다. (형용사적 용법: 「be + to부정사」〈가능〉)

⑤ 우리는 네가 그곳에 혼자 가는 게 불가능하다고 생각한다. (명사적 용법: 목적어)

06 ③ send → to send[sending] / Jack은 여동생이 그의 친구에게 소포를 보내게 했다.

⑤ for Amy → of Amy / Amy가 그런 관대한 제안을 하다니 친절하구나.

① 그들은 합창단이 아름다운 캐럴을 부르는 것을 들었다.

② 오후에 허기지지 않으려면 좀 더 먹으렴.

④ 그 자동차는 지난 주말에 고장 났던 것으로 보인다.

07 She was too angry to focus on her studies.

08 To choose the right path in life is not always easy.

📖 Grammar Practice ★수능문법★
p.55

01 ②　**02** ④

01 해석 사람들이 그들의 애완 물고기에 싫증을 느낄 때, 그들은 때때로 물고기를 놓아주기로 결심한다. 이것은 '수족관 폐기'라고 불리고, 그것은 끔찍한 생각이다. 토종이 아닌 물고기를 야생으로 방생하는 것은 전체 생태계를 교란시킬 가능성을 가진다. 그들은 토종 물고기를 먹거나 그들과 음식을 놓고 경쟁

할 수도 있다. 증가하는 개체 수를 확립하는 데는 단지 소수의 방생된 반려동물(물고기)만이 필요하다. 이것이 미국의 한 호수에서 일어난 일이다. 몇 마리의 금붕어가 그 호수 속으로 방생된 후, 그들은 증식하여 다른 물고기들의 먹이를 먹기 시작했다. 당신이 어떤 반려동물을 사기 전에, 환경을 해치지 않고 그것을 돌보기에 충분한 책임감이 있는지 확인하라.

해설 (A) It은 가주어이며 진주어로 to부정사(to establish)가 와야 한다.
(B) 몇 마리의 금붕어가 '방류되는' 것이므로 수동태가 되어야 한다.
(C) 문맥상 '충분한 보살핌'이 아니라 '충분한 책임감'이 있어야 하는 것이므로, 형용사 responsible 바로 뒤에 enough가 오는 것이 알맞다. enough는 「enough + 명사」, 「형용사 + enough to-v」의 형태로 사용된다.

02 해석 완벽주의자들은 그들의 기준을 너무 높게 설정하는 경향이 있어서, 그들은 종종 중요한 임무들을 결국 미루게 된다. 예를 들면, 완벽한 에세이를 쓰고자 하는 학생은 그 혹은 그녀가 어디에서부터 시작해야 할지 모르기 때문에 시작하는 것을 미룰 수도 있다. 이런 종류의 문제를 피하기 위해서는, 당신의 기준을 낮추는 것에서부터 시작해야 한다. 이것은 당신이 기준을 가지지 않아야 한다는 것을 의미하지 않는다. 그러나, 현실적인 기준을 가지는 것은 당신이 최선을 다하는 데 도움이 될 것이다. 다음으로, 체계적인 일정을 만들라. 당신의 프로젝트를 단계별로 나누고 각각의 단계에 사용될 시간의 양을 결정하라. 당신의 목표는 각 임무를 효율적으로 마치는 것이지, 각 임무를 완벽하게 만드는 것은 아니다. 마지막으로, 어떤 프로젝트가 가장 중요한지 선택함으로써 우선순위를 정하라. 모든 임무에 100퍼센트의 주의를 기울일 필요는 없다는 것을 기억하라.

해설 앞에는 be동사가, 뒤에는 명사구인 each task가 있으므로 주격보어 역할을 하는 명사적 용법의 to부정사(to complete)가 와야 한다.

Reading & Structure ★수능독해★ p.56

01 ③   02 ②   03 ②   04 ①

01 해석 당신이 돈을 투자한다면, '검은 백조들'을 알아야 한다. 검은 백조는 강력한 영향을 미치는 예기치 못한 사건이다. 그것이 발생한 후에, 사람들은 왜 그런 일이 발생했는지 설명하려고 한다. 그러나, 검은 백조는 무작위로 발생하기 때문에, 설명되거나 예측될 수 없다. 그렇다면, 당신이 아무것도 없는 것에서부터 다시 시작하도록 하며, 모든 돈을 잃는 것을 피하는

것이 가능한가? 그렇다! 당신이 검은 백조들로부터 당신의 돈을 보호할 수 있다면, 당신은 아마 성공적인 투자자가 될 것이다. 가장 중요한 것은, 예상치 못한 것에 대비하는 방법을 배워야 한다. 재정적인 예상은 종종 틀리기도 한다. 아무리 어떤 대상을 당신이 잘 안다고 해도, 다루어야 할 알 수 없는 것들이 언제나 있을 것이다. 그리고 주식 시장에는 그런 것들이 많이 나타나는 경향이 있다. 이것을 받아들여라, 그러면 검은 백조 사건이 발생할 때에도 당신은 놀라지 않을 것이다.

해설 투자에 성공하기 위해서는 '검은 백조'라 불리는 예상치 못한 강력한 사건에 대비하는 방법을 배워야 한다는 내용이므로 요지로 ③ '투자에 성공하려면 예측 불가능한 사건에 대비해야 한다.'가 가장 적절하다.

구문 [1-2행] A black swan is an unexpected event [that has a powerful impact].: [ ]는 선행사 an unexpected event를 수식하는 주격 관계대명사절이다.
[4-5행] So, is it possible / to avoid losing / all of your money, [forcing you to start again / from zero]?: [ ]는 부대상황을 나타내는 분사구문이다. / 「force + 목적어 + to-v」: '…에게 ~하도록 강요하다'
[7-8행] No matter how well you know a subject, there will always be unknowns to deal with.: 「no matter how」 '아무리 …할지라도' / to deal with은 unknowns를 수식하는 형용사적 용법의 to부정사이다.

02 해석 윌리엄 셰익스피어의 작품을 읽을 때, 얼마나 자주 법률 제도가 등장하는지 알아차리지 않기란 어렵다. 어떤 사람들은 셰익스피어가 법에 매우 관심이 많았기에 스스로 변호사라 여겼음에 틀림없다고 생각한다. 그리고 미국 사법 의견에 나타난 셰익스피어의 희곡 37편 모두와 관련하여 그 관심은 상호적인 것으로 보인다. (셰익스피어의 작품들은 전 세계의 현대와 문화에 맞게 지속적으로 각색되어 왔다.) 문학을 공부함으로써, 변호사들은 분명하고 논리적인 의견을 제시하는 방법을 배울 수 있다. 그러나 셰익스피어의 특별한 인기는 고급 문화의 상징으로서의 그의 지위에 의해 설명될 수 있을지 모른다. 그의 작품을 참조하는 것은 자신의 주장에 신빙성을 부여하는 것과도 같다. 그것은 또한 그의 작품이 대단히 유명하다는 사실 때문일지도 모른다. 영어를 사용하는 세계의 거의 모든 고학력자들은 그의 희곡 중 적어도 하나는 읽었다고 주장한다.

해설 셰익스피어의 작품과 법률 간의 상호적 관심에 대한 글로, 셰익스피어의 작품이 전 세계의 현대와 문화에 맞게 각색되었다는 내용의 ②는 글의 흐름과 무관하다.

구문 [1-2행] When (you are) reading the works of William Shakespeare, it's hard (for you) not to notice how often the legal system appears.:

when이 이끄는 부사절에서 「주어 + be동사」가 생략되었다. 주절의 주어가 it으로 서로 다름에도 생략된 이유는 it은 가주어이고 not to 이하가 진주어이며, 의미상의 주어는 for you이기 때문이다.

[2-3행] Some think that Shakespeare **must have been** a lawyer himself *to have been* so interested in the law.: 「must have p.p.」 '…했음에 틀림없다' (과거 사실에 대한 강한 추측) / to 이하는 to부정사의 부사적 용법으로 판단의 근거를 나타내며, '과거에 셰익스피어가 법에 매우 관심이 있었던 것'이므로 완료부정사가 사용되었다.

[4-5행] ..., / **with references to** all 37 of Shakespeare's plays [*having appeared* in American judicial opinions].: 「with references to …」 '…와 관련(참고)하여' / [ ]는 앞의 references to all 37 of Shakespeare's plays를 수식하며, 주절보다 이전의 일을 나타내기 때문에 현재분사의 완료형(having p.p.)이 사용되었다.

03 **해석** 누군가와 헤어진 후에, 여러분은 아무리 열심히 노력해도 그 사람을 여러분의 생각 속에서 몰아내는 것이 불가능하다는 것을 알게 될지도 모른다. 1980년대에, 한 심리학 교수가 그 원인을 설명하는 일련의 실험을 했다. 두 그룹의 참가자들에게 서로 다른 임무가 주어졌다. 첫 번째 그룹은 "앞으로 5분 동안, 백곰만을 생각하세요."라는 지시를 받았다. 한편, 두 번째 그룹은 5분 동안 백곰을 생각하지 않으려고 노력하라는 지시를 받았다. 결과는 놀라웠다. 백곰에 대해 생각하지 않으려고 노력한 사람들은 결국 다른 그룹보다 백곰에 대해 더 많이 생각하게 되었다. 후에 유사한 실험들에서 그 교수는 우울한 생각을 피하려고 노력하는 것은 실제로 슬프게 느끼려고 노력하는 것보다 사람들을 더 우울하게 만들 수 있다는 것을 발견했다. 분명히, 어떤 것에 대해 생각하지 않으려고 시도하는 것은 그것을 여러분의 머릿속에 머물러 있게 한다.

해설 어떤 것을 생각하지 않으려고 노력하면 노력할수록 오히려 더 생각난다는 내용이므로 ②가 가장 적절하다.
① 그것을 쉽게 잊도록 돕는다
③ 정신 건강을 유지해 준다
④ 문제를 더 빨리 풀게 한다
⑤ 더 중요한 것에 집중하지 못하게 한다

구문 [1-2행] After breaking up with someone, you might find **it** impossible [**to get** that person out of your thoughts, *no matter how* hard you try].: it은 가목적어이고 [ ]가 진목적어이다. / 「no matter how」 '아무리 …할지라도'

[6-7행] The people [**who** *tried not to think* about white bears] **ended up thinking** about them more than the other group.: [ ]는 The people을 수식하는 주격 관계대명사절이다. / 「try not to-v」 '…하지 않으려고 노력하다' / 「end up v-ing」 '결국 …하게 되다'

[8-9행] ..., the professor found / that *trying to avoid depressing thoughts* can **make people more depressed** than *actually trying to feel sad*.: 「make + 목적어 + 형용사」 '…을 ~하게 만들다' / actually trying … sad의 비교 대상은 that절의 주어인 trying … thoughts이다.

04 **해석** 당신은 유색의 눈을 본다면 놀라겠는가? 비록 눈 자체는 언제나 하얗지만, 때로 그것은 분홍색, 갈색, 파란색, 또는 초록색으로 보인다! 눈이 채색된 것처럼 보이는 가장 흔한 원인은 조류라고 불리는 아주 작은 식물의 존재 때문인데, 이것들은 다양한 색깔을 지니고 있다. 조류는 모든 식물 중에서 가장 단순하다. 그 중 대다수가 뿌리도 없고 줄기도 없다. 이 단순한 식물 중 일부는 공기 중에 산다. 눈이 내리면 공기 중의 조류는 눈과 함께 떨어져 내릴 수 있다. 그 식물은 너무나 작아서 단독으로는 보이지 않는다. 단지 그 색깔만 보인다. 이 때문에 조류를 포함한 눈이 때때로 색깔을 바꾼 것처럼 보인다.

해설 흰 눈이 유색으로 보이는 원인에 대해 설명하고 있는 글로 ① '왜 흰 눈이 유색으로 보이는가'가 제목으로 적절하다.
② 유색의 눈: 식물의 적
③ 추운 날씨가 눈의 색을 어떻게 변화시키는가
④ 당신의 정원을 아름다운 유색의 눈으로 장식하라
⑤ 겨울 조류: 눈 속에서 자라는 특별한 식물

구문 [2-3행] The most common cause of snow [**that** seems colored] is very small plants *called algae*, **which** have various colors.: [ ]는 주격 관계대명사절로 선행사 snow를 수식한다. / called algae는 very small plants를 수식하는 과거분사구이다. / which는 algae를 부연설명하는 계속적 용법의 주격 관계대명사이다.

[4행] Many of them have **neither** roots **nor** stems.: 「neither A nor B」 'A도 아니고 B도 아닌'

０６ 동명사

1 동명사의 기본 용법   p.58

1 독서는 당신의 어휘력을 높여준다.
2 일주일 안에 그 일을 끝내는 것은 불가능할 것이다.
3 음악 듣는 것을 좋아하니?
4 우리는 일요일마다 야구하는 것을 즐긴다.
5 그의 아들은 외국어를 배우는 것에 관심이 있다.
6 패션은 우리의 개성을 표현하는 정말 좋은 방법이다.
7 Jay의 직업은 고객 전화를 응대하는 것이다.
8 그녀의 취미 중 하나는 공포 영화를 보는 것이다.
9 애완동물을 기르는 것은 어린이들에게 좋다.

1 min. check up ✅

❶ Reading / 교실에서 만화책을 읽는 것은 허용되지 않는다.
❷ driving / 나는 런던에서 운전하는 것에 익숙하지 않다.
❸ going / Julie는 콘서트에 갈 생각에 흥분해 있다.
❹ sleeping / 나는 어제 침낭에서 잤다.

2 동명사의 의미상의 주어·시제·수동태·부정   p.59

1 그는 1등상을 타리라고는 생각하지 않았다.
2 초대에 응해 주셔서 감사합니다.
3 운전 중에 휴대전화를 사용하는 것은 매우 위험할 수 있다.
4 나는 그가 규칙적으로 운동해야 한다고 주장한다.
5 그들은 이것이 사실이라는 점에 의심이 없었다.
6 나는 가난한 것이 부끄럽다.
7 그는 체포될까 봐 두려워한다.
8 나는 가난했던 것이 부끄럽다.
9 나는 가난했었던 것이 부끄러웠다.
10 그는 환자 취급받는 것을 싫어한다.
11 그들은 일주일 동안 야근한 것에 대해 불평했다.
12 그의 신발은 수선해야 한다.
13 고전문학은 읽을 만하다.
14 회의에 참석하지 못해서 죄송합니다.

1 min. check up ✅

❶ her being / 나는 그녀가 정직한 것이 자랑스럽다.
❷ having stolen / 그는 돈을 훔쳤던 것을 인정했다.

3 동명사와 to부정사를 목적어로 취하는 동사   pp.60-61

1 Brian은 가족과 함께 여행을 다니는 것을 즐긴다.
2 우리 아버지는 담배를 끊으려고 애쓰고 계신다.
3 그는 세차를 끝냈다.
4 문을 닫아도 될까요?
5 그들은 날이 맑아질 때까지 벼룩시장을 여는 것을 연기했다.
6 너에게 조만간 이메일을 받기를 기대해.
7 그녀는 경제학을 전공하는 것을 선택했다.
8 James는 영국에서 유학하기로 결정했다.
9 그는 내일 소풍을 가기로 계획했다.
10 그녀는 수업에 늦지 않겠다고 약속했다.
11 Kevin은 중국 음식을 먹는 것을 좋아한다.
12 나는 붐비는 장소에 가는 것을 싫어한다.
13 그녀는 9살 때 바이올린을 연주하기 시작했다.
14 Mathew는 2012년에 퇴직할 때까지 그 회사에서 계속 일했다.
15 우리는 이야기를 멈추고 방을 나왔다.
16 우리는 커피를 사기 위해 멈추었다.

1 min. check up ✅

❶ to sell / 우리 형은 자신의 오토바이를 팔기로 결정했다.
❷ eating / Nora는 너무 많은 설탕을 섭취하는 것을 피한다.
❸ watching[to watch] / 내 친구들은 공상 과학 영화를 보는 것을 선호한다.
❹ writing / 그는 일기를 다 쓴 후, 잠자리에 들었다.

17 내가 그 가게에 있을 때는 너를 위한 선물을 살 것을 기억하고 있었다.
18 나는 지난 성탄절에 너를 위해 저 선물을 샀던 것을 기억한다.
19 외출할 때 불을 끄는 것을 잊어서는 안 된다.
20 나는 브루클린 다리를 걸어서 건넌 것을 결코 잊지 않을 것이다.
21 Victoria는 수업에 적극적으로 참여하려고 노력했다.
22 가끔 시험 삼아 새로운 무언가를 해 보는 것이 좋다.
23 그 파티에 갈 수 없다고 말하게 되어 유감이다.
24 그녀는 이 집을 산 것을 후회한다.

1 min. check up ✅

❶ 네 삼촌이 오늘 아침 돌아가셨다고 말하게 되어 유감이다.
❷ 많은 사람들이 그 산을 오르려고 노력하지만, 많은 이들이 성공하지 못한다.
❸ 너 지난달에 너의 조부모님께 방문했던 걸 벌써 잊었니?
❹ 나는 그녀가 처음으로 TV에 출연했을 때 그녀를 본 것을 기억한다.

4 동명사의 관용 표현　　p.62

1 나를 보자마자 그녀는 내 이름을 불렀다.
2 그 결과 때문에 화를 내도 소용없다.
3 이런 폭설에 운전하는 것은 불가능하다.
4 그들은 만날 때마다 싸운다.
5 Sophia는 그를 비난하지 않을 수 없었다.
6 너는 이 요리를 맛보고 싶니?
7 나는 줄 서서 기다리고 싶지 않다.
8 그 책은 읽을 가치가 있다.
9 나는 새 카메라를 사느라 매우 많은 돈을 썼다.
10 그녀는 온라인상에서 친구와 채팅하느라 바쁘다.
11 그들은 겨울마다 스노보드 타러 가는 것을 좋아한다.
12 어떤 것도 내가 너를 사랑하지 못하게 할 수 없다.
13 그는 부산행 기차를 예매하는 데 어려움을 겪었다.

1 min. check up ✓

❶ eating / 나는 즉석식품을 먹고 싶지 않다.
❷ watching / Michael의 새 영화는 볼 가치가 있다.
❸ laughing / Sunny는 그 광경을 보고 웃지 않을 수 없었다.
❹ telling / 내가 언제 너와 함께 거기에 있게 될지 말하는 것은 불가능하다.

🔷 Grammar Practice　　pp.63-64

01 (1) repairing / 그 컴퓨터는 수리가 필요하다.
(2) building / 그들은 병원 신축을 미뤘다.
(3) reading /
우리는 당신의 다음 소설을 정말로 읽고 싶습니다.
(4) Living /
외국에서 한 달 동안 살아보는 것은 멋진 경험이다.

02 (1) catching → being caught / 그는 경찰에 잡힐까 봐 두려웠다.
(2) prepare → preparing / 나는 집에서 스스로 저녁식사를 준비하는 것에 익숙하다.
(3) to meet → meeting / 오래전 일이라, 나는 그녀를 만났던 것을 잊었다.
(4) to persuade → persuading / 나는 그가 그 일을 하기 원했지만, 그를 설득하는 것을 포기했다.
(5) to invest → investing / 그 회사는 파산했다. 나는 그곳에 그렇게 많은 돈을 투자한 것을 후회한다.

03 (1) having kept / 당신을 계속 기다리게 해서 미안합니다.

(2) On[Upon] / 그 소식을 듣자마자 그는 창백해졌다.
(3) my[me] going / 그녀는 내가 거기에 가야 한다고 주장했다.
(4) no, telling / 그에게 진실을 이야기해도 소용없다.

04 (1) asking a question
(2) couldn't help hearing[couldn't but hear]
(3) not being able to
(4) object to building

05 ② help → helps / 많은 책을 읽는 것은 내가 더 나은 점수를 얻게 도와준다.
① 내일까지 저 소포들을 보내는 것은 불가능하다.
③ 네 차를 운전하는 대신에 대중교통을 타라.
④ 그는 저 회사에 지원할 때마다 거절당한다.
⑤ 비록 비가 오는 날이지만 우리는 산에 오르기로 했다.

06 ①

• 나는 저 스포츠카를 살 만한 여유가 없다.
• 큰 소리로 통화하는 것을 멈춰 주시겠어요?
• 그녀는 동계 올림픽에서 금메달을 따려고 노력할 것이다.

07 I spent too much time solving this problem.

08 I remember buying this book last year at that bookstore.

🔷 Grammar Practice ★수능문법★　　p.65

01 ①　02 ④

01 해석　스마트폰은 일상생활의 주요한 부분이 되어서 우리 중 많은 사람들은 스마트폰이 없던 삶은 거의 기억하지 못한다. 그것들은 쇼핑하는 것, 정보를 공유하는 것, 그리고 전세계 사람들과 지속적인 연락을 하는 것을 쉽게 해준다. 그러나, 이 현대적 집착의 한 가지 부작용은 우리가 종종 우리의 삶을 사는 것을 잊어버린다는 것이다. 우리는 스마트폰을 붙들고 수많은 시간을 보내며, 가끔 우리는 그저 그것들을 만지작거리지 않을 수가 없다. 더욱이, 우리 중 많은 사람들은 끊임없이 연결되어 있는 상태에 너무나 익숙해져서 결국 우리의 실제 관계를 망치게 된다. 친구들과 가족 구성원들과 사교 모임에서 양질의 시간을 보내는 대신에, 스마트폰 중독자들은 그들을 맞이하자마자 그들의 스마트폰을 보기 시작한다. 현대를 위한 일체형 도구로서 스마트폰이 얼마나 소중해졌는지 아무도 의심하지 않는다. 그럼에도, 우리는 이 혁명적인 장치들이 우리의 생활에 미치고 있는 부정적인 영향에 대해 생각해야 한다.

해설 (A) 스마트폰에 대한 집착이 우리가 삶을 '살았던' 것을 잊어버리는 것이 아니라 '살' 것을 잊어버린다는 것이므로, 미래의 의미를 가진 to부정사가 와야 한다.
「forget to-v」(미래에) …할 것을 잊다」/
「forget v-ing」(과거에) …한 것을 잊다」
(B) 「cannot help v-ing」 '…하지 않을 수 없다'
(= cannot (help) but + 동사원형)
(C) 전치사 upon의 목적어로 동명사가 와야 한다.

02 해석 '아동중심 육아'는 아이의 욕구와 소망을 우선시하는 양육 방식이다. 그것은 아이들이 스스로 선택을 할 수 있는 안전하고 존중받는 환경을 만드는 것을 포함한다. 이것은 그들에게 책임지는 것을 가르치고 그들이 문제 해결을 배우도록 돕는다. 그러나, 비평가들은 이러한 유형의 환경에서 길러진 아이들이 그들의 방식을 계속해서 갖는 데 익숙해진다고 지적했다. 아이들이 완전한 선택의 자유를 받는 것에 익숙해질 때, 그들은 실망에 대처하는 것에 능숙하지 않고, 그들은 쉽게 화를 낼 수 있다. 아이 중심의 부모들은 경계와 한계를 정하지 않지만, 아이들은 한계를 필요로 하고 사실상 원한다고 비평가들은 말한다. 한계와 경계를 시행함으로써, 부모들은 실제로 아이들에게 그들의 사랑을 보여주고 그들에게 적절한 지침을 제공한다고 이 비평가들은 주장한다.
해설 be (not) good at 다음에는 전치사 at의 목적어 자리이므로 동명사 dealing이 되어야 한다.

📖 Reading & Structure ★ 수능독해 ★   p.66

01 ⑤   02 ①   03 ④   04 ④

01 해석 Michael Kearney는 생후 6개월 만에 문장 단위의 말을 시작했던 천재이다. 내이(內耳)에 생긴 문제로 그의 어머니가 그를 병원에 데리고 갔을 때, 그가 '실은요, 제 왼쪽 귀에 염증이 있어요.'라는 말을 해서 의사를 놀라게 했다. Michael이 4살 때에는, 시험 공부를 하지 않고도 객관식 진단평가에서 만점을 받았다. 그는 5살 때까지 집에서 그의 어머니로부터 가르침을 받은 뒤에 고등학교에 입학했고, 일 년 후에 졸업했다. 그는 과학자가 되겠다는 희망을 품고 이학사 학위를 따기위해 공부했으며, 10살 때 남부 알라바마 대학교를 졸업했다. Michael은 학사 학위를 받고 졸업한 가장 어린 사람이었다. 1998년에 그는 중부 테네시 주립 대학교에서 생화학 석사 학위를 취득했으며, 16살 때에는 대학에서 가르치기 시작했다.
해설 학사 학위는 남부 알라바마 대학교에서, 석사 학위는 중부 테네시 주립 대학교에서 취득했다.
구문 [3-5행] ..., he achieved a perfect score

on a multiple-choice diagnostic test without **having studied** for it.: 공부를 하지 않은 것이 시험에서 만점을 받은 것보다 이전에 일어난 일이므로 동명사의 완료형이 사용되었다.

02 해석 많은 사람들이 프리랜서인 것이 돈을 버는 재미있고 쉬운 방법인 것 같다고 생각한다. 하지만 디자인을 하든, 글을 쓰든 혹은 컨설팅을 하든 간에, 프리랜서로 일하는 것은 단순히 즐기는 것보다 훨씬 더 많은 일을 하는 것을 의미한다. 만약 프리랜서가 되는 것에 대해 생각하고 있다면, 장기적으로 생각할 수 있어야 한다. 성공하기 위해서는 향후 10년, 20년 혹은 심지어 30년 간의 사업 전략 계획을 고려하라. 프리랜서의 세계에서, 어디에서 교육을 받았는지나, 얼마나 많은 경력을 가지고 있는지는 중요하지 않다. 자신의 특별한 기술과 그것들을 어떻게 사용할 수 있는지를 인식하지 못한다면, 여러분을 고용하여 돈을 지급할 만한 가치가 있음을 의뢰인들에게 확신시키는 데 어려움을 겪게 될 것이다.
해설 프리랜서로 일하는 것이 생각만큼 쉽지 않다는 내용이므로 ① '프리랜서인 것의 어려운 현실'이 주제로 적절하다.
② 미래지향적인 최고의 직업들
③ 왜 프리랜서를 고용하는 것이 기업들에게 돈을 절약하게 하는가
④ 왜 멀티태스킹이 프리랜서의 필수적인 기술인가
⑤ 프리랜서로 일하는 것과 컨설팅의 차이점
구문 [2행] But **freelancing**—*whether it's designing, writing,* or *consulting*—means doing ....: 동명사 freelancing이 문장의 주어이며, means가 동사이다. /「whether A or B」는 'A이든 B이든'의 뜻을 지닌 양보의 부사절로 주어와 동사 사이에 삽입되었으며, 세 개의 동명사 designing, writing, consulting이 등위접속사 or로 병렬 연결되어 있다.
[7-8행] ..., you will **have trouble convincing** clients that you *are worth hiring* and *paying*.: 「have trouble v-ing」 '…하는 데 어려움을 겪다' /「be worth v-ing」는 '…할 가치가 있다'는 의미로 동명사 hiring과 paying이 등위접속사 and로 병렬 연결되어 있다.

03 해석 미국인들이 가장 존경하는 대통령 중 두 사람은 George Washington과 Abraham Lincoln인데, 그 두 사람 모두 절대로 거짓말을 하지 않은 것으로 존경을 받는다. (C) 그에 반해서, 많은 미국인들은 Richard Nixon 대통령을 부정직한 대통령으로 기억하는데, 이는 그가 미국 국민들에게 거짓말을 했기 때문이다. 1972년에 있었던 대통령 선거 기간 동안, 강도들이 민주당 본부에 침입했다. (A) 그들은 공화당

이 민주당원들의 계획을 알아낼 수 있도록 도청 장치를 설치하려고 시도하다가 붙잡혔다. 그 당시 Nixon은 공화당에 소속되어 있었는데, 이 계획에 대해서 아는 것이 없다고 주장했다. (B) 하지만, 후에 그가 거짓말을 했다는 사실이 입증되었고, 이 사건은 많은 미국 국민들을 실망시켰다. 그 결과, 그는 미국에서 정치적 지지를 잃고, 결국 사임하도록 강요받게 되었다.

해설 (C) 거짓말을 하지 않은 것으로 국민들에게 존경을 받은 두 대통령과 반대로 Richard Nixon 대통령은 거짓말을 했고, (A) 선거 기간 동안 민주당 본부에 침입했던 강도들이 체포되었고 Nixon은 이에 대해 아는 바가 없다고 주장했으나, (B) 결국 거짓말임이 드러나 사임을 강요받게 되었다는 순서로 글이 이어지는 것이 자연스럽다.

구문 [3-4행] They were caught **attempting** to plant listening devices *so that* the Republican Party *could* party out the Democrats' plans.: attempting은 주격보어의 역할을 하는 현재분사로 주어를 부연설명하고 있다. / 「so that + 주어 + could[would]」 '…가 ~하도록'

[6행] ..., **it** was later proven [**that** he *had lied*], ...: it이 가주어, [ ]이 진주어이다. / 그가 거짓말을 한 것이 그것이 증명된 것보다 먼저 일어난 일이므로 과거완료(대과거)를 썼다.

04 해석 땀은 피부의 분비선에서 만들어지는 맑고 소금기 있는 액체이다. 대개 사람들은 덥거나 운동 중에 많은 땀을 흘리는데, 왜냐하면 땀이 증발하면서 몸을 시원하게 하기 때문이다. 게다가 흡연을 하거나 긴장을 하면 더 많은 양의 땀이 생성된다. 땀은 건강에 심각한 문제가 있는지를 우리에게 말해 줄 수도 있다. 너무 많이 땀을 흘리는 것뿐만 아니라 너무 적게 흘리는 것도 우려의 원인이 될 수가 있는데, 왜냐하면 땀의 부족은 과열로 이어질지도 모르기 때문이다. 그러나 땀은 또한 사람들을 불쾌하게 할 수도 있다. 때때로 땀은 피부, 특히 팔 아래의 세균과 섞여, 불쾌한 냄새를 유발한다. 이것을 방지하려면, 반드시 자주 목욕을 해라. 냄새 제거제를 바르는 것도 냄새를 억제하는 데 도움을 주기 때문에 가끔 효과적일 수 있다.

해설 (A) 앞에서 덥거나 운동 중에 땀을 많이 흘린다고 했고 '게다가'라는 연결사가 이어지므로, 흡연을 하거나 긴장을 하면 '더 많은' 양의 땀이 생성된다고 하는 것이 적절하다. (lesser: 더 적은)

(B) 앞에서 땀을 너무 많이 흘리는 것뿐만 아니라 너무 적게 흘리는 것도 우려의 원인이 될 수 있다고 했으므로, 땀의 '부족'이 과열로 이어질지도 모른다고 하는 것이 적절하다. (wealth: 풍부한 양)

(C) 냄새 제거제를 '바르는 것'이 효과적일 수 있다고 하는 것이 적절하다. (adopt: 택하다, 차용하다)

구문 [4-6행] Sweating too little **as well as** too much can be a cause for concern, *since* a lack of it may lead to overheating.: 「A as well as B」 'B 뿐만 아니라 A도' / since는 이유를 나타내는 접속사이다.

[7-8행] ..., sweat mixes with bacteria on the skin, especially under the arms, **causing** it to **develop** an unpleasant odor.: causing 이하는 결과를 나타내는 분사구문이다. / 「cause + O + to-v」 '…가 ~하는 것을 유발하다'

[8행] **To prevent** this, be sure to bathe often.: To prevent는 목적을 나타내는 부사적 용법의 to부정사이다. / 「be sure to-v」 '반드시 …해라'

07 분사

1 분사의 용법 1 – 명사 수식   p.68

1 영어를 배우고 싶어 하는 남자
2 끓고 있는 물
3 잠긴 문
4 낙엽
5 그것은 Jason에게 놀라운 제안이었다.
6 Allen은 놀란 표정을 지었다.
7 뉴욕은 흥미진진한 도시이다.
8 구급차가 부상당한 사람을 병원으로 데려갔다.
9 사무실에 가장 먼저 오는 사람이 항상 창문을 연다.
10 교사들은 종종 학생들에게만 알려진 별명을 가지고 있다.

1 min. check up ✔

❶ staring / 너를 응시하는 저 여자는 누구니?
❷ broken / Grace는 부러진 다리 때문에 소풍을 가지 못했다.
❸ embarrassing / 그것은 내 인생에서 가장 창피한 순간이었다.

2 분사의 용법 2 – 보어   p.69

1 그는 만화책을 읽으며 누워있었다.
2 Patrick은 벤치에 기타를 치며 앉아 있었다.
3 그 살인 사건은 해결되지 않은 채 남아 있다.
4 Janet은 여행으로 지친 것처럼 보였다.
5 그녀는 나를 한 시간 동안 기다리게 했다.

6 문을 닫아 두어라.

7 나는 네가 트랙을 뛰는 것을 보았다.

8 나는 가장 친한 친구가 내 별명을 부르는 것을 들었다.

9 나는 우편물이 새집으로 배송되도록 했다.

10 그는 눈 검사를 받았다.

11 나는 그녀가 길을 건너는 것을 보았다.

12 나는 그 수리공이 나의 차를 점검하게 했다.

13 어머니는 내가 설거지를 하게 했다.

1 min. check up ✅

❶ shined / 나는 내 구두가 광이 나게 했다.

❷ interesting / 우리는 그 영화가 흥미롭다는 것을 알게 되었다.

❸ play[playing] / 그녀는 누군가가 바이올린을 연주하는 것을 들었다.

❹ laughing / 그는 재미있는 복장으로 우리를 계속 웃게 했다.

3 분사구문   p.70

1 하이킹을 하자, 그의 기분은 상쾌해졌다.

2 쇼가 시작하기를 기다리면서, 그는 소책자를 읽었다.

3 숙제를 끝마친 후에, 나는 영화를 보러 나갔다.

4 열심히 공부해서, 그녀는 자신이 원하는 대학에 입학했다.

5 어둠 속에 홀로 남겨지자, 그녀는 겁에 질렸다.

6 덤불에 가려져 있어, 무덤은 쉽게 발견되지 않는다.

7 그녀의 팔을 다쳤기 때문에, 그녀는 병원에 있었다.

8 독일에서 자랐기 때문에, 그는 독일인 친구가 많다.

9 자신의 기량에 자만해, 그는 열심히 일하지 않았다.

10 많은 학생들에게 읽혀져서, 그 도서관의 책들은 낡았다.

1 min. check up ✅

❶ Seeing / 그 사진들을 봤을 때, 나는 거의 기절할 뻔했다.

❷ Having hurt / 팔을 다쳐서 나는 야구를 할 수 없었다.

❸ (Having been) Treated / 그녀는 부당하게 대우받았기 때문에, 상사에게 불평했다.

4 분사구문의 의미   p.71

1 길을 걷다가 나는 옛 친구를 만났다.

2 저녁 식사를 마친 후에 우리는 산책을 했다.

3 그녀와 이야기하면서 나는 그녀를 자세히 보았다.

4 시간이 없어서, 우리는 서둘러야 했다.

5 컴퓨터를 오랫동안 쳐다보아서, 나는 매우 피곤했다.

6 어린 소녀는 큰 소리로 울면서 문을 두드렸다.

7 이 기차는 오후 2시에 출발하고 오후 9시에 런던에 도착한다.

8 오른쪽으로 돌아가면 당신의 왼편에 버스 정류장이 있을 것입니다.

9 학교 근처에 사는데도 불구하고, 여전히 그는 종종 수업에 늦는다.

1 min. check up ✅

❶ 밝게 웃으며, 그녀는 나를 향해 달려왔다.

❷ 열심히 운동하지만, 나는 여전히 살이 찌고 있다.

❸ 태풍이 도시를 강타해서, 큰 피해를 발생시켰다.

❹ 내 여동생을 다시 한 번 더 보면, 너는 그 아이를 이해하고 좋아하게 될 거야.

❺ 수년간 집에서 떨어져 있어서, 나는 가족들이 몹시 그리웠다.

5 기타 주의할 분사구문   p.72

1 그녀는 머리를 바람에 흩날리며 가만히 서 있었다.

2 나는 눈을 감은 채로 그 문제에 대해 생각하고 있었다.

3 입에 음식물을 가득 넣은 채 말을 해서는 안 된다.

4 아기는 문을 열어둔 채 자고 있었다.

5 무엇을 해야 할지 몰라서, 나는 친구에게 도움을 요청했다.

6 전에 외국에 나가본 적이 없어서, 나는 여행 준비를 많이 했다.

7 시험이 끝난 후[끝나서], 우리는 소풍을 가기로 했다.

8 날씨가 너무 추워서, 나는 옷을 더 입었다.

9 일반적으로 말해서, 여자가 남자보다 더 오래 산다.

10 하늘이 흐린 것으로 판단하건대, 비가 올 것 같다.

11 너의 능력을 고려하면, 너는 틀림없이 잘했을 것이다.

1 min. check up ✅

❶ with my radio turned on / 나는 라디오를 켜둔 채 잠이 들었다.

❷ Today being my birthday / 오늘은 내 생일이라서 하루 쉬려고 한다.

❸ My presentation having been good / 내 발표가 훌륭했어서 문학 선생님은 나에게 A를 주셨다.

❹ Not understanding what she said / 그녀가 하는 말을 이해하지 못해서 그는 침묵을 지켰다.

01 (1) waiting / 당신을 계속 기다리게 해서 미안합니다.

(2) disappointing / 그 축제는 매우 실망스러웠다.

(3) repaired / 나는 지난주에 컴퓨터를 수리했다.

(4) broken / 조심해! 해변에 깨진 병들이 있어.

(5) known / 그의 이름은 전 세계적으로 알려졌다.

02 (1) Excite → (Being) Excited / 그녀를 볼 생각에 흥분되어, 그는 어젯밤 한숨도 잘 수 없었다.

(2) get → getting[having gotten] / 날씨가 점점 나빠져서, 파티는 연기되어야 했다.

(3) inviting → invited / 파티에 초대된 유명인사들은 리무진을 타고 올 것이다.

(4) Seeing → (Being) Seen / 위에서 보니, 거리의 모든 사람들이 작은 개미처럼 보인다.

(5) crossing → crossed / 교수님은 그의 다리를 꼰 채로 내가 하는 말에 귀를 기울이셨다.

03 (1) Sora being absent / 소라가 빠졌기 때문에 나는 추가로 할 일이 있었다.

(2) Not knowing her phone number / Mike는 그녀의 전화번호를 몰라서 그녀에게 문자 메시지를 보내지 못했다.

(3) Told to leave / 떠나라는 말을 들었기 때문에 그녀는 즉시 방에서 나와야 했다.

04 (1) Drinking a cup of coffee / 커피 한 잔을 마시면서[마시는 동안], 나는 치즈케이크 한 조각을 먹었다.

(2) It being rainy today / 오늘 비가 내려서, Sandy는 그녀의 우비를 입고 있다.

05 (1) Never having visited

(2) fascinating   (3) impressed

(4) bored   (5) Speaking

> 이전에 로마를 가본 적이 없어서, 나는 가족을 거기에 데려가게 되어 매우 신이 났었다. 우리는 그 도시를 여행하는 것이 흥미롭다는 것을 알게 되었다. 남편과 나는 역사적 기념물에 깊은 감명을 받았지만, 역시나 아이들은 꽤 빨리 지루해 보이기 시작했다. 아이들은 상점에 더 관심이 있었다. 그 상점들에 관해 말하자면, 나는 그곳에서 친구들을 위해 많은 기념품들을 샀다.

06 ④ Using → (Having been) Used / 오랫동안 사용되어서 이 스마트폰은 잘 작동하지 않는다.

① 우리는 그 바나나가 썩은 것을 알았다.

② 그들은 모두 그 감동적인 영화를 보았다.

③ 공원에서 달리고 있는 어린 소년을 본 적 있나요?

⑤ 도로 상황을 고려하면 너는 집에 머물러야 한다.

07 He was sitting with his arms crossed.

08 Not[Never] remembering my password, I contacted the administrator.

01 ④   **02** ④

01 해석 어느 날 아침, 여우는 까마귀 양이 나무에 앉아 그녀의 부리로 커다란 치즈 조각 하나를 잡고 있는 것을 보았다. "좋은 아침이에요," 그가 말했다. 까마귀 양은 여우를 보았지만, 그녀는 부리를 꽉 닫은 채로 있었다. "당신은 오늘 사랑스러워 보여요." 여우는 계속했다. 안 들리는 체하면서, 까마귀 양은 사실 귀를 잔뜩 기울이고 있었다. 감탄하며 그녀를 올려다보면서 여우는 계속했다. "제가 당신의 아름다운 목소리를 들을 수 있으면 좋을 텐데!" 자부심에 가득 차서, 까마귀 양은 그녀의 부리를 열었고 노래를 부르기 시작했다. 그러나 여우는 치즈를 바로 잡아채서 그의 아침 식사를 가지고 달아나 버렸다.

해설 (A) 문맥상 치즈를 들고 있는 것이 여우가 아닌 까마귀여야 자연스러우므로, 등위접속사 and에 병렬 연결되는 것이 과거동사가 아닌 현재분사 형태가 적절하다.

(B) keep의 목적어(her beak)와 목적격보어(close)가 수동 관계이므로 과거분사가 와야 한다.

(C) 부사절의 시제와 주절의 시제가 같으므로 분사구문의 수동형 기본시제 「(being) p.p.」의 형태가 와야 한다.

02 해석 전기 차의 주요 장점은 연료를 절약하고 배출량을 줄이고 조용히 달리는 것이다. 그러나 하이브리드와 전기 차의 인기가 증가하면서, 심각한 안전 문제가 더 명확해지고 있다. 보행자들과 자전거 운전자들은 특히 느리게 움직이는 교통 속에서 전기 차들이 오는 소리를 들을 가능성이 낮다. 이 문제를 고려하여 미국은 한 법을 도입하였는데, 모든 전기 차들이 낮은 속도로 운전하는 동안에 분간할 수 있는 소리를 내도록 요구하는 것이다. 한 가지 다뤄져야 할 문제는 전기 차 소리에 기준이 없다는 것이다. 어설프게 시행된다면, 각 자동차 제조업자들이 그들만의 독특한 소리를 선택해서 도로에 혼란을 야기시킬 수 있다. 2019년에 발효될 예정이었던 그 새로운 법은 2020년 9월부터 시행될 것이다. 그러나, 기준들이 논의되면서 시행이 지연될지도 모른다.

해설 법이 '시행되는' 것이므로 분사구문의 수동형인 (Being) Implemented가 와야 한다.

01 ② 02 ⑤ 03 ② 04 ④

01 해석 나는 객실들을 급히 다니면서 기차에 의사가 타고 있는지 물었다. 마침내 의사를 한 명 찾아냈고 황급히 그를 바닥에 누워 있는 남자에게 데려갔다. 나는 그 남자를 복도에서 발견했다고 설명했다. 그 남자가 중태임을 알아채고 나는 그를 누워 있게 했었다. 의사는 그 남자의 옷깃을 풀고, 진찰을 한 후에 그 남자를 병원으로 옮겨야 한다고 알렸다. 그 말을 듣자마자 역무원이 그 급행열차는 멈출 수 없다고 말했다. 그러는 동안에 그 남자는 계속 신음소리를 냈고 그의 상태는 점점 악화되어갔다.

해설 hurried through car after car, seriously ill, kept groaning, got worse 등의 어구에서 'I'가 아픈 남자를 ② '걱정하고' 있음을 알 수 있다.

① 지루한 ③ 안심한 ④ 즐거운 ⑤ 실망한

구문 [3-4행] **Finding** that he was seriously ill, I had made him lie down.: Finding 이하는 원인을 나타
<u>사역동사 목적어 원형부사</u>
내는 분사구문이다.

[5-6행] **On hearing** this, a train employee said that the express train ....: 「on[upon] v-ing」 '…하자마자'

02 해석 남북 전쟁 중, Lincoln은 스프링필드에 있는 옛 친구에게 워싱턴으로 와 줄 것을 부탁하기 위해 편지를 썼다. Lincoln은 그와 의논하고 싶은 문제들이 있다고 했다. 그 옛 이웃은 백악관으로 찾아왔고 Lincoln은 그에게 노예를 해방시키는 것에 관해 얘기했다. 몇 시간에 걸쳐 이야기한 후, Lincoln은 그의 옛 친구와 악수를 하고 어떠한 질문도 하지 않고는 그를 스프링필드로 돌려보냈다. Lincoln이 혼자서 모든 이야기를 다 했던 것이다. 그것이 그의 마음을 정리해 주는 것 같아 보였다. "이야기를 한 뒤 그는 편안해 하는 것 같았죠."라고 그 옛 친구는 훗날 말했다. Lincoln은 정말로 조언을 원했던 것이 아니었다. 그는 단지 다정하고 따뜻한 마음으로 이야기를 들어주는 사람을 원했던 것이다. 그것이 곤경에 처할 때 우리 모두가 원하는 것이다.

해설 곤경에 처할 때 다정하고 따뜻한 마음으로 이야기를 들어주는 사람을 원한다는 내용이므로 요지로 ⑤가 가장 적절하다.

구문 [4-5행] ... sent him back to Springfield **with no questions asked**.: 「with + 목적어 + 분사」 구문으로 목적어와 분사가 수동의 관계에 있으므로 과거분사가 사용되었다.

[8행] That's **what**(= the thing which) we all want / when we are in trouble.: 선행사를 포함한 관계대명사 what 이하가 주격보어 역할을 하며, what은 the thing which로 바꿔쓸 수 있다.

03 해석 황제펭귄은 그 어떤 다른 종의 펭귄이 사는 환경 가운데서도 가장 추운 환경에 있다. 모든 펭귄은 차가운 물속에서도 그들을 따뜻하게 해주도록 고안된 두꺼운 깃털의 층을 가지고 있다. 이 층은 열이 물속에서 얼마나 빨리 손실되는지 생각한다면 필수적이다. (펭귄들의 짧은 날개는 그들이 바다를 재빠르게 수영하게 해준다.) 황제펭귄은 다른 펭귄들보다 몸집이 더 크기 때문에, 보다 많은 열을 비축할 수 있다. 그들은 또한 발과 날개로 보내는 혈액의 흐름을 조절하는데, 그 결과 열 손실을 줄이고 몸 전체를 따뜻하게 유지한다. 그리고 겨울에 황제펭귄들은 보온을 위해 가까이 모여 무리를 짓는다.

해설 황제펭귄이 추운 환경에서 보온을 유지하는 방법에 대해 설명하는 글로, 짧은 날개가 펭귄들이 빠르게 수영할 수 있게 해준다는 내용의 ②는 글의 흐름과 무관하다.

구문 [6-7행] ... to their feet and wings, **reducing** heat loss *and* **keeping** their bodies warm.: 결과를 나타내는 분사구문 reducing heat loss와 keeping their bodies warm이 접속사 and로 병렬 연결되어 있다.

04 해석 사람들은 가끔씩 느껴지는 슬픈 감정을 설명하는 데 "우울증"이라는 용어를 사용하면서 그 용어를 종종 잘못 사용한다. 실제로, 우울증은 많은 원인을 가진 심각한 질병이다. (C) 우울증을 경험하는 대부분의 사람들은 즐거운 기분이 들게 하는 세로토닌과 도파민을 적게 가지고 태어난다. 그 결과, 그들은 안정적인 사람들을 행복하게 하는 것에서는 행복을 경험하지 못한다. (A) 약물 남용은 우울증의 또 다른 가능성이 있는 원인이다. 이것은 약물을 복용하거나 술을 마시는 것이 사람의 뇌에 있는 화학물질의 정상적인 균형을 바꾸어 놓을 수 있기 때문이다. (B) 마지막으로 우울증은 실패한 관계나 신체적 상해와 같은 어떤 이의 삶에서 발생한 특정 사건 때문에 생길 수 있다. 그 원인이 무엇이든 간에, 그것은 전 세계 수백만의 사람들이 겪는 질병이다.

해설 우울증에는 많은 원인이 있다는 주어진 내용 뒤에 (C) 선천적인 이유로 우울증을 겪을 수 있고, (A) 약물 남용이 또 다른(another) 원인이 될 수 있으며, (B) 마지막으로 (finally) 다른 외부적 영향에 의해서도 우울증을 겪을 수 있다는 순으로 글이 이어지는 것이 자연스럽다.

구문 [1-2행] People often misuse the term "depression," **using** it *to describe* occasional feelings of sadness.: using 이하는 동시동작을 나타내는 분사구문이다. / to describe는 목적을 나타내는 부사적

용법의 to부정사이다.

[6행] **Whatever** the cause is, it is ....: Whatever는 '…이 무엇일지라도'라는 의미의 양보의 부사절을 이끄는 복합관계대명사로, No matter what으로 바꿔 쓸 수 있다.

 가정법

1 가정법의 이해　　　　　　p.78

1 만일 내가 대통령이 된다면, 교육 제도를 개선할 텐데.
2 만일 내가 그녀에게 전화하지 않았다면, 그녀를 다시는 못 봤을 텐데.
3 제가 대통령이 된다면, 교육 제도를 개선하겠습니다.

2 가정법의 기본형　　　　　　p.78

1 내가 부유하다면, 나는 저 집을 살 텐데.
2 내가 왕자와 결혼한다면, 나는 행복할 텐데.
3 내가 다시 젊어진다면, 나는 배우가 될 텐데.
4 내일 비가 온다면, 나는 집에 있을 것이다.
5 내가 부자였다면, 나는 그것을 샀을 텐데.
6 내가 더 열심히 공부했다면, 나는 시험에 통과할 수 있을 텐데.

3 If가 있는 가정법 1　　　　　　p.79

1 만일 비가 내리지 않고 있다면, 나는 외출할 텐데.
2 만일 내가 시간이 충분히 있다면, 너와 함께 쇼핑하러 갈 수 있을 텐데.
3 만일 Alex가 그 소식을 듣게 된다면, 그는 놀랄 텐데.
4 아내가 죽으면 나는 어떻게 해야 할까?
5 내가 다시 태어난다면, 나는 여자보다는 남자가 되고 싶다.
6 문의사항이 있다면 저에게 주저 없이 연락 주세요.
7 만일 내일 날씨가 좋으면, 나는 수영장에 갈 텐데.
8 만일 그가 사업에 성공하면, 그의 부모님께서 기뻐하실 텐데.
9 그 가게 주인은 그에게 현금을 낼 것을 요청했다.

1 min. check up ✅

❶ came back / 그가 돌아온다면, 나는 그를 떠나게 두지 않을 텐데.

❷ were to meet / 내가 신을 만나게 된다면, 나는 무엇을 할까?
❸ takes rests / Tyrone이 더 쉰다면, 더 나아질 텐데.
❹ knew / 그녀가 그의 휴대전화 번호를 안다면, 그에게 문자메시지를 보낼 수 있을 텐데.

4 If가 있는 가정법 2　　　　　　p.80

1 만일 우리가 기차로 갔더라면, 시간을 절약할 수 있었을 텐데.
2 만일 더 일찍 일어났더라면, Emily는 수업에 늦지 않았을 텐데.
3 네가 처음부터 계획을 잘 세웠더라면, 너는 지금 곤경에 처해 있지 않을 텐데.
4 그가 금연했더라면, 건강할 텐데.
5 내가 그녀의 충고를 받아들였다면, 그 대회에 참가했었을 텐데.
6 내가 그녀의 충고를 받아들였다면, 나는 지금 괜찮을 텐데.

1 min. check up ✅

❶ could[would] have gone fishing / 춥지 않았다면, 나는 낚시하러 갈 수 있었을 텐데.
❷ had agreed, would[could /might] have worked / 그들이 동의했더라면, 함께 일했을 텐데.
❸ hadn't played, wouldn't be / 컴퓨터 게임을 너무 오래 하지 않았더라면, (지금) 눈이 빨갛지 않을 텐데.

5 I wish / as if / It is time + 가정법　　　　　　p.81

1 할아버지께서 여기 내 졸업식에 계시면 좋을 텐데.
2 내가 너와 함께 유럽 여행을 했다면 좋았을 텐데.
3 내가 그런 큰 실수를 하지 않았다면 좋을 텐데.
4 그녀가 노래 경연 대회에서 우승했더라면 좋았을 텐데.
5 그녀는 그 가게 주인인 것처럼 행동한다.
6 그는 멕시코에 사는 것처럼 말했다.
7 그녀는 법을 전공했던 것처럼 말한다.
8 그는 그가 승자였던 것처럼 행동했다.
9 네가 어제 무엇을 했는지 이제 나에게 말해야 할 때야.

1 min. check up ✅

❶ wish, knew / 그녀가 언제 떠나는지 알면 좋을 텐데.
❷ had met / 그녀는 나를 전에 만났던 것처럼 이야기했다.

6 주의해야 할 가정법 구문   p.82

1 내가 Miranda만큼 키가 크다면, 모델이 될 수 있을 텐데.

2 만일 돈이 많았다면, 나는 요트를 살 수 있었을 텐데.

3 David는 (더 열심히 노력했다면) 그 시험에 합격할 수 있었을 텐데.

4 우리가 (가능하다면) 파티에서 너희와 함께 했겠지만, 수업이 늦게 끝났다.

5 수미가 장학금을 받으면 참 행복해할 텐데.

6 다른 나라에 태어났었더라면, Max는 성공할 수 있었을 텐데.

7 미국인이라면 그런 표현을 사용하지 않을 텐데.

8 그녀가 도와줬다면, 나는 그 프로젝트를 더 잘할 수 있었을 텐데.

9 공기가 없다면, 우리는 생존할 수 없을 텐데.

10 그들이 없었다면, 그 쇼는 실패했을 텐데.

1 min. check up

❶ But for / 교통체증이 없다면, 나는 늦지 않을 텐데.

❷ Without your help / 너의 도움이 없었다면, 나는 그것을 할 수 없었을 텐데.

❸ Were the rumors true / 그 소문이 사실이라면 Sandy는 충격을 받을 텐데.

Grammar Practice   pp.83-84

01 (1) won
   (2) couldn't[could not] have caught
   (3) had seen
   (4) had rained

02 (1) liked / 내 아들이 채소를 좋아하면 좋을 텐데.
   (2) would[could/might] be / 당신을 만나지 못했더라면 내 삶은 의미가 없을 텐데.
   (3) Were I / 내가 그녀라면, 그렇게 취급받는 데 화가 날 텐데.

03 (1) were[was] / 내가 네 입장이라면, 나는 그들에게 더 많은 정보를 요청할 텐데.
   (2) rose 또는 were to[should] rise / 해가 서쪽에서 뜬다면, 내 마음을 바꾸겠다.
   (3) weren't[wasn't] / 내가 그녀의 바로 옆에 있음에도 불구하고, 그녀는 내가 여기에 없는 것처럼 말한다.
   (4) had studied / 내가 더 공부했더라면, 좋은 대학에 다닐 수 있었을 텐데.

04 (1) If I exercised more
   (2) I would not[wouldn't] have done it
   (3) would be relaxing
   (4) could have read

05 ⑤ Had / 네가 예약을 했더라면, 너는 그 공연을 볼 수 있었을 텐데.
   ① if / 그는 이전에 그 다큐멘터리를 봤었던 것처럼 행동한다.
   ② if / 우리가 서둘렀다면 그 잡지를 살 수 있었을 텐데.
   ③ If / Jason이 그 책을 읽는다면, 모든 질문에 대답할 텐데.
   ④ If / 지금 떠나지 않으면, 우리는 비행기를 놓칠 것이다.

06 ③

• 그가 전화를 받았더라면, 지금쯤 여기 있을 텐데.

• 우리가 지난번에 만났을 때 내가 널 더 웃게 했었더라면 좋았을 텐데.

• 우리가 그 케이크를 주문했다면, 디저트를 더 먹을 수 있었을 텐데.

07 그 편의시설들이 없었다면, 우리는 그때 많은 어려움을 겪었을 텐데.
   (1) But for
   (2) it not been for
   (3) it had not been for

08 If I had had enough dinner, I would not be hungry now.

Grammar Practice ★수능문법★   p.85

01 ③   02 ④

01 해석 대부분의 식물들처럼, 대나무는 비옥한 토양과 풍부한 햇빛과 물을 필요로 한다. 그러나 대나무는 특별하다. 지하에서 4년의 긴 시간 후에, 그것은 갑자기 싹을 틔우고 단 며칠 만에 80피트까지 자란다! 어떻게 이런 일이 일어날까? 그 나무는 지하의 뿌리 체계를 발달시키는 데 4년을 보낸다. 이 토대가 없다면, 그 나무는 스스로를 지탱할 수 없을 것이다. 성공적인 사업을 구축하는 것은 때때로 비슷한 과정을 필요로 한다. 모든 사람들은 그들이 하룻밤 사이에 성공하기를 바란다. 그러나, 성공하기 위해 필요한 튼튼한 기초를 키우기 위해서는 인내심도 강하고 근면해야 한다. 대나무(를 재배하는) 농부가 그것을 확인하기 위해서 매년 그의 식물을 파본다면, 그는 그것의 성장을 더디게 할 뿐이다.

해설 (A) 현재 사실을 반대로 가정하는 가정법 과거이므로, 주절에는 「조동사의 과거형 + 동사원형」이 온다.

(B) 주절의 시제와 일치하는 시점의 일을 가정하고 있으므로 가정법 과거를 쓴다.

(C) were to 가정법에서 if가 생략된 형태로, 주절에는 「조동사의 과거형 + 동사원형」이 온다.

02 해석 컴퓨터 기술은 사회에 셀 수 없이 많은 긍정적인 영향을 끼쳤다. 그러나, 몇몇의 사람들은 그것은 또한 컴퓨터가 발명되지 않았더라면 존재하지 않을 윤리적인 문제들을 만들어냈다고 우려한다. 예를 들면, 소프트웨어 기술자가 군대를 위해 일하는 회사에 의해 고용되었다고 가정해 보자. 그녀의 첫 번째 임무는 핵 미사일 발사를 위한 소프트웨어를 설계하는 것이다. 그녀는 누군가가 그 무기 체계를 장악하기 위해서, 그것은 컴퓨터 기술 없이는 만들어질 수 없었던 것인데, 그 소프트웨어를 사용한다면 무슨 일이 일어날지 생각하고 싶지 않다. 이 기술자는 그녀의 새로운 직장을 그만두는 것을 고려하는데, 컴퓨터 기술이 없었더라면 결코 일어나지 않았을 윤리적 갈등을 직면하고 있다. 물론, 사람들은 컴퓨터 시대 이전에도 어려운 결정에 직면했다. 그러나 오늘날 존재하는 것들은 다를 뿐만 아니라 더 복잡하다.

해설 조건절에 과거 사실을 반대로 가정하는 가정법 과거완료(if it had not been for …)가 사용되었으므로, 주절에는 would never have arisen이 와야 한다.

🔷 Reading & Structure ★수능독해★ p.86

01 ④ **02** ② **03** ① **04** ④

01 해석 Susie는 우리 학교에서 가장 인기 있는 여자아이였다. 그녀는 예뻤고, 똑똑했으며, 몸도 탄탄했다. 말할 필요도 없이, 그녀는 모든 소년들에게, 특히 나에게 완벽한 사람이었다. 만약 나에게 Susie 같은 여자친구가 있다면, 다른 여자아이는 거들떠보지도 않을 거라고 생각했다. 오랜 기간 생각한 끝에, 나는 마침내 그녀에게 내가 어떻게 느끼는지 말하기로 결심했다. 나는 꽃을 샀고, 그 다음날 점심 시간에 그녀에게 다가갔다. 내 심장은 빠르게 뛰고 있었고, 내 손은 땀 범벅이었다. 모든 용기를 내서 그녀에게 꽃을 주었고, 그녀를 좋아한다고 고백하고 데이트를 하자고 제안했다. 그녀의 대답을 기다리며 그곳에서 서 있는 동안, 시간이 멈춘 것처럼 느껴졌다. 모든 사람들이 나를 쳐다보고 있었고, 나는 숨을 쉴 수 조차 없었다.

해설 좋아하는 사람에게 고백하는 화자는 ④ '긴장하고' 있다.

① 지루한 ② 신난 ③ 질투하는 ⑤ 즐거운

구문 [3-4행] After thinking about it for a long time, I finally *decided to tell* her how I felt.: After … time은 시간을 나타내는 분사구문으로 의미를 명확히 하기 위해 접속사를 썼다. / decide는 to부정사를 목적어로 취한다.

[6-7행] …, and suggested that we (**should**) **go** on a date].: 제안을 나타내는 동사 suggest 뒤의 that절에는 「(should +) 동사원형」을 쓴다.

02 해석 Samarin은 복통을 낮게 해주는 물약이다. 수년 전에 Samarin을 만드는 스웨덴 회사가 한 중동의 잡지에 그 제품의 광고를 실었다. 그 광고는 세 부분으로 나누어져 있었다. 왼쪽에는 배를 움켜쥐고 아파 보이는 모습의 한 남자가 있었다. 가운데에는 그 남자가 Samarin을 마시고 있었다. 그리고 오른쪽에는 그 남자가 웃는 모습이 보였다. 그러나 이 광고는 중동 지역에서 Samarin의 판매 실적을 높이는 데 실패했다. 아마도 그 회사는 광고를 만들기 전에 아랍어를 사용하는 사람들에게 확인했더라면 좋았을 것이다. 아랍인들은 오른쪽에서 왼쪽으로 읽기 때문에, 그들은 그 광고를 반대로 보았고 Samarin이 사람들을 아프게 만든다는 광고라고 생각했다.

해설 마지막 문장에서 아랍인들이 광고를 반대로 보고 Samarin을 마신 후 사람이 아프게 되었다고 이해한 것으로 보아 그들은 ② '오른쪽에서 왼쪽으로 읽는다'는 것을 알 수 있다.

① 광고가 표현하는 것을 불신한다
③ 위에서 아래로 글을 쓴다
④ 잡지들에서 광고를 읽는 것을 생략한다
⑤ 질병을 민간 의술로 치료한다

구문 [3-4행] On the left, there was a man [**holding** his stomach and **looking** sick].: 능동의 의미를 가진 현재분사 holding과 looking이 a man을 수식하고 있으며, 접속사 and로 병렬 연결되었다.

[6-7행] *The company* probably **wishes** it **had checked** with Arabic speakers ….: 주절의 시점보다 이전의 일에 대한 유감이나 아쉬움을 나타내므로 가정법 과거완료를 쓴다. / it은 The company를 가리킨다.

03 해석 몇 년 전에 사하라 사막 국경 지대의 국가들에 끔찍한 기근이 있었다. 수천 명의 사람들이 죽었다. 유감스럽게도, 이 국가들이 우기에 물을 모아 놓을 수 있도록 댐 몇 개를 건설하는 것을 부유한 국가들이 도와줬더라면 그들은 살 수 있었을 것이다. 그러면 그 모아진 물은 건기에 사용될 수 있었을 것이다. 더 심각한 것은 이러한 국가들의 정부는 수년 간 도움을 요청하고 있었지만 무시당했다는 것이다. 그러면, 왜 몇몇 국가들은 우주선 발사 로켓과 세계를 파멸시킬 무기를 개발할 여유

는 있으면서도, 수천 명의 목숨을 구할 수 있을 댐 몇 개를 건설할 여유가 없는 것인가? 인간으로서, 그들은 더 합리적이고 연민을 가져야 한다. 댐 몇 개는 이러한 사람들을 도울 수 있었을 것이고, 새로운 로켓보다 더 유용했을 것이다.

해설 부유한 국가들이 기근으로 어려움에 처한 아프리카 국가들을 도와주어야 한다는 글로 ① '위험에 처한 빈곤한 국가들을 돕지 않는 부유한 국가들'이 주제로 적절하다.
② 어떻게 기후 변화가 수천 명의 죽음을 초래했는가
③ 건조 지역에 댐을 건설함으로써 초래되는 문제들
④ 위기의 때를 대비하는 것을 거부한 빈곤한 국가들
⑤ 인간이 우주 밖을 탐험하는 것을 돕기 위해 치러진 희생들

구문 [2-3행] ..., they **could have survived if** only wealthier nations **had** *helped* these *countries* *build* a few dams ....: 과거의 사실과 반대되는 것을 가정하는 가정법 과거완료이다. / 「help +O+OC(동사원형)」 '…가 ~하는 것을 돕다'

[5-6행] **What**'s worse was [*that* the governments of these countries had been asking for help for years, but were ignored].: what은 선행사를 포함하는 관계대명사로 명사절을 이끈다. / that은 보어절을 이끄는 접속사이다. / 접속사 but 뒤에는 주어 the governments가 생략되었다.

[6-8행] So **why is it that** some countries can afford to develop space rockets and weapons *to destroy the world*, yet they can't afford to build a few dams [**that** could save thousands of lives]?: 「it is ... that」 강조 구문으로, 의문사 why를 강조하고 있다. / to destroy the world는 형용사적 용법의 to 부정사구로 앞에 나오는 weapons를 수식한다. / [ ]는 선행사 a few dams를 수식하는 주격 관계대명사절이다.

04 해석 cozy mysteries는 1920년대에 영국에서 생겨난 일종의 범죄 소설이다. 가장 흔한 요소 중에는 작은 마을과 마치 퍼즐인 것처럼 해결되어야 하는 범죄가 있다. 주인공은 대개 여성 아마추어 탐정이다. 그녀가 마을 구성원들이 마음놓고 얘기하게 할 만큼 충분히 사교적이어야 하는 것이 필수적이다. 이것은 그녀가 사람들과 대화를 나누고 마을에 대한 그녀의 지식을 이용함으로써 단서들을 모으기 때문이다. 이 장르의 또 다른 주요한 특징은 폭력이 강조된다는(→ 회피된다는) 것이다. 이런 소설들 속의 살인자들은 심지어 위험하지도 않다. 대신에, 그들은 만일 길에서 그들을 지나치더라도 알아채지 못할 평범한 사람들이다. 살인 자체에 관해 말하자면, 좀처럼 아주 상세하게 묘사되는 법이 없으며 음독과 같이 덜 폭력적인 방법들에 의존하는 경향이 있다.

해설 cozy mysteries는 범죄 소설이기는 하지만 살인 행위가 자세히 묘사되거나 폭력적이지 않고 살인자가 위험해 보이지 않다고 했으므로, 폭력이 강조되는 게 아니라 회피된다는 (avoided) 것이 문맥상 적절하다.

구문 [2-3행] Among their most common elements are a small town and a crime [**that** must be solved *as if* it *were* a puzzle].: 부사구가 문두로 오면서 주어와 동사가 도치되었다. / [ ]는 선행사 a crime을 수식하는 주격 관계대명사절이다. / as if 이하는 '마치 …인 것처럼'의 의미로 가정법 과거이다.

[3-4행] **It** is *essential* [**that** she (*should*) be sociable enough to **get** the community members **to talk** freely].: It은 가주어이고 that이 이끄는 [ ]가 진주어이다. / '필수'를 나타내는 형용사 essential에 이어지는 that절에는 「(should +) 동사원형」을 쓴다. / 「get + 목적어 + to-v」 '…가 ~하게 하다'

PART2 문장의 연결

09 접속사

1 등위접속사　　　　　　　　　　p.90

1 그 가게는 과일과 야채를 판매하지만 블루베리는 없다.
2 커피와 차 중 어떤 것을 더 좋아하세요?
3 우리는 일찍 떠나야 한다, 왜냐하면 먼 길을 가야 하니까.
4 눈이 내리기 시작해서, 나는 장갑을 꺼냈다.
5 규칙적으로 운동해라, 그러면 기분이 더 좋아질 것이다.
6 모자를 써라, 그렇지 않으면 감기에 걸릴 것이다.

2 상관접속사　　　　　　　　　　p.90

1 그 식당은 근사한 음식뿐만 아니라 훌륭한 서비스도 제공한다.
2 여동생과 나는 둘 다 엄마를 위한 파티를 계획했다.
3 너는 컴퓨터를 사용하거나 책을 읽을 수 있다.
4 그도 나도 사람들 앞에서 말하는 것을 좋아하지 않는다.
5 Jay와 나는 둘 다 이탈리아 음식을 좋아한다.
6 학생들뿐만 아니라 선생님도 웃고 있었다.

❶ She neither texted nor called.
/ 그녀는 문자 메시지를 보내지도 전화를 하지도 않았다.

❷ Get up now, or you'll be late for school.
/ 지금 일어나지 않으면, 너는 학교에 늦을 것이다.

3 명사절을 이끄는 종속접속사　　　p.91

1 그가 파티에 올 것은 분명하다.
2 문제는 내가 비밀번호를 잊었다는 것이다.
3 나는 Phil이 나에게 데이트를 신청하리라는 것을 알았다.
4 어떤 사람도 지구가 둥글다는 사실을 부정할 수 없다.
5 그가 외국에서 공부를 할지 (안 할지) 확실하지 않다.
6 문제는 내가 새 스마트폰을 사야 하는가 말아야 하는가이다.
7 내가 오늘 오후에 보고서를 제출해도 좋은지 모르겠다.
8 나는 그가 스페인어를 구사할 수 있는지를 물어봤다.
9 우리는 그것을 연기할지 취소할지 결정할 수 없다.

4 조건의 부사절을 이끄는 종속접속사　　　p.91

1 네가 도와준다면 내가 이 방을 청소할게.
2 서두르지 않으면, 너는 모임에 늦을 것이다.
3 재미있는 한 나는 어떤 책이라도 읽을 것이다.
4 네가 샌드위치를 가지고 오는 것을 잊을 경우를 대비해서 내가 여분의 샌드위치를 챙겼다.
5 만일 당신이 선출된다면, 무엇을 하실 것입니까?

❶ if / 질문이 있으면 나에게 이메일을 보내라.
❷ unless / 숙제를 제출하지 않으면, 너는 F를 받을 것이다.
❸ whether[if] / 나는 사람들이 나에게 동의할지 안 할지가 궁금하다.
❹ that / 그가 그 책을 검토할 시간이 충분하지 않으리라는 것은 확실하다.

5 시간의 부사절을 이끄는 종속접속사　　　p.92

1 체육관에서 운동을 하고 있었을 때, 나는 그의 전화를 받았다.
2 그는 사업을 시작할 때마다 실패한다.
3 쇠는 달궈졌을 때 두드려라. (쇠뿔도 단김에 빼라.)
4 그가 걸어 들어 왔을 때, 모든 이들의 이목을 사로잡았다.
5 테이블이 준비될 때까지 기다리셔야 합니다.

6 발표가 끝나고 나서야 비로소 그녀가 왔다.
7 Sam은 여기에 오기 전에 한국에 대해 아무것도 알지 못했다.
8 쇼핑몰을 나온 후, 우리는 저녁을 먹기 위해 그리스 식당에 갔다.
9 Sarah가 뉴욕으로 이사를 간 이후로 나는 그녀의 소식을 들은 적이 없다.
10 일단 무언가를 시작하면, 너는 반드시 그것을 끝내야 한다.
11 이 편지가 너에게 도착할 때쯤이면 나는 이곳에 더는 없을 것이다.
12 내가 밖으로 나가자마자 비가 오기 시작했다.
13 어떤 사람의 초상화를 그릴 때마다, 나는 그것을 그 사람에게 준다.
14 다음에 여행할 때, 나는 1등석을 타고 갈 것이다.
15 David는 도착하자마자 엄마를 보러 집 안으로 들어갔다.
16 머지않아 그녀가 올 것이다.
17 우리는 늦었기 때문에 택시를 잡았다.
18 네가 좋은 대로 해라.
19 더 어두워지자 더 추워졌다.
20 Dave는 기자로서 많은 곳에 가 본 적이 있다.

❶ 머지않아 큰 축제가 열린다.
❷ 내가 극장에 도착했을 때 영화는 이미 시작하고 있었다.
❸ 그는 엄마가 들어오고 나서야 울음을 멈췄다.
❹ 우리가 백화점에 도착할 때쯤이면, 문을 닫았을 것이다.

6 이유·원인의 부사절을 이끄는 종속접속사　p.93

1 나는 살 것이 없어서 그들과 쇼핑을 하러 가지 않았다.
2 음악 소리가 너무 커서 우리는 이야기를 할 수가 없었다.
3 나는 돈이 충분하지 않아서 패스트푸드 식당에 갔다.
4 네가 그 말을 하니까 그 사건이 확실히 기억난다.
5 날씨가 따뜻하니까, 우리는 수영을 하러 갈 수 있다.

7 양보의 부사절을 이끄는 종속접속사　　　p.93

1 아주 비싸긴 하지만, 나는 그 목걸이를 살 것이다.
2 비록 휴일이지만, 아버지께서는 평소처럼 바쁘시다.
3 설령 네가 그 규칙을 좋아하지 않더라도, 너는 그것을 따라야 한다.
4 Jacob이 피곤하든 아니든, 그는 시험 공부를 해야 한다.
5 네가 어디를 가든지 간에, 나는 항상 너를 생각할 것이다.
6 네가 우리에게 언제 전화하든지 간에, 우리는 전화를 받을 것이다.
7 그가 무엇을 하든지 간에, 나는 그를 더는 믿을 수가 없다.

1 min. check up ✅

> ❶ Even if /
> 그녀가 오지 않더라도, 나는 신경 쓰지 않을 것이다.
>
> ❷ Whether /
> 비가 오든 오지 않든, 그들은 휴가를 갈 것이다.
>
> ❸ since /
> 너무 추워 밖에 나갈 수가 없어서 우리는 집에 있었다.
>
> ❹ Even though /
> 비록 심한 독감에 걸렸어도, 그녀는 시험을 치러야 했다.

8 목적·결과·정도의 부사절을 이끄는 종속접속사   p.94

1 우리 모두가 당신이 하는 말을 들을 수 있도록 조금 더 크게 이야기해 주십시오.
2 우리는 새들이 먹을 수 있도록 창 밖에 음식을 조금 두었다.
3 햇빛에 타지 않도록 자외선 차단제를 발라라.
4 그는 너무 피곤해서 침대에서 일어날 수 없었다.
5 너무 추워서 나는 겨울 코트를 입었다.
6 그것은 너무 좋은 영화여서 나는 그것을 두 번 봤다.
7 우리가 정원에서 노는 것을 그만둘 만큼 추운 오후였다.

1 min. check up ✅

> ❶ lest you should /
> 지갑을 도난당하지 않도록 조심해라.
>
> ❷ so kind that /
> Andrew는 매우 친절해서 내게 좋은 충고를 해 주었다.
>
> ❸ so that /
> 나는 변호사가 되기 위해 로스쿨에 다닐 것이다.

🔷 Grammar Practice   pp.95-96

01 (1) if / 그는 내게 그 제안을 받아들일 것인지 물었다.
(2) or / 조심해, 그렇지 않으면 너는 다칠 거야.
(3) and / 그녀는 영어와 스페인어 둘 다 말할 수 있다.
(4) unless / 그는 자기가 직접 하지 않으면 어떤 것에도 만족하지 않는다.
(5) because / 그는 바쁜 게 분명해. 왜냐하면 온종일 전화를 받지 않았거든.

02 (1) but / 그는 저녁 식사 비용을 냈을 뿐만 아니라 나를 집까지 데려다 주었다.
(2) As / 비가 다시 오고 있으므로 우리는 집에 있어야 할 것이다.

(3) Once / 일단 결정을 내리면, 너는 그것을 계속해 나가야 한다.
(4) that / 그가 거짓말을 하고 있었다는 말이야?
(5) whether / 그녀는 캐나다에 갈지 미국에 갈지 결정할 수 없었다.

03 (1) ⓒ / 모두가 잘 싸웠지만, 우리는 그 경기에 졌다.
(2) ⓑ / 당신이 언제 오더라도 나는 당신을 환영할 거예요.
(3) ⓓ / 내가 공부할 수 있도록 TV 소리 좀 줄여주세요.
(4) ⓐ / 나는 직접 그것을 볼 때까지 너를 믿지 않을 것이다.

04 (1) use either sugar or honey
(2) No matter where she goes
(3) so busy that she couldn't go shopping
(4) As soon as we arrived at the theater

05 ⑤

> 이 제품은 유기농 성분으로 만들어졌기 때문에 안전하다.
> (…때문에)

① 좋을 대로 행동하지 마라. (…대로)
② 그녀는 나이가 들수록, 더 현명해졌다. (…함에 따라)
③ 당신이 공부할 때, 가끔씩 휴식을 취하는 것을 잊지 마라. (…할 때)
④ 우리 아버지는 하루 동안 선생님으로 우리 학교를 방문할 것이다. (…로서: 전치사)
⑤ 나는 이 마을을 떠날 것이기 때문에, 내 집을 세놓아야 한다. (…때문에)

06 ① If → Whether / 그가 보고서를 제출했는지는 확실하지 않다.
② 그녀가 소리치고 나서야 그들 모두가 뒤를 돌아보았다.
③ 그와 나 둘 중 하나가 그 문제에 책임이 있다.
④ 나는 빵집뿐만 아니라 식료품점에도 들렀다.
⑤ 그는 너무 엄격한 선생님이어서 어떤 학생도 그를 좋아하지 않았다.

07 It will not be long before she makes much money.

08 Drive safely lest you should have an accident.

🔷 Grammar Practice ★수능문법★   p.97

01 ①   02 ③

....

01 해석 선인장은 독특한 식물이다. 선인장은 사막에서 자라기

34

때문에, 물을 저장하도록 적응해왔다. 예를 들어, 잎은 너무 많은 수분 증발을 유발하므로, 선인장은 잎을 가지고 있지 않다. 또한, 선인장의 줄기는 많은 양의 물을 저장할 수 있도록 튼튼하고 둥글다. 집에서 선인장을 키우기는 쉽지만, 선인장은 아주 빨리 자라지는 않는다. 선인장은 빛을 많이 필요로 하므로 반드시 햇빛이 잘 드는 곳에 두어라. 또한 그 식물 전체가 햇빛을 받을 수 있도록 아주 자주 돌려주어야 한다. 하지만 선인장이 건강한 꽃을 피워내기를 원한다면 꽃이 피어 있는 동안에는 선인장을 움직여서는 안 된다.

해설 (A) '물을 저장하기 위해'라는 목적을 나타내므로 부사적 용법의 to부정사가 와야 한다.
(B) 문맥상 '선인장이 많은 빛을 필요로 하기 때문'이라는 내용이 적절하므로 이유의 접속사 because가 알맞다.
(C) '…하도록'이라는 의미의 「so that」이 와야 한다.
(「now that」 '…이니까')

02 해석 Galileo가 최초의 망원경을 발명한 것은 아니지만, 그는 밤하늘을 관측하는 데 망원경을 사용한 첫 번째 사람들 중 하나였다. 망원경을 통해 보았을 때 별들은 빛나는 작은 점처럼 보였지만 행성들은 작은 구나 원이었다. 이러한 이유로 그에게는 마치 행성들이 별들보다 훨씬 더 가까이 있는 것 같았다. 나중에 이것은 사실로 밝혀졌다. Galileo가 망원경을 이용하면서 발견해낸 것들은 또한 코페르니쿠스 이론을 입증했다. 이 이론에는 지구를 포함한 우리 태양계의 행성들 모두가 태양 주위를 돈다는 것이 명시되어 있다.

해설 가주어 it에 대한 진주어인 명사절을 이끄는 접속사 that이 와야 한다.

Reading & Structure ★ 수능독해 ★ p.98

01 ③ 02 ④ 03 ② 04 ⑤

01 해석 많은 대학 캠퍼스에 학생들의 쓰기 과제를 돕는 쓰기 센터가 있다. 일반적으로 쓰기 센터의 개인교사들은 단순히 학생들의 작성물을 교정하는 것이 아니라 학생들에게 주제 분야와 구성 분야 모두에서 향상될 수 있는 방법을 가르쳐 준다. 개인 교사들은 내용에 대해 제안을 할 뿐만 아니라 또한 문법, 구두법, 그리고 구성 방식에 대해 도움을 주기도 한다. (쓰기는 종종 대학생들이 직면하는 가장 어려운 일 중 하나이다.) 게다가 학생들은 과제물을 위해 조사를 하거나 참고 문헌 준비에 대한 조언을 구하기 위해 쓰기 센터에 가기도 한다. 많은 센터가 교수나 전문 작가를 고용하기 때문에, 그들이 제공하는 지도는 매우 유용하다.

해설 쓰기 센터의 유용성에 대한 글로, 쓰기가 학생들에게 어

려운 일이라는 내용의 ③은 글의 흐름에 맞지 않다.

구문 [2-3행] ... do **not** simply proofread students' work, **but** rather show students *how to make* improvements ....: 「not A but B」 'A가 아니라 B' / 「how to-v」 '…하는 방법'

02 해석 좋은 영화는 이야기를 전달하는 매우 효과적인 수단이 될 수 있는데, 왜냐하면 관객들이 그 이야기를 충분히 경험할 수 있기 때문이다. 우리는 등장인물들의 목소리를 듣고 그들의 얼굴에서 감정을 볼 수 있다. 이것은 우리가 등장인물들을 더 잘 이해하는 데 도움이 된다. 우리는 이야기가 전개될 때 그들의 눈을 통해 바라본다. 성공적인 영화는 이런 식으로 관객들을 매료시킬 수 있다. 그럴 때, 우리는 그 이야기에 완전히 몰입하여, 때때로 우리가 그저 허구인 영화를 보고 있다는 것을 인지하지 못하기도 한다. 노련한 영화 제작자는 이야기가 스크린에서 살아나고 우리가 마치 그 속에 참여하고 있는 것처럼 느끼도록 이야기를 전달할 수 있다.

→ 관객들은 잘 만들어진 영화를 보면서 그 이야기가 실제인 듯 경험하게 되는데, 그것은 그 영화가 그들을 줄거리 속으로 들어오게 하기 때문이다.

해설 잘 만들어진 영화는 이야기가 스크린 속에서 살아나게 해 관객들이 허구인 영화를 보는 것이 아니라 마치 영화에 참여하고 있는 것처럼 느끼게 한다고 했으므로, (A)에는 real(실제의), (B)에는 plot(줄거리)이 적절하다.

구문 [7-8행] ... and we feel **as though** we're participating in it.: 「as though」 '마치 …인 것처럼'
[9-10행] **Watching** a well-made film, the audience experiences the story *as if it were* real, **as** the movie invites them to enter the plot.: Watching ... film은 동시동작을 나타내는 분사구문이다. / 「as if + 가정법 과거」 '마치 …인 것처럼' / as는 이유의 부사절을 이끄는 접속사이다.

03 해석 1876년에 영국에 사는 한 지주가 미국에서 몇 마리의 회색 다람쥐를 들여왔다. 그전에 영국에 있는 유일한 다람쥐들은 붉은색이었다. 그때부터 회색 다람쥐들은 빠르게 퍼져 나갔고, 붉은 다람쥐들은 지금 멸종의 위기에 처해 있다. 두 종이 함께 살 수 없는 주된 이유는 하나의 종이 다른 종의 식량원에 영향을 주기 때문이다. 두 종 모두 견과류와 베리를 포함한 채식을 선호한다. 하지만 회색 다람쥐들은 그러한 먹이가 완전히 익기 전에 먹을 수 있는 반면, 붉은 다람쥐들은 소화가 더 쉽게 되도록 먹이가 익을 때까지 기다리는 것을 선호한다. 따라서 두 종이 같은 숲 속에서 살면 붉은 다람쥐들이 음식을 찾을 때 그들에게 남겨지는 음식은 거의 없을 것이다.

해설 먹이가 익기도 전에 먹어 버리는 회색 다람쥐 때문에 붉은색 다람쥐의 먹이가 거의 없다는 빈칸 뒤의 내용을 바탕으로 답을 추론한다.
① 각각은 살 곳으로 같은 장소를 선호한다
③ 다른 동물들이 더 빨리 음식을 찾을 수 있다
④ 다른 종류의 다람쥐들이 수입되었다
⑤ 그들이 사는 숲이 파괴되고 있다

구문 [7행] ... **so that** they are easier to digest.: so that은 목적의 부사절을 이끌어 '…하도록'이라고 해석된다.

[8행] ..., there is likely to be little food [**left** for the red squirrels] ....: [ ]는 little food를 수식하는 과거분사구이다.

04 해석 탈모는 보통 성인의 문제이지만, 10대들도 가끔 머리카락이 빠진다. 청소년기의 탈모는 아프다거나 아마도 그저 제대로 먹지 않고 있다는 것을 의미할 수 있다. 예를 들어, 잘못된 음식 선택이 탈모로 이어질 수 있는데 그 이유는 특정 영양소들이 머리카락을 건강하게 유지하는 데 필요하기 때문이다. 일부 약품들의 부작용 또한 10대들의 탈모를 유발할 수 있다. 심지어 그들이 땋은 머리처럼 오랫동안 머리카락을 잡아당기는 머리 모양을 하면 머리카락이 빠질 수 있다. 그렇게 어린 나이에 일어나는 탈모는 스트레스를 줄 뿐만 아니라 또한 10대의 성격에도 영향을 끼칠 수 있다. 좋은 소식은 10대에 발생하는 탈모는 대개 일시적이라는 것이다. 일단 탈모를 일으키는 문제가 해결되면 대개 머리카락은 다시 자란다. 즉, 더 많은 단백질을 먹거나 특정 약을 중단함으로써 그들의 머리카락은 원래 상태로 복구될 수 있다.

해설 10대의 탈모가 일시적이라는 내용의 주어진 문장은, 탈모의 원인에 대해 언급한 문장과 문제만 해결되면 다시 머리카락이 자란다는 문장 사이에 오는 것이 가장 자연스럽다.

구문 [3-4행] Hair loss during adolescence can mean (**that**) a person is *sick* or maybe just *not eating right*.: 목적절을 이끄는 접속사 that이 생략된 문장이다. / 형용사 sick와 현재분사 eating이 이끄는 형용사구가 등위접속사 or로 연결되었다.

[8-9행] Losing hair ... can **not only** be stressful **but** can **also** affect a teen's personality.: 「**not only** A but (also) B」 'A뿐만 아니라 B도'

[9-10행] **Once** the problem [*that* causes it] is corrected, the hair usually grows back.: Once는 '일단 …하면'의 의미로 시간의 부사절을 이끄는 접속사이다. / that은 선행사 the problem을 수식하는 주격 관계대명사이다.

관계사 1

1 관계대명사   p.100

1 그는 수학을 잘하는 딸이 한 명 있다.

2 관계대명사의 종류와 격   p.100

1 이분은 서울에 사는 분이다.
2 이분은 내가 어제 만난 분이다.
3 이분의 이름은 Tom Smith이다.

1 min. check up ✅

❶ This is the girl who[that] helped us plant a tree. / 이 사람이 우리가 나무 심는 것을 도와 준 소녀이다.
❷ He is a famous pianist whom[who / that] I've greatly admired since I was a child. / 그는 내가 어렸을 적부터 매우 존경해 온 유명한 피아니스트이다.
❸ He is the guy whose cell phone was stolen in the library. / 그가 도서관에서 휴대전화를 잃어버린 남자이다.

3 who / which / that의 용법   p.101

1 너는 화학을 전공한 사람을 아니?
2 그녀와 결혼을 할 남자는 방금 떠났다.
3 이 사람이 나와 이야기했던 그 사람이다.
4 그 아나운서는 내가 아는 사람이다.
5 저 사람이 자신의 집을 팔려고 내놓은 그 사람이다.
6 최근 발간된 그 소설을 읽어라.
7 잃어버린 열쇠를 찾았니?
8 Sam이 내가 찾고 있었던 책을 주었다.
9 그는 내가 의미를 모르는 용어를 사용했다.
10 너는 읽기에 재미있는 책을 가지고 있니?
11 그녀는 내가 사랑에 빠진 그 여자다.
12 다리에서 떨어진 자동차와 운전자는 아직까지 행방불명이다.
13 정직한 사람이라면 누가 그런 일을 하겠는가?
14 그것이 내가 그녀에게 묻고 싶은 바로 그 질문이다.
15 제가 가져와야 할 것이 있나요?

❶ whose / 색이 노란 우산을 내게 건네 줘.

❷ which[that] / 이것은 내가 찾던 그 드레스이다.

❸ who[that] / 새 이론을 발표한 그 과학자가 노벨상을 탔다.

4 what의 용법　　　　　　　　　p.102

1 우리를 놀라게 한 것은 Greg의 바른 태도였다.

2 네가 지금까지 공부한 것을 나에게 말해보렴.

3 이것이 그가 사람들에게 말하려던 것이다.

4 당신이 그 사고에 대해 알고 있는 모든 사실을 적으시오.

5 그는 과거의 그가 아니다.

6 사람의 가치는 그의 재산이 아니라 인격에 있다.

7 그는 소위 올빼미족이다.

8 그는 길을 잃었는데, 설상가상으로 비까지 내리기 시작한다.

9 Maria는 성실한 데다가, 열정적이다.

❶ that → what /
그가 가진 것으로 사람을 판단해서는 안 된다.

❷ which → what /
그녀는 매우 검소하다. 그녀는 자신이 번 것을 저축한다.

❸ what is calling → what is called[what we call]
/ 그는 소위 음악의 천재이다.

❹ That → What /
그녀가 발견한 것은 세계를 놀라게 했다.

5 관계대명사의 두 가지 용법　　　　p.103

1 그녀는 그 문을 열려고 애썼지만, 그것이 불가능하다는 것을 깨달았다.

2 그는 자신이 아프다고 말했지만, 그것은 거짓말이었다.

6 관계대명사와 전치사　　　　　　p.103

1 중국은 딤섬이 만들어진 나라이다.

2 이것은 Brian과 Lynn의 사진인데, 그들과 함께 나는 대학을 다녔다.

❶ to / 나는 아빠가 들으시는 음악을 좋아하지 않는다.

❷ which / 나는 Mary에게 모든 것을 이야기했는데, 그것을 하지 말았어야 했다.

❸ which / 이것은 그녀가 관심 있어 하는 제품이다.

❹ which / 그는 최악의 팀에 합류했는데, 그 팀은 이제 최고의 팀이다.

7 주의해야 할 관계대명사　　　　　p.104

1 이 사람이 내가 사랑하는 남자이다.

2 내가 원했던 유명 선수의 유니폼은 이미 다 팔렸다.

3 이 사람이 바로 내가 표를 줬던 그 사람이다.

4 저기에서 음식을 주문하고 있는 남자가 내 남편이다.

5 네 삶에 당면한 모든 문제는 너를 더 강하게 하는 가르침이다.

6 Jeffrey는 사람들이 대단하다고 말하는 가수이다.

7 아주 건강하다고 생각했던 그 남자가 지금 입원해 있다.

8 구조될 수도 있었던 많은 사람들이 죽었다.

9 역사 선생님께서 그 반 아이들에게 잊을 수 없는 이야기를 해주셨다.

10 경기장에 홈팀을 응원하고 있는 많은 사람들이 있다.

❶ the teacher / 나는 선생님이 지난주 내신 시험에서 낙제했다.

❷ who / 내가 생각하기에 훌륭한 음악가인 바이올린 연주자를 만났다.

❸ who / 그 직원은 제품에 대해서 아무것도 모르는 유니폼을 입은 소년으로 대체되었다.

📓 Grammar Practice　　　　　　pp.105-106

01 (1) what / 따뜻한 차 한 잔이 바로 내가 원하는 것이다.

(2) whose / 눈동자가 파란 사람을 만난 적이 있니?

(3) who[that] / 이 사람은 밴드 오디션에 합격한 나의 친구이다.

(4) which / 그는 마크 트웨인이 태어난 도시에 방문했다.

(5) which[that] / 그녀는 액세서리를 판매하는 인터넷 쇼핑몰을 운영한다.

02 (1) Mont Blanc / 그들은 몽블랑에 올랐는데, 그 산은 프랑스에서 가장 아름다운 산이다.

(2) They climbed Mont Blanc / 그들은 몽블랑에 올랐는데, 그것이 그들을 매우 지치게 했다.

(3) directions to City Hall / 그는 나에게 시청으로 가는 길을 물었는데, (그곳은) 알려주기 어려웠다.

(4) He asked me directions to City Hall / 그는 나

에게 시청으로 가는 길을 물었는데, 그것이 나를 수업에 늦게 만들었다.

03 (1) which → who / 그는 키가 아주 큰 여자아이와 걸어가고 있었다.
(2) I can travel → I can travel with[with whom I can travel/whom I can travel with] / 나는 네가 나와 함께 여행을 다닐 수 있는 부류의 사람이라고 생각한다.
(3) that → what / Jack은 내 여동생에게 그녀가 오늘까지 해야 하는 것을 말했다.
(4) what → that / 그는 내가 명확하게 들을 수 없는 말을 나에게 했다.
(5) what → that / 그녀는 내가 지금까지 만난 사람 중 가장 아름다운 소녀 중 하나이다.

04 (1) the bed that was in the corner
(2) that girl whose hair is blond
(3) What I really wanted
(4) which we had talked about the other day

05 ⑤ 관계대명사 whose / 그는 벽이 꽃무늬로 장식된 방을 빌렸다.
① 관계대명사 What / 나를 매우 화나게 만든 것은 그의 농담이었다.
② 관계대명사 what / 네가 생각하기에 가장 중요한 것을 나에게 말해줘.
③ 관계대명사 what / 나는 그들이 우리를 위해 주문한 것에 매우 놀랐다.
④ what / 나는 그를 보았고, 게다가 그의 파티에 초대받았다.

06 ⑤ that → whom[who] / 그는 한 소녀와 데이트를 하고 있었는데, 내가 놀이공원에서 보았다.
① 나는 늦는 버스를 기다리고 있었다.
② 부엌 식탁에 있는 모든 것을 싸라.
③ 너는 Cathy가 바라보고 있었던 남자를 아니?
④ Jenny는 내가 생각하기에 무거워 보이는 짐을 나르고 있었다.

07 (1) The subway which I got off
(2) The subway off which I got
(3) The subway that I got off

08 The boy whose umbrella was broken was waiting for his mom.

 **Grammar Practice** ★ 수능문법 ★　p.107

01 ④　02 ③

01 해석　무대, 텔레비전, 영화라는 세 개의 현대 연기 형식이 있다. 가장 전통적인 것은 무대 연기인데, 같은 공연이 일정 기간 동안 반복된다. 무대 공연은 큰 강당에서부터 작은 극장까지 많은 장소에서 이루어진다. 대조적으로 텔레비전 연기는 TV 프로그램의 제작 기간 동안 이루어지는데, 그것은 주로 촬영장에서 만들어진다. 마지막으로 영화 연기의 목적은 영화를 만드는 것이다. 배우들은 영화의 각 장면을 위해 여러 장소로 이동하기도 하는데, 그 장면들은 때때로 감독이 만족할 때까지 계속해서 촬영된다. 영화는 배우들로부터 가능한 최상의 연기를 얻어내기 위해 가장 오랜 시간을 쓸 수 있다. 어떠한 형식을 취하든, 연기는 많은 사람들을 즐겁게 하는 것이다.
해설　(A) which 이하가 선행사 stage acting에서 이루어지는 것이므로 장소의 전치사 in이 필요하다.
(B) 선행사가 the film's scenes이므로 주격 관계대명사인 which가 필요하다. (what은 계속적 용법으로 사용할 수 없다.)
(C) 선행사가 something이므로 주격 관계대명사인 that이 필요하다.

02 해석　홍학은 정말 사랑스러운 색이어서 그들은 거의 가짜처럼 보인다. 사실, 홍학이 태어날 때, 그들은 실제로는 회색이다. 시간이 흐르면서, 그들의 색깔은 그들의 음식으로 인해 변한다. 홍학이 먹는 조류와 바다 생물은 카로티노이드라고 불리는 색소를 함유하며, 그것은 분해되어 깃털, 다리, 부리에 분포된다. 조류를 많이 먹는 홍학이 가장 밝은 색이다. 홍학은 음식으로 인해 색이 변하는 유일한 새는 아니다. 푸른발부비새와 미국 오색방울새도 비슷한 과정을 겪는다. 사람들도 또한 카로티노이드가 함유된 음식을 먹는다. 그러나, 사람들은 그들의 피부색에 영향을 줄 만큼 그것들을 충분히 먹지는 않는다.
해설　문장의 주어가 Flamingos이므로 be동사의 복수형인 are를 써야 한다. that eat a lot of algae는 선행사인 Flamingos를 수식하는 주격 관계대명사절이다.

Reading & Structure ★ 수능독해 ★　p.108

01 ⑤　02 ④　03 ④　04 ①

01 해석　어느 날, 우리 아들이 놀이터에서 일찍 집에 왔다. 아이는 낙심해 있었는데 왜냐하면 자신이 올라타기에 너무 높은 그

네를 타고 싶었기 때문이었다. 무엇을 해야 하는지 확신이 안 선 아이는 자신의 문제를 공유할 수 있는 사람에게 달려왔는데, 그게 바로 나였다! 아이는 자신이 그네에 올라탈 수 있는 방법을 알고 있는지 내게 물었다. 나는 아이에게 몇몇 아이디어를 줄 수 있었다. 혹은 내가 놀이터로 가서 직접 아이를 도와줄 수도 있었다. 하지만 나는 그것이 아이들을 독립적이고 창의적으로 만드는 것이 아니라는 사실을 알고 있다. 그래서 대신에 나는 아이에게 "네 스스로 그것에 닿을 수 있는 방법을 생각해 낼 수 없을까?"라고 물었다. 아이는 잠깐 생각했다. "아마 제가 땅에 벽돌 몇 개를 놓으면, 그 위에 올라설 수 있을 거예요."라고 아이가 마침내 대답했다. 그런 다음, 그는 얼굴에 의기양양한 표정을 띠고, 놀이터로 다시 뛰어갔다.

해설 높은 그네에 올라갈 수 있는 방법을 묻는 아들을 직접 도와주기보다는 스스로 그 방법을 생각해 보도록 도와주었다는 내용의 글이다.

구문 [2행] ... he wanted to play on a swing set [whose swings were **too high** *for him* **to climb onto**].: 「too ... to-v」는 '너무 …해서 ~하다'의 의미이며, for him은 to climb onto의 의미상 주어이다.

[3행] [(**Being**) Unsure what to do], he ran to the person [*with whom* he could share his problems] — me!: 첫 번째 [ ]는 앞에 Being이 생략된 이유를 나타내는 분사구문이다. / 두 번째 [ ]는 선행사 the person을 수식하는 「전치사 + 관계대명사」절이다.

[5행] Or I **could have gone** to the playground and **helped** him up *myself*.: 「could have p.p.」 '…할 수 있었다' / myself는 강조의 재귀대명사이다.

[5-6행] But I know **that** *that*'s not **what** makes children independent and creative.: 첫 번째 that은 동사 know의 목적어절을 이끄는 접속사이고, 두 번째 that은 앞 문장의 내용을 가리키는 대명사이다. / what은 선행사를 포함하는 관계대명사로 보어절을 이끈다.

02 해석 Lou Gehrig은 유명한 야구 선수였다. 사실상, 그는 모든 시대를 통틀어 가장 위대한 선수 중 한 명이었다. 1923년에서 1939년까지 17개 시즌 동안, Gehrig은 메이저 리그 2,130개의 경기에 연속 출장하였다. 그는 뉴욕에서 태어났고 그의 전 야구 인생 내내 같은 팀을 위해 뛰었는데, 1923년이 그 시작이었다. 그 팀은 뉴욕 양키스였고, 그는 그 팀의 1루수였다. 1927년에 Gehrig은 47개의 홈런을 쳤는데, 이는 한 해에 친 홈런 개수로는 대단한 숫자였다. 그는 선수 생활을 하는 동안 아메리칸 리그의 MVP를 두 번 받았다. 슬프게도 Gehrig은 ALS라는 치료법이 없는 희귀한 신경 질환을 진단받고 나서 1939년에 은퇴할 수밖에 없었다. 3년 동안 투병

한 후 그는 38세의 나이로 세상을 떠났다. 오늘날 사람들은 종종 이 병을 루게릭병이라고 부른다.

해설 불치병 진단을 받은 뒤 은퇴를 하였다.

구문 [3-4행] ... and played for the same team during *his entire baseball career*, **which** began in 1923.: which는 his entire baseball career를 선행사로 하는 계속적 용법의 관계대명사이다.

03 해석 뇌의 왼쪽은 신체의 오른쪽을 통제하는데, 더 논리적이라고 흔히 여겨진다. 그리고 뇌의 오른쪽은 (신체의) 왼쪽을 통제하는데, 더 창의적이라고 여겨진다. 이것이 논리적인 사고를 잘하는 사람들이 종종 '좌뇌 지배적'이라고 불리고, 더 예술적인 사람들이 '우뇌 지배적'이라고 여겨지는 이유이다. 그러한 지배성은 개인, 특히 아이들이 학습하는 방법에 영향을 미칠 수도 있다. 우리의 학교에 관해 말하자면, 개인적 과제와 단계별 설명을 많이 강조하는데, 이것들은 좌뇌 지배적이다. 그러므로, 우뇌 지배적인 아이들은 소외감을 느낄지도 모른다. 그들은 논리와 순서를 강조하는 활동을 하기보다는 오히려 실험하고 탐험하고 직접 해보는 활동을 할 때 기분이 좋아질지도 모른다. 따라서, 학교에서는 좌뇌 지배적인 활동들뿐만 아니라 우뇌 지배적인 활동들도 포함해야 한다.

해설 우뇌 지배적인 학생들이 소외감을 느낄 수 있다는 내용의 주어진 문장은 그 원인이 언급된 문장 뒤에 이어지는 것이 가장 자연스럽다.

구문 [2-3행] **It** is commonly thought **that** the left side of the brain, [*which* controls the right side of the body], is more logical.: It은 가주어이고 that 이하가 진주어이다. / [ ]는 선행사 the left side of the brain을 부연설명하는 주격 관계대명사절이다.

[8-9행] They may feel good **doing** hands-on activities, **experimenting**, and **exploring** ....: doing, experimenting, exploring은 시간을 나타내는 분사구문으로 접속사 and에 의해 병렬연결되어 있다.

[10-11행] So, schools should incorporate right-brain dominant *activities* **as well as** left-brain
                   A   B
dominant *ones*.: 「A as well as B」 'B뿐만 아니라 A도' / ones는 activities를 가리킨다.

04 해석 사람들은 일생동안 그들의 정신 능력의 단 5에서 10퍼센트만을 소실한다. 그러면 왜 일부 노인들은 무엇인가를 기억하는 데 어려움을 겪는 것일까? 나이가 들어가면서, 많은 새로운 정보를 배우고 기억할 필요가 없는 생활 양식을 발달시키기가 쉽다. 항상 해 오던 것들을 하고 항상 생각해 오던 것을 생각하고, 그래서 기억력은 보다 빈번하게 무시되면서, 그 능력은 서서히 소실된다. 반면, 일이나 취미 활동에서 여전히 활동

적인 많은 노인들은 젊은이들 못지않은 좋은 기억력을 가지고 있다. 확실히 기억력 상실은 불가피하다고 받아들일 것이 아니다.

> → 사람들이 기억력 상실을 나이 탓으로 생각하지만, 그것은 사실 기억력이 소실되게 하는 <u>틀에 박힌 일상</u> 때문이다.

해설 기억할 필요가 없는 생활 양식을 가진 노인들은 기억력이 쉽게 소실되는 반면, 일이나 취미 활동을 활발히 하는 노인들은 좋은 기억력을 가지고 있다고 했으므로, (A)에는 memory(기억), (B)에는 routines(틀에 박힌 일상)가 적절하다.

구문 [2-3행] As you grow old, **it's** easy **to develop** <u>a pattern of life</u> [*which* doesn't require ...].: it은 가주어, to develop 이하는 진주어이다. / [ ]는 a pattern of life를 수식하는 주격 관계대명사절이다.

[4-5행] You do **what** you've always done and think **what** you've always thought, ...: what은 '…하는 것'이라는 의미의 선행사를 포함하는 관계대명사이다.

[6-7행] ..., many elderly people ... have *memories* that are just **as good as** *those* of younger people.: 「as + 형용사[부사] + as」는 원급 비교 구문이며, those는 앞의 memories를 대신한다.

11 관계사 2

1 관계부사   p.110

1 이곳이 내가 태어난 집이다.
2 나는 네가 나를 그녀에게 소개해 준 그날을 항상 기억할 것이다.

1 min. check up ✅

> ❶ where / 블로그는 우리의 생각을 공유할 수 있는 공간이다.
> ❷ why / 언론학을 전공하는 이유를 물어봐도 될까요?
> ❸ when / 나는 그가 나에게 돌아올 그날만을 애타게 기다리고 있다.
> ❹ where / 우리는 아이들이 편안하게 살 수 있는 나라를 만들 것이다.

3 관계부사의 기본 용법   p.111

1 우리 모두가 함께 캠핑을 갔던 때를 기억하니?
2 공룡이 지구를 지배했던 때가 있었다.
3 나는 그가 살고 있는 도시를 방문하고 싶다.
4 저기가 그 사고가 났던 곳이다.
5 저것이 그들이 잘못된 점이다.
6 그녀가 나를 좋아하지 않는 이유를 내게 말해 줘.
7 내가 비난받아야 할 이유가 없다.
8 이것이 프로그램을 설치하는 방법이다.
9 그는 내가 그곳에 있던 내내 계속 말을 했다.
10 저기는 우리 모두가 갈 수 있는 곳이다.
11 당신이 테니스를 그만둔 이유가 무엇이었습니까?

1 min. check up ✅

> ❶ the reason how → the reason[the reason why / the reason that] / 나는 그가 학교에 결석한 이유를 모르겠다.
> ❷ which → where[in which] / 이곳은 뉴욕에서 많은 관광객들이 가는 유명한 식당이다.
> ❸ the way how → how[the way/the way that/the way in which] / 스마트폰은 사람들이 다른 사람들과 상호작용하는 방법에 영향을 준다.

4 관계부사의 두 가지 용법   p.112

1 Lisa가 대학을 졸업한 해는 2011년이었다.
2 나는 지진이 절대 일어나지 않는 나라에 살고 싶다.
3 내가 그의 계획에 반대하는 또 다른 이유가 있다.
4 소방차는 2시 30분에 도착했는데, 그때는 너무 늦었다.
5 5시에 다시 오세요, 그때 그가 돌아와 있을 것입니다.
6 Lynda는 런던으로 이사했는데, 거기서 20년 동안 살았다.

5 관계부사의 주의할 용법   p.112

1 지금이 내가 너를 가장 필요로 하는 때이다.
2 우리 집은 내가 근무하는 곳에서 아주 멀다.
3 그의 목소리는 너무 조용하다. 그것이 내가 그가 말하는 것을 이해할 수 없는 이유이다.
4 너는 그가 평소 개를 산책시키는 시간을 아니?
5 내게 거짓말을 한 이유를 말해 줘.
6 그것이 그 전쟁이 일어난 경위이다.
7 이곳이 그 재즈 페스티벌이 열리는 공원이다.
8 우리가 우주 여행을 즐길 수 있는 때가 곧 올 것이다.
9 3D와 4D 영화를 볼 수 있는 극장이 건설될 것이다.

1 min. check up ✅

❶ 이것이 내가 그 문제를 다시 제기하는 이유이다.
❷ 그리고 나서 내가 다시 학교로 돌아가야 하는 날이 되었다.
❸ 나는 유럽 여행을 했는데, 거기에서 많은 고대 건축물들을 보았다.

6 관계사와 의문사의 비교   p.113

1 min. check up ✅

②는 주격 관계대명사이고, ①, ③, ④, ⑤는 모두 의문사이다.
해석 이것은 독감이나 보통 감기와 같은 전염성 질병을 앓게 되는 것을 피할 수 있는 가장 좋은 방법 중 하나이다. 이것이 요구하는 것은 무엇일까? 비누와 따뜻한 물뿐이다. 이것은 특별한 장비가 필요 없는 간단한 습관이다. 이것은 단순히 손을 닦는 것이다. 당신은 이 습관의 이점이 무엇인지, 언제 그리고 어떻게 적절하게 하는지를 알고 있는가?

7 복합관계사   p.114

1 나는 누구든지 먼저 도착하는 사람에게 가장 좋은 자리를 주겠다.
2 네가 원하는 사람이면 누구든 데려올 수 있다.
3 누가 전화를 하든, 내가 나갔다고 말해라.
4 네가 원하는 것은 어느 것이든 가져가라.
5 네가 어느 쪽을 선택하더라도, 우리는 네 결정을 존중할 것이다.
6 네가 좋아하는 것은 무엇이든지 해라.
7 우리가 무슨 말을 하더라도, 그는 마음을 바꾸지 않을 것이다.
8 네가 바라는 언제든지 떠나도 된다.
9 언제 오더라도, 너는 항상 환영받을 것이다.
10 내 애완동물은 내가 가는 곳이면 어디든지 나를 따라온다.
11 그는 어디에 있더라도, 너를 생각하고 있다.
12 네가 그것을 어떻게 하더라도, 그 결과는 똑같을 것이다.
13 네가 아무리 힘이 세다 하더라도, 그 돌을 움직일 수 없다.
14 나는 논쟁을 싫어한다. 그러나, 우리가 의논해야 할 몇 가지 문제가 있다.

1 min. check up ✅

❶ whatever / 수지의 부모님은 수지가 하는 것은 무엇이든지 좋아하신다.
❷ whenever / 오고 싶을 때 언제든지 우리를 방문해도 좋다.

❸ Whoever / 누구든 늦게 오는 사람은 교실을 청소해야 한다.
❹ however / 아무리 화가 나더라도 이제 진정해라.

📙 Grammar Practice   pp.115-116

01 (1) Rome is a city where there are lots of monuments. / 로마는 많은 기념물이 있는 도시이다.
(2) Poverty can be a reason why people commit crimes. / 가난은 사람들이 범죄를 저지르는 이유가 될 수 있다.
(3) Take a picture at the moment when she walks into the room. / 그녀가 방으로 걸어오는 순간에 사진을 찍어라.

02 (1) which[that] / 밀라노는 내가 방문하고 싶은 곳이다.
(2) how[the way / the way that / the way in which] / 나는 그가 아기와 놀아주는 방식을 좋아하지 않는다.
(3) when[on which] / 네가 성공할 그날이 올 것이다.
(4) Whenever 또는 Wherever / 네가 이 약을 언제[어디서] 복용하더라도, 물을 많이 마셔라.

03 (1) where
• 사원이 없는 도시는 내 흥미를 끌지 못한다.
• 돈 없이 버스를 탄 상황에 처해 본 적이 있니?
(2) However
• 아무리 영리한 사람이라도, 우리 회사에 적합한 사람이 아닐지도 모른다.
• 네가 그것을 어떻게 하더라도, 너희 부모님은 그것에 감동하실 것이다.
(3) when
• 9월은 우리가 다른 나라로 이사를 갈 때이다.
• 그들이 놀이공원을 갔던 해는 2018년이었다.

04 (1) in which / 이곳은 그가 일하는 사무실이다.
(2) no matter what / 그녀는 어떤 옷을 입더라도 예뻐 보인다.
(3) Whichever team / 어느 팀이 이기더라도 나는 그들을 축하해줄 것이다.
(4) whomever[whoever] / Larry는 네가 제안하는 사람이라면 누구든지 함께 그 프로젝트를 진행할 것이다.

05 ② 의문사 / 김 씨는 나에게 어디서 휴가를 보냈는지 물었다.
① 관계부사 / 이것은 내가 이해하지 못한 부분이다.
③ 관계부사 / 그는 그가 등산하곤 했던 산을 그리워한다.

④ 관계부사 / 나는 네가 내가 작년에 살았던 곳에 방문하기를 바란다.

⑤ 관계부사 / 그의 가게는 마을 사람들이 만나는 장소이다.

06 (1) whatever / 그녀가 생일에 원하는 것이면 무엇이든지 줘라.

(2) how / 이것은 이 혁신적인 기계가 작동하는 방식이다.

(3) Wherever / 네가 어디서 공부하더라도, 너는 집중할 수 없을 것이다.

(4) where / 그 팀이 경기하곤 했던 경기장이 파괴되었다.

07 Whoever knocks on the door, don't answer.

08 There were circumstances where he was unable to explain his alibi.

📙 Grammar Practice ★수능문법★ p.117

01 ⑤ 02 ①

01 해석 극한의 환경에서도 살 수 있는 작은 생물들이 많이 있다. 가장 놀라운 것 중 하나는 핀의 머리 부분보다도 크지 않은 크기의 다세포 생물인 완보류이다. 이 생물은 아주 흥미로운데, 왜냐하면 그들은 주변에서 무슨 일이 일어나든 생존할 수 있기 때문이다. 완보류는 홍수, 가뭄, 심지어 산소가 부족할 때에도 살 수 있다. 예를 들어, 만약 그들이 사는 환경의 산소 수치가 갑자기 떨어지면, 그들은 바로 풍선처럼 그들 자신을 부풀려 산소가 더 풍부한 새로운 장소로 흘러간다.

해설 (A) 앞에 organisms라는 선행사가 있으므로 관계대명사 that이 적합하다. what은 선행사를 포함하는 관계대명사이다.

(B) '그들 주변에 무슨 일이 일어나든지'의 의미이므로 no matter what이 알맞다. (「no matter how」 '아무리 …하더라도')

(C) 관계사 뒤의 절이 완전하고, 선행사가 장소를 나타내는 a new place이므로 관계부사 where가 알맞다.

02 해석 지구 온난화는 오늘날 뉴스 머리기사의 가장 흔한 주제 중 하나이다. 그것은 또한 갑작스러운 기후 변화가 문명의 생존을 위협하는 많은 허구 영화의 주제로 사용되었다. 이러한 영화들을 보고 난 후, 많은 사람들은 그러한 위기가 실제로 일어날 수 있을지 궁금해 한다. 대개, 과학자들은 지구 온난화에 대해 논의할 때 '점진적인 기후 변화'에 대해 이야기한다. 그러나 몇 가지 징후들은 어떤 상황이 발생한다면, 더욱 갑작스러운 변화가 일어날 수도 있다는 것을 시사한다. 그것이 일부 과학자들이 이러한 영화들 속에 보여지는 심각하고 갑작스러운

유형의 변화가 불가능하지 않다고 믿는 이유이다.

해설 관계사 뒤의 절이 완전하고, 선행사가 추상적 의미의 장소인 a number of fictional films이므로 관계부사 where 또는 in which가 와야 한다.

📕 Reading & Structure ★수능독해★ p.118

01 ② 02 ③ 03 ④ 04 ④

01 해석 자기 도취자들이 주변에 있는 것은 불쾌할 수도 있는데, 특히 그들의 자극이 다른 사람들을 깎아내릴 때 그러하다. 그러나 심리학자들은 그러한 부정적인 상호 작용을 줄이는 데 도움이 될 수 있는 흥미로운 발견을 했다. 그들은 자기 도취증에 기여하는 두 가지 뚜렷한 동기 요인을 발견했다. 감탄 요인은, 자기 도취자들이 바람직한 결과를 얻도록 동기 부여하는데, 사회적으로 이로울 수 있다. 그러나, 그것은 경쟁 요인, 즉 다른 사람들보다 더 잘 되고자 하는 욕망에 의해 정복될 수 있다. 이것이 자아 도취자들이 종종 둔감한 행동을 보이며 그들의 주변에 있는 사람들을 무시하는 이유이다. 다행스럽게도, 자기 도취자들의 사회적 기술은 그들이 독립적으로 일할 수 있는 상황에서 향상되는 경향이 있는데, 왜냐하면 경쟁 요인이 감소하고 감탄 요인이 더 커지기 때문이다.

→ 자기 도취자들이 <u>자율성</u>을 가질 때, <u>긍정적인</u> 상호작용이 더 잘 일어난다.

해설 자기 도취증에 기여하는 두 가지 동기 요인인 감탄 요인과 경쟁 요인에 대한 글로, 자기 도취자들이 독립적으로 일할 때 감탄 요인이 더 커져 사회적 기술이 향상되는 경향이 있다고 했으므로, (A)에는 Positive(긍정적인), (B)에는 autonomy(자율성)가 적절하다.

구문 [1-2행] Narcissists can be unpleasant **to be** around, particularly at <u>times</u> [*when* their motivation **leads** them **to put** others down].: to be는 감정의 원인을 나타내는 부사적 용법의 to부정사이다. / 관계부사 when이 이끄는 [ ]가 선행사 times를 수식한다. / 「lead + 목적어 + to-v」 '…가 ~하게 하다'

[3-4행] They have found <u>two distinct motivational factors</u> [**contributing** to narcissism].: contributing이 이끄는 현재분사구가 two distinct motivational factors를 수식한다.

02 해석 PC 리셋 증후군은 인터넷 중독을 앓고 있는 십 대들에게서 종종 발견되는 질환이다. 그들은 컴퓨터 앞에서 너무 많은 시간을 보내서 현실과 사이버 공간을 구별하지 못한다. 이

로 인해, 그들은 현실을 컴퓨터 게임처럼 대한다. 그들은 마치 컴퓨터에 있는 리셋 버튼을 누르는 것 같이 현실 세계에서 문제를 일으키고 있는 것은 무엇이든지 지우고 간단히 다시 시작할 수 있다고 생각한다. 이것은 그들이 어려운 상황들을 직면할 때마다 쉽게 포기하고 책임감 있게(→ 무책임하게) 행동하게 한다. 그들은 그것이 직업이든 관계이든 간에 불편한 것은 무엇이든지 무시하려는 경향이 있다. 그리고 그들이 다른 사람들을 고려하지 않기 때문에 사회에 적응하는 데 문제를 자주 겪는다. 심각한 경우에, PC 리셋 증후군은 심지어 환자가 그들의 죄책감도 리셋할 수 있다고 믿기 때문에 범죄 행위를 유발할 수도 있다.

해설　현실 세계에서도 문제가 생기면 리셋 버튼을 눌러 모든 것을 다시 시작할 수 있다고 생각하는 PC 리셋 증후군 환자들이 책임감 있게 보다는 무책임하게(irresponsibly) 행동한다는 내용이 문맥상 적절하다.

구문　[1-2행] PC Reset Syndrome is a condition [sometimes **found** in teenagers {*suffering* from an Internet addiction}].: found가 이끄는 과거분사구가 a condition을 수식하고, suffering이 이끄는 현재분사구가 teenagers를 수식한다.

[4-5행] They think (that) they can **erase** [*whatever* is causing their problems in the real world] and simply **start** again, *much like* pressing the reset button on a computer.: erase와 start가 동사 think의 목적어절의 동사로서 병렬관계를 이루고 있다. / whatever는 '…하는 무엇이든지'의 의미로 동사 erase의 목적절을 이끌고 있다. / 「much like」 '마치 …처럼'

[5-6행] This **leads** them **to give up** easily and (to) **act** responsibly *whenever* they face difficult situations.: 「lead + 목적어 + to-v」 '…가 ~하게 하다'의 의미로 동사 lead의 목적격보어로 to give up과 (to) act가 병렬관계를 이루고 있다. / whenever는 '…할 때마다'의 의미로 부사절을 이끌고 있다.

03 해석

Oceanside 자연 산책
Oceanside 자연 산책은 일년에 한 번씩 열리는 특별한 축제입니다. 참가자들은 숲을 걷게 되는데 그곳에서 문화 행사들을 즐길 수 있습니다. 축제에서 모금되는 모든 돈은 우리 지역의 공원과 호수 그리고 강을 유지하는 데 사용될 것입니다.
세부사항
• 시간: 8월 31일, 토요일
• 장소: Northside 공원의 숲길을 따라

• 참가비: 어른 10달러, 어린이와 노인 5달러
매력적인 요소
• 길을 따라 지역 음식을 파는 곳이 있는 12킬로미터의 산책로
• 산책로 끝에 있는 전통 음악 및 춤 공연
이 행사는 참가하고자 하는 누구에게나 열려 있습니다. 그러나 먼저 www.naturewalk.net에서 온라인으로 등록해야 합니다.

해설　길을 따라 지역 음식을 파는 곳이 있다고 했다.
구문　[2-3행] Participants will walk through the forests, **where** they can enjoy cultural events.: where는 계속적 용법의 관계부사로 the forests에 관한 부가적 설명을 하며, and there로 바꿔 쓸 수 있다.

[3-4행] All the money [**raised** at the festival] will *be used to maintain* our local parks, lakes, and rivers.: [　]는 All the money를 수식하는 과거분사구이다. / 「be used to-v」 '…하는 데 쓰이다[사용되다]'

[10행] The event is open to **whoever** wishes to join.: whoever는 '…하는 누구든지'를 의미하는 복합관계사이며, 앞에 있는 전치사 to의 목적어에 해당하는 명사절을 이끈다.

04 해석　네펜시스는 잎에서 자라나는 매달려 있는 주머니에 잡힌 곤충들을 먹고 살기 때문에 종종 '낭상엽 식물'이라고 불린다. 그들의 덫이 작용하는 방법이 아래 설명되어 있다. (C) 주머니가 잔뜩 부풀어오르면, 액체로 채워지기 시작한다. 그 다음에는 맨 위의 뚜껑이 열려 내부가 드러난다. 이 시점이 되면, 덫이 먹이를 잡을 준비가 된 것이다. (A) 곤충들이 주머니 내부의 달콤한 냄새의 유혹을 받는다. 그러나 일단 들어가면 곤충들은 주머니 벽이 미끄러운 점액으로 덮여 있기 때문에 다시 밖으로 나올 수가 없다. 결국, 그것들은 액체 속으로 빠진다. (B) 곤충들이 액체 속에서 버둥거릴 때, 이 식물은 소화를 돕는 산을 방출한다. 이 산은 이 식물이 잡는 것은 무엇이든지 녹일 만큼 충분히 강하다. 곤충들이 용해된 후에, 이 식물은 이어서 그것들의 모든 영양분을 흡수한다.

해설　낭상엽 식물 네펜시스가 먹이를 어떻게 사냥하는지 알려준다는 주어진 글 뒤에, (C) 주머니에 액체가 차오르면 뚜껑이 열리고, (A) 곤충들이 향기에 유혹되어 들어왔다가 빠져나가지 못하면, (B) 주머니에서 소화 산이 나와 곤충들을 용해하여 영양분을 흡수한다는 순서로 글이 이어지는 것이 자연스럽다.
구문　[1-2행] Nepenthes are often called "pitcher plants," because they feed on insects (*which are*) **caught** in hanging pitchers [**that** grow from their leaves].: caught 앞에는 「주격 관계대명사 + be동

사」가 생략되었다. / [ ]는 선행사 hanging pitchers를 선행사로 하는 주격 관계대명사절이다.

[6-7행] This acid is **strong enough to dissolve** *whatever* the plant traps.:「형용사 + enough to-v」 '…하기에 충분히 ~한' / whatever는 '…하는 것은 무엇이든지'란 의미의 복합관계사로, anything that과 바꿔 쓸 수 있다.

PART3 주요 구문 및 품사

 비교 구문

1 비교급·최상급 만드는 법　　　p.122

1 짧은-더 짧은-가장 짧은 / 넓은-더 넓은-가장 넓은 / 빠른[빠르게]-더 빠른[더 빠르게]-가장 빠른[가장 빠르게]
2 일찍-더 일찍-가장 일찍 / 큰-더 큰-가장 큰
3 유명한-더 유명한-가장 유명한 / 유용한-더 유용한-가장 유용한
4 현명하게-더 현명하게-가장 현명하게 / 부드럽게-더 부드럽게-가장 부드럽게
5 컴퓨터가 사람보다 더 똑똑해질 수 있을까?
6 너는 가장 잘생긴 사람이 누구라고 생각하니?

1 min. check up ✔

❶ latest / 여기에 모든 신간 소설이 있습니다.
❷ further / 질문이 더 있으십니까?
❸ more expensive / 이 상점의 스마트폰은 다른 상점에서보다 더 비싸다.

2 원급을 사용한 주요 구문　　　p.123

1 네가 원하는 만큼 많이 가져갈 수 있다.
2 두 번째 영화는 첫 번째 것만큼 좋지 않았다.
3 그녀는 가능한 한 빠르게 달렸다.
4 그는 그 어떤 군인 못지않게 용감하다.
5 그는 지금까지 살았던 사람 중 전례 없이 위대한 인물이다.
6 이 새 컴퓨터는 예전 것보다 세 배 더 빠르다.
7 Luis는 시인이라기보다는 오히려 소설가이다.
8 Julia는 고맙다는 말조차 하지 않았다.
9 나는 열 개의 행에서 열 개의 철자를 잘못 썼다.

10 그는 굉장히 존경받은 반면, 그녀는 그만큼 멸시를 당했다.

1 min. check up ✔

❶ not as[so]
❷ as possible
❸ much

3 비교급을 사용한 주요 구문 1　　　p.124

1 다이아몬드는 철보다 더 단단하다.
2 날씨가 점점 더 따뜻해지고 있다.
3 사람은 행복하면 할수록 더 오래 산다.
4 Scott은 열심히 일할수록 더 많은 돈을 벌었다.
5 네 요리가 내 것보다 훨씬 더 나았다.
6 Margaret는 정치인이라기보다 사업가이다.
7 이 제품은 저것보다 우수하다.
8 나는 그 계획을 발표되기 전에 알고 있었다.

1 min. check up ✔

❶ to
❷ longer, longer
❸ more, closer

4 비교급을 사용한 주요 구문 2　　　p.125

1 고래가 물고기가 아닌 것은 말이 물고기가 아닌 것과 같다.
2 그가 유명인사가 아닌 것은 내가 영국의 왕이 아닌 것과 같다.
3 Mason은 아버지만큼이나 피곤했다.
4 나는 너만큼 신이 난다.
5 나는 사과를 5개밖에 가지고 있지 않다.
6 Peter는 은행 계좌에 10달러밖에 없다.
7 그는 나에게 500달러나 주었다.
8 그들은 그것에 대해 논쟁하는 데 30분이나 소비했다.
9 Nicole은 더는 여기에서 일하지 않는다.
10 Harold는 체중을 감량하고 싶어 하기 때문에 더는 고기를 먹지 않는다.

1 min. check up ✔

❶ Sara는 더는 Raul을 사랑하지 않는다.
❷ 그녀는 쇼핑몰에서 30달러밖에 쓰지 않았다.
❸ 나는 독자들이 편집자나 기자들만큼 똑똑하다고 생각한다.

5 최상급을 사용한 주요 구문　　　　p.126

1 Ian은 한국에서 가장 재능이 있는 음악가이다.

2 이것은 내가 들어본 것 중에 가장 아름다운 노래이다.

3 Steve Jobs는 기업사에 있어서 가장 훌륭한 혁신가 중 한 명이다.

4 세상에서 제일 가는 부자라도 행복을 살 수는 없다.

5 그는 그들 모두 중에서 단연코 가장 용감하다.

6 이것은 좋은 식당을 찾는 데 단연코 가장 좋은 스마트폰 응용프로그램이다.

1 min. check up ✅

볼가 강은 유럽에서 가장 긴 강이다.

❶ longer than / 볼가 강은 유럽에 있는 다른 어떤 강보다도 더 길다.

❷ longer than / 유럽에 있는 어떤 강도 볼가 강보다 더 길지 않다.

❸ as[so], as / 유럽에 있는 어떤 강도 볼가 강만큼 길지 않다.

🧊 Grammar Practice　　　　pp.127-128

01 (1) kids / Charlie는 세계에서 가장 똑똑한 아이 중 한 명이다.

(2) much / 후식이 주 요리보다 훨씬 더 나았다.

(3) the more / 여러분이 이 도시에 더 오래 머물수록, 이곳이 더 좋아질 것입니다.

(4) to / 내가 중국에 가기 전에 그는 많은 도움이 되는 충고를 해 주었다.

(5) highest / 이것은 지금까지 그가 받았던 것 중에 가장 높은 점수이다.

02 (1) as much as / B제품은 C제품보다 두 배 더 많이 저장할 수 있다.

(2) narrower than / D제품은 어떤 다른 태블릿 PC들보다 폭이 더 좁다.

(3) more expensive, the most expensive / C제품은 D제품보다 더 비싸다. 모든 제품 중 A제품이 가장 비싸다.

(4) as wide as, the shortest / A제품은 B제품만큼 폭이 넓지만, 배터리 수명은 넷 중 가장 짧다.

03 (1) No possession / 건강은 가장 귀중한 재산이다.

(2) not so much, as / 그는 가수라기보다는 춤꾼이다.

(3) the funniest / 그것은 내가 들어본 가장 재미있는 이야기이다.

(4) the most / 그것은 내가 이제껏 해본 가장 신나는 여행이다.

(5) three times as expensive / 그의 배낭은 내 것보다 세 배 더 비싸다.

04 the very, better, further

> 토요일은 그가 퇴원하는 가장 최근의 날입니다. 그의 상태는 전보다 천천히 더 나아지고 있습니다. 더 자세한 정보가 필요하다면 저에게 전화 주십시오.

05 ② faster more faster → faster and faster

06 이 놀이공원은 내가 지금까지 방문했던 곳 중에 가장 재미있는 장소이다.

(1) as exciting as / 내가 지금까지 방문했던 다른 어떤 장소도 이 놀이공원만큼 재미있지 않았다.

(2) more exciting than / 내가 지금까지 방문했던 장소들 중 어디도 이 놀이공원보다 더 재미있지 않았다.

(3) more exciting than any other place / 이 놀이공원은 내가 지금까지 방문했던 어떤 다른 장소보다 더 재미있다.

07 He finished the job as quickly as possible.

🧊 Grammar Practice　★수능문법★　　p.129

01 ②　　**02** ②

01 해석　전자레인지는 세계에서 가장 흔한 가전제품 중 하나이다. 놀랍게도, 그것은 우연히 발명되었다! 1945년, Percy Spencer라는 이름의 미국인 기술자가 극초단파를 생성하는 장치인 전자관을 실험하고 있는 실험실을 방문하고 있었다. 놀랍게도, 그의 주머니에 있는 초코바가 녹기 시작했다. 다른 사람들은 이 전에 극초단파의 가열 효과를 알아차렸지만, 그들은 그것을 Spencer만큼 심각하게 받아들이지 않았다. 다른 음식에 극초단파가 미치는 영향을 시험한 후에, Spencer와 그의 회사는 최초의 상업용 전자레인지를 개발했다. 그것은 대략 냉장고의 크기였고 오늘날의 전자레인지보다 20배나 무거웠다.

해설　(A) 형용사 prior는 전치사 to와 함께 쓰여 '~전에', '~보다 우선하는'의 의미로 쓰인다.

(B) 동사 hadn't taken를 꾸며주는 부사 seriously가 와야 한다.

(C) 「배수사 + as + 형용사[부사] + as」 '~배만큼 …한[하게]'를 사용한 원급 비교 구문이므로 heavy가 와야 한다.

02 **해석** 많은 생물학자들은 어떤 종이 다른 종보다 더 오래 사는 이유를 알아보기 위해 각기 다른 종류의 동물들이 얼마나 오래 사는지를 연구한다. 그들의 연구는 동물의 수명이 그 동물의 신진대사에 달려있다는 것을 보여 준다. 포유류는 동물이 크면 클수록, 더 오래 산다. 이것은 큰 포유류일수록 작은 포유류보다 신진대사가 더 느리게 일어나기 때문이다. 신진대사가 더 느린 포유류는 심장박동이 더 느리고, 그래서 그들의 심장은 스트레스를 덜 받는다. 이러한 연구 결과는 인간을 제외한 대부분의 포유류에게 적용되는데, 인간들은 현대 의료와 기술의 유익한 효과 덕분에 보통보다 긴 수명을 가진다.

해설 '…하면 할수록, 점점 더 ~하다'라는 의미의 「the + 비교급 …, the + 비교급 ~」 구문이므로 the longer it lives가 되어야 한다.

📖 Reading & Structure ★수능독해★ p.130

01 ① **02** ③ **03** ② **04** ⑤

---

01 **해석** '패닉'이라는 단어는 그리스의 신인 판에서 유래한다. 판은 염소처럼 생긴 생명체였고, 더 위대한 신들보다는 열등하지만 그럼에도 인간들보다는 우월한, 덜 중요한 신이었다. 그는 그리스의 도시국가들 사이에 살았고, 그가 가장 사랑하는 취미 중 하나는 지나가는 여행자들에게 장난을 치는 것이었다. 언젠가, 한 여행자가 판이 숨어있는 조용한 숲을 걸어가고 있었다. 판이 덤불의 잎을 바스락거리기 시작했을 때까지 그 숲에서 가장 시끄러운 소리는 그의 발자국 소리였다. 이 의문스러운 소리는 그를 긴장하게 했고, 그는 더 빠르게 걷기 시작했다. 그러나 판은 계속했고, 그 여행자는 그 소리에서 벗어날 수 없었다. 그는 숲에서 벗어날 때까지 가능한 한 빨리 길을 따라 달렸다. 판의 장난 때문에, 그는 공포의 물결을 경험하지 않고는 숲으로 돌아갈 수 없었다.

해설 ①의 his는 Pan을 가리키며, 나머지는 모두 the traveler를 가리킨다.

구문 [3-4행] …, and one of his most beloved pastimes was to play tricks on passing travelers.: to play는 be동사 was의 보어로 사용된 명사적 용법의 to부정사로 '…하는 것'으로 해석한다.

[4-5행] One time, a traveler was walking through a quiet forest [where Pan was hiding].: [ ]는 선행사 a quiet forest를 수식하는 관계부사절로, where는 in which로 바꿔 쓸 수 있다.

02 **해석** 포도주에는 오랜 시간 동안 보존할 수 있도록 도와주는

특정 화학적 화합물들이 있다. 포도주 병에 들어 있는 이러한 화합물들이 많을수록, 포도주가 숙성되면서 맛이 점점 더 좋아질 것이다. 숙성 과정은 매우 복잡하지만, 기본 원칙은 포도주의 포도가 더 적은 수분을 지닐수록, 그 포도주는 더욱 성공적으로 숙성된다는 것이다. 포도주가 숙성되면서, 화합물들은 서로 점점 더 많이 상호작용한다. 적포도주에서, 이것은 포도주를 더 연하고 그 맛을 부드럽게 만들지만, 동시에 더욱 풍미 있게 만든다. 이 결과로, 고품질의 적포도주는 대개 오래 숙성되면 될수록 더욱 좋아진다.

해설 포도주의 숙성 과정을 설명하고 있으므로, ③ '오래된 것이 더 좋다: 포도주의 숙성 과정'이 글의 제목으로 적절하다.
① 세상에서 가장 비싼 포도주
② 맛이 좋은 포도주의 비결: 포도
④ 좋은가, 나쁜가? 화학적 화합물의 역할
⑤ 당신의 포도주에는 화학적 화합물이 첨가되고 있는가?

구문 [1행] There are certain chemical compounds in *wine* [that help *it* last a long time].: [ ]는 certain chemical compounds를 선행사로 하는 주격 관계대명사절이다. / 대명사 it은 앞의 wine을 지칭한다.

[5-6행] In a red wine, this **makes the liquid paler and softer** to taste, … **more flavorful**.: 「make + O + OC(형용사)」 '…가 ~하게 만들다'

[6-7행] As a result of this, high-quality red wines usually get **better the longer** they are allowed to age.: 「the + 비교급, the + 비교급」 구문이며 better 앞에 the가 생략되면서 the longer와 the better가 이끄는 어구의 순서가 뒤바뀐 형태이다.

03 **해석** 오늘날 젊은이들은 일반적으로 노인들에 비해 역사와 전통에 대해 관심이 덜하다. 그들이 뭔가를 계획할 때 과거는 거의 고려하지 않을 것이다. 그들은 미래에 일어날 일이 그들의 통제 아래에 있다거나, 적어도 그들의 영향력 안에 있다고 믿는다. 변화는 아마도 진보를 낳을 것이라 그들은 생각한다. 그들에게는 새로운 것들이 과거의 것들에 비해 훨씬 더 좋다. 하지만 이런 태도는 몇 가지 중요한 가치를 간과하고 있는 것 같다. 항상 새로운 것이 오래된 것을 교체하겠지만, 전통은 바로 그것이 그대로 있기 때문에 중요하다. 기술과 현대 삶의 방식이 아무리 많이 바뀌더라도, 전통은 우리에게 우리가 어디서 왔는지를 상기시킨다. 그것은 갈수록 혼란스러운 우리 현대 사회에서 우리에게 소속감과 지속성을 주면서 우리를 과거 세대와 연결한다.

해설 역사와 전통을 중시하지 않는 젊은이들을 비판하며 그 중요성에 대해 말하고 있다.

구문 [2행] The past is **the last** thing (that) they

consider ….: 「the last … (that) ~」는 '가장 ~할 것 같지 않은 …'

[4-5행] For them, new things are **far** *better* than the old ones.: far는 비교급 better를 강조하는 부사이다.

[7-8행] **No matter how** much technology and our modern way of life might change, ….: 「no matter how」 '아무리 …하더라도'

04 **해석** 정신을 차리고 하루를 잘 보내기 위해서는 일정한 양의 수면이 필요하다. 충분히 수면을 취하지 않으면, 쉽게 화를 내고 집중력이 저하되며, 심지어 우울증이 생길 수도 있다. 십 대들은 그들의 신체에서 일어나고 있는 모든 것들 때문에 다른 연령층보다 훨씬 더 많이 자야 한다. 얼마나 더 잠이 필요한가? 연구에서 보여지듯 대부분의 십 대들은 하룻밤에 9시간 정도의 수면이 필요하다. 불행히도 일반적인 학기 중의 밤에는 그 정도의 수면을 취하는 십 대들은 실제로 거의 없다는 증거도 있다. 실제로, 겨우 15퍼센트의 십 대들만이 하룻밤에 8시간이나 그 이상의 수면을 취하고, 25퍼센트가 넘게 7시간 미만의 수면을 취하고 있다. 숙면은 신체와 정신이 제대로 기능할 수 있도록 여러 가지 건강상의 혜택을 제공하기 때문에 이것은 심각한 문제이다.

해설 주어진 문장은 십 대들의 수면 실태를 구체적인 수치로 제시하고 있으므로, 십 대들의 수면 시간이 9시간이 채 되지 않는다는 것을 보여주는 증거가 있다고 명시한 문장 다음에 들어가는 것이 가장 적절하다.

구문 [4-5행] Teens need *even* **more sleep than any other age group** ….: even … group은 비교급을 이용한 최상급 표현이다. / even은 비교급을 강조하는 부사이다.

[7-8행] Unfortunately, there's also evidence **that** *few* teens actually get close to **that** during a typical school night.: 첫 번째 that 이하의 절은 evidence와 동격의 관계를 나타내며, 두 번째 that은 앞 문장의 nine hours of sleep per night을 지칭하는 대명사이다. / few는 '거의 없는'이라는 부정의 의미이다.

13 특수 구문

1 도치 구문 　　　　　　　　　　　p.132

1 그 가수와 사진을 찍으리라고 그녀는 꿈도 꾸지 않았다.
2 그는 그가 어떻게 느끼는지 거의 드러내지 않는다.

3 선생님께서 나에게 질문을 하시자마자 종이 울렸다.
4 사람들은 건강을 잃고 나서야 그 가치를 깨닫는다.
5 문 옆에 큰 상자가 하나 있었다.
6 저기 우리 선생님께서 가신다!
7 그제서야 겨우 나는 그녀가 의도한 바를 이해했다.
8 그의 음악에 대한 열정은 대단했다.
9 A: 배가 고파. B: 나도 그래.
10 A: 나는 오페라를 좋아하지 않아. B: 나도 그래.
11 내가 서둘렀다면 그 버스를 탈 수 있었을 텐데.
12 여기 그녀가 온다!
13 네 말이 옳아.

1 min. check up ✅

❶ could I believe / 나는 그녀가 말한 것을 거의 믿을 수 없었다.
❷ are some books / 그녀의 가방 안에 책 몇 권이 있다.
❸ do I /
　A: Jay, 나는 오늘 밤 외출하고 싶지 않아. B: 나도 그래.

2 강조 구문 　　　　　　　　　　　p.133

1 너 오늘 정말 멋져 보이는구나!
2 그는 정말 오기는 했지만 곧 돌아갔다.
3 이것이 내가 찾고 있던 바로 그 책이다.
4 수미는 불어를 전혀 할 줄 모른다.
5 나는 뱀을 조금도 두려워하지 않는다.
6 Steven은 조금의 야망도 없었다.
7 도대체 너는 여기서 뭘 하고 있니?
8 도대체 저 사람은 누구니?
9 Sally는 어제 은행에서 John에게 전화를 했다.
10 어제 은행에서 John에게 전화했던 사람은 바로 Sally였다.
11 Sally가 은행에서 John에게 전화했던 때는 바로 어제였다.
12 어제 Sally가 John에게 전화했던 곳은 바로 은행이었다.
13 그가 화난 이유가 도대체 뭐였니?
14 어제 은행에서 John에게 전화했던 사람은 바로 Sally였다.
15 내게 연애 편지를 보낸 사람은 바로 Lauren이었다.
16 Lauren이 내게 연애 편지를 보낸 것이 확실했다.

1 min. check up ✅

❶ know / 내 비밀을 정말로 아는 유일한 사람은 Adams 박사이다.
❷ end / 그 야구 선수들은 정말 끝까지 최선을 다했다.
❸ his genuine smile / 그에게 내 마음이 끌린 것은 바로 그의 꾸밈없는 미소 때문이었다.

3 삽입 구문　　　　　　　　p.134

1 Jane은 놀랍게도 모든 것을 지불했다.
2 그는 말하자면 걸어 다니는 사전이었다.
3 그의 생각이 내가 보기에는 최고다.
4 그녀가 회복될 가능성은 있다 하더라도 거의 없다.

4 생략 구문　　　　　　　　p.134

1 로마에서는 로마인들이 하는 대로 해라.
2 그녀는 아팠지만 평소처럼 학교에 갔다.
3 필요하다면 나는 그곳에 가겠다.
4 Kelly는 그리스로 갔고, Alice는 스페인으로 갔다.
5 어떤 사람들에게는 인생이 즐거움이지만, 다른 사람들에게는 고통이다.
6 나는 학교에 지각하는 것을 좋아하지 않았지만, (지각을) 했다.
7 날씨가 어제만큼 좋지 않다.
8 그는 내가 영화를 좋아하는 것보다 더 영화를 좋아한다.
9 A: 비가 올까?
   B: 그러지 않기를 바라.
10 A: 그가 집에 곧 올까?
   B: 유감스럽게도 그러지 않을 거야.

1 min. check up ✅

❶ When they[Americans] are invited to dinner
❷ for another person to bring a dessert

해석　저녁식사에 초대받았을 때, 미국인들은 식사의 일부를 가져오는 것을 좋아한다. 이것은 흔한 일인데, 예를 들면, 한 사람이 샐러드를 가져오고, 다른 사람은 디저트를 가져온다.

5 동격 구문　　　　　　　　p.135

1 나의 상사인 Green 씨가 어젯밤에 내게 전화를 했다.
2 처음에 그녀는 가장 중요한 등장인물인 백설공주 역을 원했다.
3 자선 단체에 돈을 기부하겠다는 네 생각이 마음에 들어.
4 그가 시험에 낙방했다는 그 소식은 나를 슬프게 했다.

6 무생물 주어 구문　　　　　　　　p.135

1 폭우로 그들은 외출할 수 없었다.
2 그 협박 때문에 우리는 그들의 명령을 따라야 했다.
3 그 책 덕분에 우리는 마술의 비밀을 이해할 수 있게 되었다.
4 이 약을 먹으면 기분이 나아질 것이다.

1 min. check up ✅

❶ 장학금 덕분에 그는 유학을 갈 수 있었다.
❷ 그는 긴장하면 다리를 떠는 버릇이 있다.
❸ 아버지가 돌아가셔서 그는 학교를 그만두고 직장을 구해야 했다.
❹ 우리는 장애가 있는 참가자가 몇 명 있다는 사실을 간과해서는 안 된다.

7 부정 구문　　　　　　　　p.136

1 그는 할 말이 전혀 없었다.
2 나는 그들 둘 다 모른다.
3 방 안의 어떤 사람도 그 문제를 풀 수 없었다.
4 부자라고 항상 행복한 것은 아니다.
5 모든 학생들이 다 출석한 것은 아니다.
6 그녀는 항상 자신의 약속들을 지킨다.
7 그는 올 때마다 다른 사람들에 대해 불평한다.
8 그는 결코 신사가 아니다.
9 그 수술은 전혀 위험하지 않았다.
10 그 가격은 그가 지불할 수 있는 수준을 넘어섰다.
   (그는 그 가격을 지불할 수가 없었다.)

1 min. check up ✅

❶ neither / 나는 두 남자 중 그 누구도 좋아하지 않는다.
❷ anything but / 그의 영어는 결코 정확하지 않다.
❸ Everyone[Everybody] / 그를 좋아하지 않는 사람은 없다.

🔷 Grammar Practice　　　　　　pp.137-138

01 (1) So did I /
   A: 나는 어제 미식축구 경기를 보러 갔었어.
   B: 나도 그랬어. 아주 재미있었어.
   (2) it was /
   A: 차에 있던 세 사람 모두 그 사고로 다쳤니?
   B: 아뇨, 다친 사람은 단지 두 명의 승객뿐이에요.
   (3) you go /
   A: 잠깐 당신의 휴대폰을 사용해도 될까요?
   B: 물론이죠, 여기 있습니다.

02 (1) It was last year that I bought the camera in America. /
   내가 미국에서 그 카메라를 산 것은 바로 작년이었다.

(2) What is it that the boy intends to make? /
그 소년이 만들려고 하는 것은 무엇이니?

(3) It was the train that he was waiting for in the early morning. /
그가 아침 일찍 기다리고 있었던 것은 바로 기차였다.

03 (1) did the letter arrive /
어제가 되어서야 그 편지가 도착했다.

(2) have I heard of such a thing /
그런 것은 들어본 적이 없다.

(3) could we solve the problem /
그가 떠나고 나서야 우리는 문제를 해결할 수 있었다.

(4) thanks to physics[because of physics] /
물리학 덕분에 우리는 몇몇 자연의 신비를 이해할 수 있다.

04 (1) which → that / 그들은 그가 나중에 밤에 돌아올 것이라는 생각을 가지고 있었다.

(2) do → does / 그녀는 지금 우리 반에서 어느 누구보다도 더 열심히 공부한다.

(3) he opened → did he open / 그가 그 상자를 열자마자 그는 비명을 질렀다.

(4) I do → do I / 그들은 록 음악을 좋아하지 않고, 나도 그렇다.

05 ② / 내가 어렸을 때, 나는 그곳에 가곤 했다.
① A: 저 차는 세차가 필요하군. B: 확실히 세차가 필요해.
③ 네가 방문하고 싶을 땐 언제라도 우리 가게에 와.
④ 나는 오늘 너를 볼 수 없지만, 내일은 너를 볼 수 있다.
⑤ 나는 이것들 중 하나를 샀고, Sue도 하나를 샀다.

06 ③ 가주어 It / 우리가 점심을 준비하는 것은 필수였다.
① 강조 구문 It / 그 소리를 내는 것은 내 고양이다.
② 강조 구문 It / 내 아이가 보고 싶어하는 것은 호랑이다.
④ 강조 구문 It / 우리가 박물관에 방문한 것은 어제였다.
⑤ 강조 구문 It / 그들이 사고 난 곳은 강가였다.

07 The broken-down car prevented us from going to the zoo.

08 She never does the dishes without singing a song.

Grammar Practice ★수능문법★ p.139

01 ⑤   02 ④

01 해석   직장에서의 스트레스는 꽤 흔하게 있는 일이다. 많은 직업들은 사람들로 하여금 프로젝트를 끝내거나 기한을 지키기 위해 사무실에서 장시간 일하도록 요구한다. 하지만 몇몇 직업은 그러한 정신적 인내를 요할 뿐만 아니라 사람의 신체에 많은 압박을 주기도 한다. 예를 들어 운동선수들은 다른 누구보다 더 빨리, 더 높이, 더 멀리 가기 위해 항상 노력함으로써 자신을 몰아 붙인다. 이것은 잠재적으로 심각한 부상의 원인이 될 수 있다. 따라서, 운동선수들은 종종 훈련하는 동안 신체에 생긴 손상에서 회복하는 데 오랜 시간을 보낸다. 이러한 부상들은 너무 심각해서 그들은 심지어 선수 생활을 마치기도 한다.
해설   (A) 상관 접속사 「not only A but (also) B」
(B) 부사절에서 접속사 while 뒤에 「주어 + be동사」인 they are이 생략된 구문이다.
(C) 보어(So serious)가 문두로 나와 주어와 동사가 도치되어야 한다.

02 해석   내 인생은 우여곡절이 많다. 나는 매우 가난한 가정에서 태어났지만, 지금은 억만장자이고, 세계에서 가장 부유한 사람 중 하나로 여겨진다. 나는 아버지가 내게 "열심히 일한다면 언젠가 너는 부자가 될 수 있을 거야."라고 말씀하셨던 것이 기억난다. 그가 옳았다는 것이 밝혀졌다. 사람들은 내가 매우 행복한 사람이라고 말한다. 나는 그들이 왜 그렇게 생각하는지 이해할 수 있지만, 내가 돈 때문에 진심으로 행복했던 것은 인생에서 단 한 번뿐이었던 것으로 기억한다. 그것은 내가 처음으로 백만 달러를 벌고 난 직후였다. 아내가 "인생이 정말 멋지지 않아요? 우리는 부자예요!"라고 말하는 것이 아직도 들린다. 하지만 그때 이후로 나는 거의 행복을 느끼지 못했다. 사실 부유하다는 것은 나에게 그것이 해결해 주었던 것보다 더 많은 문제를 일으켰다.
해설   부정의 의미를 가진 부사(hardly)가 문두에 오면 주어와 동사가 도치된다. 완료시제인 「주어 + have p.p」의 경우 주어와 have가 도치되어 have I felt가 되어야 한다.

Reading & Structure ★수능독해★ p.140

01 ③   02 ⑤   03 ③   04 ④

01 해석   불행히도, 위대한 예술가들은 모두가 그들이 얼마나 성공할 것인지 알 수 있을 만큼 충분히 오래 사는 것은 아니었다. 그림 '아이리스'는 19세기 네덜란드의 화가인 Vincent van Gogh에 의해 그가 사망하기 전 해인 1889년에 그려졌다. 놀랍게도 1987년에 그것은 5,300만 달러가 넘는 가격에 팔렸는데, 그렇게 높은 금액에 경매에 부쳐진 그림은 지금껏 없었다. 하지만 그의 살아생전에는 그의 그림들은 잘 팔리지 않

았다. 17세기의 네덜란드 화가 Vermeer의 그림들도 그랬다. (Vermeer는 그의 그림에서 빛의 효과를 보여주는 것의 달인이었을 것이라 여겨진다.) 그도 자신의 그림을 거의 팔지 못했고 빛을 진 채 죽었지만, 오늘날 그의 작품들은 수백만 달러에 팔린다. Van Gogh와 Vermeer는 위대한 예술가들이 종종 죽고 난 다음에야 인정받는다는 슬픈 사실을 보여준다.

해설 위대한 예술가들은 종종 죽고 난 다음에야 인정받는다는 내용의 글로, Vermeer가 빛의 효과를 보여주는 데 달인으로 여겨진다는 내용의 ③은 글의 흐름과 무관하다.

구문 [1-2행] Unfortunately, great artists did **not always** live long ....:「not always」'항상 …한 것은 아니다' (부분 부정)

02 해석 1970년에 새로운 이론 하나가 경제학자 George Akerlof에 의해 '레몬 시장'이라는 제목의 논문에 소개되었다. 그 이론은 중요한 제품 정보가 오직 시장의 판매자들에게만 소유될 때 무슨 일이 벌어지는지를 중고차 시장을 예로 들어 설명한다. 그는 일부 중고차들이 '레몬'이라고 상정했는데, 이는 결함이 있는 자동차를 이르는 미국 속어이다. 판매자들은 그들의 차가 레몬인지 아닌지를 보통 알고 있지만, 구매자들은 그렇지 않다. 그러므로 안 좋은 차를 사는 위험을 무릅쓰고 있다고 생각하기 때문에 구매자들이 기꺼이 지불하려는 금액은 낮아진다. 하지만 판매자들은 그들의 질 좋은 차들에 대해 더 낮은 가격을 받아들이고 싶지 않아서, 그것들을 팔려고 하는 것을 단념하게 된다. 그 결과, 더 적은 수의 좋은 차들이 판매용으로 제공되며, 구입 가능한 중고차들의 전반적인 질은 낮아진다. 결론적으로, 판매자와 구매자 간의 정보 차이가 좋은 제품을 시장에서 몰아낸다.

해설 중고차 시장에서 판매자는 차의 품질에 대해 알고 있는 반면 구매자는 그러한 정보가 없어 낮은 가격에 사려 하기 때문에 중고차 시장에서 좋은 차가 사라진다는 내용이다.
① 중고차 시장의 판매자는 구매자의 신뢰를 얻었다
② '레몬' 시장은 구매자가 최고의 거래를 하도록 돕는다
③ 질 낮은 자동차들은 흔히 그것들의 진정한 가치 이상의 가격으로 팔린다
④ 질 좋은 제품들의 증가는 제품의 평균 가격을 낮춘다

구문 [2-4행] **Using** the used car market as an example, it explains [*what* happens when important product information is possessed by only the sellers in a market].: Using 이하는 부대상황을 나타내는 분사구문이다. / [ ]는 explains의 목적절로 what은 선행사를 포함한 관계대명사이다.

[5-6행] Sellers often know [**whether** their cars are lemons or not], but buyers *don't*.: [ ]는 동사 know의 목적어로 쓰인 명사절이며 whether는 '…인지 아

닌지'의 의미이다. / don't 뒤에 know … or not이 반복을 피하기 위해 생략되었다.

[6-7행] Therefore, the amount of money [(which /that) buyers are willing to pay] is lowered, **as** they feel they are taking the risk of buying a bad car.: [ ]는 선행사 the amount of money를 수식하는 관계대명사절로, 목적격 관계대명사 which 또는 that이 생략되었다. / as는 '… 때문에'라는 의미의 접속사이다.

03 해석 모든 어미 쥐들은 그들의 새끼들을 다르게 대한다. 어떤 어미 쥐들은 (새끼들을) 많이 손질하는 반면, 다른 어미 쥐들은 거의 그러지 않는다. 새끼 쥐들이 어른이 되었을 때, 흥미롭게도, 아기로서 아주 많이 손질된 쥐들은 그렇지 않은 쥐들보다 스트레스를 덜 받는다. 이 차이가 유전적인 것인지 알아 보기 위해, 한 실험이 행해졌다. 연구원들은 한 어미 쥐의 새끼들을 태어나자마자 분리하여 그들을 두 마리의 양 어미 쥐의 보호를 받게 했다. 이 대리모 쥐들 중 한 마리는 새끼 쥐들을 자주 손질했지만, 다른 대리모 쥐는 그렇게 하지 않았다. 다시 한 번, 많이 손질 받은 새끼 쥐들은 어른으로서 스트레스를 덜 받았다. 이것은 새끼 쥐들이 그들의 어미로부터 어떤 유전자를 받았는지는 중요하지 않았다는 것을 보여주었다. 그들의 어른으로서의 스트레스 정도를 결정했던 것은 그들의 생물학적 어미가 아니었다. 그것은 그들을 돌본 (대리) 어미 쥐였다.

해설 새끼 쥐가 다 자랐을 때의 스트레스 정도를 결정했던 것은 생물학적 어미 쥐가 아닌 대리모 쥐였다는 빈칸 뒤의 내용으로 답을 추론한다.
① 얼마나 자주 쥐들이 새끼로서 보살핌을 받았는지
② 어떻게 다르게 어미 쥐들이 그들의 새끼를 길렀는지
④ 누가 그 쥐들이 새끼였을 때 돌봤는지
⑤ 언제 새끼 쥐들이 그들의 어미로부터 분리되었는지

구문 [1-2행] Some do a lot of grooming, while others (**do grooming**) very little.: others 다음에 반복되는 do grooming이 생략되었다.

[2-3행] …, the rats [**that** were groomed heavily as babies] experience less stress than those [**that** were not (*groomed*)].: [ ]는 선행사 the rats와 those를 각각 수식하는 주격 관계대명사절이다. / were not 다음에 반복되는 동사 groomed가 생략되었다.

[8-9행] **It was** not their biological mother **that** determined their stress levels as adults.:「it is[was] … that」강조 구문으로, not their biological mother를 강조한다.

04 해석 Henrietta Nesbitt은 1933년 3월 4일에 백악관을 처음 보았다. Franklin Roosevelt가 미국 대통령으로서 그

의 첫 임기를 시작한 것이 바로 그날이었다. Roosevelt 대통령의 부인, Eleanor는 백악관의 수석 가정부로 그녀의 이웃인 Nesbitt를 고용했다. 전문 가정부로는 처음 일해보는 것이었지만, Nesbitt는 그 도전에 준비가 되어 있었다. 그녀는 자신의 가정을 돌보며 익혔던 기술들이 대통령 관저를 관리하는 데 필요하게 될 전부일 것이라고 확신했다. 그녀는 대공황과 제2차세계대전 모두를 겪으며 12년 넘게 그 직책을 맡아 백악관의 일상 생활을 관리하게 될 것임을 전혀 알지 못했다.

해설 자신의 가정을 돌보며 익힌 기술이 백악관의 가사 관리에 필요한 전부일 것이라고 확신했다.

구문 [1-2행] **It was** on that day **that** Franklin Roosevelt began ....: 부사구 on that day를 강조하는 「It is[was] ... that」 구문이다.

[5-7행] She was confident that **the skills** [(which/that) she had learned *taking care of her own home*] were **all** [she would need *to manage* the presidential residence].: [　]는 목적격 관계대명사 which 또는 that이 생략된 관계사절로, 각각 the skills와 all을 수식한다. / taking ... home은 동시동작을 나타내는 분사구문이다. / to manage는 목적을 나타내는 부사적 용법의 to부정사이다.

[7-8행] **Little did Nesbitt know** that she would spend more than a dozen years ....: 부정어인 Little이 문두로 나와 주어와 동사가 도치되었다.

14 명사·관사·대명사

1 명사
pp.142-143

1 한 소년은 인터넷 검색을 하고 있고, 두 소녀는 음악을 듣고 있다.
2 우리 가족은 대가족이다.
3 우리 가족들은 모두 일찍 일어난다.
4 경찰은 삼엄한 경계 태세를 취하고 있다.
5 Cecilia는 인천 공항에서 두 개의 짐을 부쳤다.
6 Tom과 Kathy는 지난 8월에 뉴욕에서 보스턴으로 이사했다.
7 John은 열정은 있으나 인내심이 부족하다.
8 물은 산소와 수소로 이루어져 있다.
9 나는 하루에 석 잔의 커피를 마신다.
10 웨이터, 커피 두 잔 부탁합니다.
11 3개의 견본과 2건의 정보가 제공될 것입니다.

12 Brian은 너무 배가 고파서 밥 두 그릇을 먹었다.
13 나는 우유를 조금 마시고 싶었는데, 거의 남아있지 않았다.
14 나는 얼마 전에 머리를 잘랐다.
15 그 손님은 수프에서 머리카락 한 가닥을 발견했다.
16 그들은 여러 직함을 가진 사람들과 교제를 지속했다.
17 Perry는 세 회사의 대표들과 만났다.
18 그는 현명한 사람이다.
19 그녀는 그 문제를 쉽게 해결했다.
20 나는 오늘 아침에 내 친구 한 명을 만났다.
21 그것은 우리 오빠의 잘못이 아니다.

1 min. check up ✓

❶ hair / 나는 얼마 전에 머리를 갈색으로 염색했다.
❷ like / 우리 가족들은 모두 주말에 TV 시청하는 것을 좋아한다.
❸ tea / 너는 이미 오늘 차를 석 잔 마셨다.
❹ a company / Jake는 한 회사에서 수년간 일하고 있다.
❺ information / 나는 대개 인터넷을 통해 정보를 얻는다.

2 관사
pp.144-146

1 온라인으로 영화 표를 예매할 수 있는 곳이 어디니?
2 로마는 하루아침에 지어진 것이 아니다.
3 어떤 의미에서, 우리는 모두 무엇인가에 중독되어 있다.
4 같은 종류의 깃털을 가진 새는 함께 모인다. (유유상종)
5 이 약을 하루에 세 번 드십시오.
6 Edwards 씨라는 분이 당신을 만나러 왔었습니다.
7 그는 Thomas Edison과 같은 사람이 되기를 바란다.
8 나는 라디오에서 노래 한 곡을 들었는데, 그 곡은 아주 좋았다.
9 여기는 춥네요. 히터 좀 켜 주세요.
10 이 지역에서 생산되는 포도주는 맛이 좋다.
11 내가 거리에서 만났던 그 남자 아이는 Paul의 남동생이었다.
12 해가 뜨고, 달은 진다.
13 내 여동생은 피아노와 플루트를 연주할 수 있다.
14 그들은 시간당 급여를 받는다.

1 min. check up ✓

❶ a / 나는 하루에 5킬로미터씩 달린다.
❷ the / 고기는 시장에서 그램 단위로 가격이 매겨진다.
❸ the / 나는 어제 편지 한 통을 받았는데, 아직 그 편지를 읽지 않았다.

15 이것은 내가 찍은 사진 중 가장 잘 나온 사진이야.
16 그들은 같은 대학에 가기를 원했다.

17 공이 그 아이의 얼굴에 맞았다.

18 내가 졸고 있었을 때, 누군가가 내 어깨를 흔들었다.

19 너는 아침에 여기에 와야 한다.

20 나는 영화를 보러 가고 싶다.

21 그는 개는 좋아하지만 고양이는 좋아하지 않는다.

22 아름다움은 우리 모두의 안에 있다.

23 물은 삶에 필수적이다.

24 이 바다의 물은 매우 맑다.

25 아빠가 나에게 너와 함께 가라고 말씀하셨다.

26 제발 제 통증을 덜어 주세요, 의사 선생님.

27 김 교수는 그 대학에서 가장 젊은 교수이다.

28 Elizabeth 여왕 1세는 1558년부터 1603년까지 영국을 통치했다.

29 건강을 유지하고 싶다면 아침을 거르지 말아야 한다.

30 역사는 내가 가장 좋아하는 과목이다.

31 방과 후에 축구하는 것이 어떠니?

32 그녀는 어젯밤에 그와 함께 근사한 저녁을 먹었다.

1 min. check up ✅

❶ the fame → fame / 많은 사람들이 명성을 얻기 위해 노력하고 있다.

❷ the King Sejong → King Sejong / 한글은 15세기에 세종대왕에 의해 창제되었다.

❸ the English → English, the mathematics → mathematics / 나는 수학보다 영어를 더 좋아한다.

33 그들은 8시에 등교한다.

34 너는 11시까지는 잠자리에 들어야 한다.

35 그들은 농구를 하러 학교에 갔다.

36 너는 그를 깨우기 위해 침대로 가야 한다.

37 그는 여기에 택시로 왔지만 버스로 돌아갈 것이다.

38 우리는 이메일로 당신에게 연락할 것입니다.

3 대명사 pp.146-148

1 지금 몇 시입니까? — 10시입니다.

2 비가 오고 있어. 네 우산을 가져가.

3 내가 지난밤 거기에 있었다는 것은 사실이 아니다.

4 그를 기다리는 것이 우습게 생각된다.

5 나를 매혹시킨 것은 바로 그녀의 순수한 미소였다.

6 Karen, Jim에게서 전화 왔어.

7 Diana는 어떻게 지내니?

8 마음을 편하게 먹어. 걱정할 것이 전혀 없단다.

1 min. check up ✅

❶ that → it / 그들은 시험에 통과하는 것이 어렵다는 것을 알았다.

❷ school → the school / Kim 씨는 아들을 데리러 학교에 갔다.

❸ This → It / 우리가 같은 날 태어났다는 것이 정말 놀라워.

❹ this → it / A: 여기서 극장까지 얼마나 걸리니? B: 15분 정도.

9 나는 면도하던 중에 베였다.

10 그 현명한 사람은 자신이 남들보다 우월하다고 생각하지 않는다.

11 그 현명한 사람은 자신이 다른 이들보다 우월하다고 생각하지 않는다.

12 당신이 시장 그 사람을 봤단 말이요?

13 이것은 내가 직접 그린 그림이다.

14 그는 영어로 의사소통을 할 수 없었다.

15 너는 내 의견을 묻기 전에 스스로 생각해 보아야 한다.

16 서울의 인구는 부산의 인구보다 더 많다.

17 그녀의 학생들이 Brown 선생님의 학생들보다 더 영리하다.

18 시도하지 않는 자들은 결코 배우지 못할 것이다.

19 지금 떠나고 싶은 사람들은 그렇게 해도 좋다.

1 min. check up ✅

❶ yourself / 편히 쉬세요.

❷ those / 기다리는 사람들에게는 모든 것이 성취된다.

❸ those / Jim의 수입은 Jack의 수입보다 10% 더 많다.

❹ himself / 그의 부모님은 그가 어렸을 때 돌아가셔서 그는 자신을 부양해야 했다.

20 새집은 예전 집보다 비용이 더 든다.

21 내 휴대전화가 없어졌어. 집에서 나왔을 때에는 그것을 가지고 있었는데.

22 교통 법규를 준수해야 한다.

23 여기 펜이 두 개 있어. 내가 한 개를 가질게. 너는 다른 하나를 가져.

24 여기에 쿠키가 좀 있어. 하나는 Jane의 것이고, 또 다른 하나는 Jill의 것이고, 나머지는 다 내 것이야.

25 그는 모든 문제를 신중하게 처리한다.

26 당신은 각 질문에 정직하게 대답해야 합니다.

27 우리들 각자는 유일하고 소중한 존재다.

28 내 돈이 다 떨어졌다.

29 모든 손님들이 오늘 밤 여기에 있습니다.

30 대부분의 어린이들은 어둠을 두려워한다.

31 그 집에는 인기척이 없었다.

32 그들 중 몇몇은 부끄러워했고, 서로 대화하고 있지 않았다.

33 몇 권의 책이 있다. 어떤 것들은 과학에 관한 것이고, 다른 것들은 예술에 관한 것이다.

34 어떤 과일이라도 썩었다면, 버리십시오.

35 지금 내가 필요한 유일한 것은 약간의 휴식이다.

1 min. check up ✅

> **❶** one
> **❷** any

🔷 Grammar Practice

pp.149-150

01 (1) those / 그녀의 눈은 토끼의 눈만큼이나 빨갛다.

(2) were / 경찰은 군중을 뒤쫓고 있었다.

(3) advice / 저에게 좋은 충고 좀 해 주시겠어요?

(4) the, are / 나는 우리 반에서 키가 제일 커. 사실, 우리 가족의 사람들 모두 키가 커.

(5) are / 학생들은 모든 방을 이용할 수 있다.

(6) by itself / 문이 저절로 열렸다. 나는 조금 무서웠다.

(7) one / 나는 휴대전화를 잃어버려서, 아빠가 하나를 사주실 것이다.

(8) mine / 네가 행복하지 않은 것이 내 잘못은 아니다.

(9) a / 나는 Joan의 파티에서 어떤 소녀와 춤을 추었다. 그녀의 이름은 Lucy였다.

(10) another, the other / 정원에는 세 명의 소녀가 있다. 한 명은 꽃에 물을 주고 있고, 또 다른 한 명은 개를 산책시키고 있고, 나머지 한 명은 노래를 부르고 있다.

02 (1) it / 내가 네 방에 내 책을 두고 온 것 같아. 그것을 찾아봐 줄 수 있니?

(2) One, the other / 여기 두 장의 티셔츠가 있어. 하나는 네 거고, 다른 하나는 너의 여동생 거야.

(3) yourself / 나는 네가 편안하게 쉬길 바라.

(4) those / 이 차의 바퀴들이 저 차의 바퀴들보다 더 크다.

03 (1) those who

(2) by herself

(3) Each of them

(4) twice a month

04
> 나는 가능한 답이 많이 있다는 것이 혼란스럽다는 것을 알았다. (가목적어 it)

③ 그는 혼자서 공부하는 것이 어렵다고 생각했다. (가목적어 it)

① 지난밤에는 몹시 춥고 바람이 불었다. (비인칭 주어 it 〈날씨〉)

② 이봐, 어서 와! Ann에게 전화 왔어. (사람을 가리키는 it)

④ 네가 Neil을 만난 적이 없다는 것이 이상하구나. (가주어 it)

⑤ 나는 일어나서 시계를 보았다. 새벽 5시였다. (비인칭 주어 it 〈시간〉)

05 ② the furnitures → the furniture / 내가 가구를 옮기는 것을 도와줄 수 있니?

④ me → myself / 때때로 나는 지하철에서 혼잣말을 한다.

① 그 문제를 신중히 처리해주세요.

③ 소들이 헛간 앞에 모여 있다.

⑤ 각 손님들은 우리 엄마에 의해 환영 받는다.

06 Can you pass me three pieces of paper?

07 Every student was in the stadium.

🔷 Grammar Practice ★수능문법★

p.151

01 ② **02** ②

01 해석 만일 다국적 사업에서 성공하고자 한다면, 사람들은 다른 나라의 문화를 이해해야만 하고 그것에 적응하는 방법을 배워야만 한다. 그들은 오해, 즉 잘못된 관념에 기반한 사업상의 결정을 피하는 것이 중요하다. 오해의 한 가지 원인은 자민족 우월주의, 즉 자신의 문화에서의 일 처리 방식이 다른 문화의 것보다 우월하다는 믿음이다. 자민족 우월주의는 어떤 개인과 조직 모두에 존재할 수 있다. 그것은 '우리는 다른 그 누구보다 뛰어나다'라는 식의 양상을 취한다.

해설 (A) the cultures of other countries를 지칭하는 대명사의 복수형이 와야 하고, 주어 they는 people을 지칭하므로 재귀대명사를 쓸 수 없다.

(B) misconceptions를 선행사로 취하는 관계대명사 which의 동사 자리이므로 복수형 are가 와야 한다.

(C) 비교대상이 '다른 문화의 일 처리 방식'으로 앞의 way of doing things와 대구를 이루는 지시대명사의 단수형 that이 와야 한다.

02 해석 설날의 전통은 기원전 153년으로 거슬러 올라간다. 그때부터, 많은 문화권에서 이날을 기념했다. 로마인들에게 새해의 시작은 신화 속의 신인 야누스로 상징되었다. 야누스의 머리에는 두 개의 얼굴이 있었는데, 하나는 앞에, 나머지 다른 하

나는 뒤에 있어서 그는 앞쪽과 뒤쪽을 동시에 볼 수 있었다. 야누스처럼, 1월 1일에 로마 사람들은 지나간 해를 뒤돌아보고, 다가오는 새해를 기대하곤 했다. 전 세계적으로, 오늘날 사람들은 이날을 문자 그대로의 의미와 상징적인 의미로 기념한다.

해설 둘 중 하나는 one, 다른 하나는 the other로 표현해야 한다.

Reading & Structure ★ 수능독해 ★   p.152

01 ⑤   02 ②   03 ③   04 ②

01 해석   도시 사회학자인 Ray Oldenburg는 사람들에게 비공식적으로 모일 수 있는 장소가 있는 것이 중요하다고 생각한다. 그는 첫 번째 장소는 우리의 가정, 두 번째 장소는 우리의 일터, 그리고 이곳을 '세 번째 장소'라고 칭했다. 세 번째 장소는 사람들이 휴식을 취하고 그들 집단의 다른 사람들과 함께 있는 것을 즐기러 갈 수 있는 곳이다. 세 번째 장소로 여겨질 수 있는 장소에는 카페, 중심 거리, 우체국 등이 포함된다. 단지 교제를 하기 위한 장소 그 이상으로, Oldenburg는 그곳들을 강한 지역 사회와 건강한 민주주의의 기반으로 본다. 이것은 사람들이 세 번째 장소에서 모일 때 사회적 동등체로서 서로서로 소통할 수 있기 때문이다.

해설   사람들에게 가정과 일터 이외에 휴식을 취하고 사람들과 교제 및 소통할 수 있는 제3의 장소가 필요하다는 내용으로 ⑤ '사람들이 함께 모일 수 있는 장소를 가지는 것의 중요성'이 주제로 적절하다.

① 일터에서 너무 많은 시간을 보내는 것의 위험성
② 새로운 사람들을 사귀고 만나기 위한 최고의 장소들
③ 왜 대부분의 사람들이 그들 자신의 집보다 공공 장소를 선호하는가
④ 어떻게 사람들의 집이 그들이 공동체를 형성하도록 북돋우는가

구문   [1-2행] ... it is important **to have** places [*for people* to gather informally].: it은 가주어이고 to have 이하가 진주어이다. / [ ]는 places를 수식하는 to부정사구로 for people은 to부정사(to gather)의 의미상 주어이다.

[2-3행] He **calls** these "third places," [*with* first places *being our homes* **and** second places *being our workplaces*].: 「call A B」 'A를 B라고 부르다' / [ ]는 주절을 부연설명하는 「with + 목적어 + 분사」 구문으로 '…가 ~한 채로'의 의미로, 목적어와 현재분사구가 등위접속사 and로 병렬 연결되었다.

(A 아래 밑줄: these / B 아래 밑줄: "third places,")

[3-4행] Third places are areas [**where** people can go *to relax* and (*to*) enjoy the company of other people from their community].: [ ]는 장소의 선행사 areas를 수식하는 관계부사절이다. / to relax와 (to) enjoy는 목적을 나타내는 부사적 용법의 to부정사이다.

02 해석   위험을 무릅쓴다는 것은 위험할 수 있다. 그럼에도 불구하고, 위험을 무릅쓰기로 결심하는 사람들이 많다. 몇몇은 개인적인 만족을 얻기 위해 그렇게 한다. 이러한 사람들에는 암벽 등반가, 스카이다이버, 자동차 경주자와 같은 사람들이 포함된다. 다른 사람들은 사람들을 돕고 세상을 더 나은 곳으로 만들기 위해서 위험을 무릅쓴다. 우주 비행사, 소방관, 연구자, 구조대원들이 다른 사람들에게 이로움을 주기 위해 위험을 무릅쓸 때 그들 모두는 대단한 용기와 이타심을 보여 준다. 이유에 상관없이 대부분의 모험가들은 그들이 하는 행동의 도전을 즐기며 그들의 선택에 대한 결과를 기꺼이 받아들인다. 큰 위험을 무릅쓸지라도 그들은 스스로의 결정에 책임을 져야만 한다는 것을 인식하고 있다.

해설   위험하지만 다양한 이유로 위험을 감수하고 그 결과를 수용하는 사람들에 관한 글이다. 따라서 ② '안전이 모두에게 우선순위는 아니다'가 제목으로 적절하다.

① 이 위험한 직업들을 피해라
③ 위험을 감수하는 것의 결과
④ 일을 더 안전하게 만들기 위해 협력하기
⑤ 위험을 최소화하는 것의 중요성

구문   [2행] Some **do so** ....: do so는 앞 문장에 언급된 take risks를 가리킨다.

[3-4행] Others take risks **in order to help** people and *make the world a better place*.: 「in order to-v」 '…하기 위하여' / 「make + O + OC(명사)」 '…가 ~이 되게 하다'

03 해석   역사의 진행 과정에서 전체주의 정부들은 민중들이 스스로 생각하고 자신들의 견해를 표현하는 것을 금지하려고 노력해왔다. 전체주의 정부에 의해 통치되는 나라에서는 책이 금지되었는데 이는 출판물에 자유롭게 접근이 가능하면, 민중들이 그 정부의 권력을 위협하는 정보를 접할 수 있기 때문이다. 불행하게도 요즘 이러한 행태는 전체주의 정부에 국한되어 있지 않다. 정보에 대한 접근과 자유로운 표현의 권리를 통제하려는 노력은 모든 형태의 정부에서 관찰될 수 있다. 심지어 민주주의 사회에서도 종종 일부 출판물을 감시하는 압력이 존재한다. 이것은 때때로 그것이 언론의 자유에 대한 우리의 권리를 앗아가지 않는 한 용납이 된다.

해설   (A) 앞에서 전체주의 정부의 나라에서는 책이 금지되었다고 했으므로, 그 이유로 출판물에 자유롭게 접근하면 정부의

권력을 '위협하는' 정보를 접할 수도 있기 때문이라고 하는 것이 적절하다. (strengthen: 강화하다)

(B) 앞에서 민중들이 견해를 표현하는 것을 금지하는 행태가 전체주의 정부에만 국한되어 있지 않다고 했으므로, 정보에 대한 접근과 자유로운 표현의 권리를 '통제하려는' 노력이 모든 형태의 정부에서 관찰될 수 있다고 하는 것이 적절하다. (allow: 허용하다)

(C) 앞에서 모든 형태의 정부에서 정보에 대한 접근과 자유로운 표현을 통제하는 노력이 있다고 했으므로, 심지어 민주주의 사회에서도 종종 일부 출판물을 '감시하는' 압력이 존재한다고 하는 것이 적절하다. (protect: 보호하다)

구문 [1-2행] ... have tried to **forbid people to think** *for themselves* and **(to) express** their own views.: 「forbid + O + to-v」 '…가 ~하는 것을 금하다' / 「for oneself」 '혼자의 힘으로'

[3-5행] ... because **free access to publications could give** people *pieces of information* [**that** threaten the government's power].: because가 이끄는 부사절의 주어인 free access to publications 가 if 조건절을 대신하여 조건절 대용어구를 이루고 있다. / information은 셀 수 없는 명사로 수량을 표시할 때는 단위(piece)를 사용한다. / [ ]는 pieces of information을 선행사로 하는 주격 관계대명사절이다.

04 **해석** 일반적인 생각과는 반대로, 대다수의 사람들이 자신의 직업에 만족하고 있고 계속 근무해야 할 필요가 없더라도 계속해서 일하고자 한다는 것을 연구는 보여준다. 하지만, 직업의 의미는 사람들마다 다양하다. 대부분의 사람들에게 직업은 주로 경제적 독립의 원천이지만, 어떤 사람들에게는 자존감의 주요한 원천이다. 또 다른 사람들에게는 성공했을 때 성취감을 주는 도전이다. 대부분의 사람들은 자신의 힘으로 결정할 수 있는 기회를 즐긴다는 것을 알게 된다. 설문에 응한 모든 근로자들로부터 직업에 대해 만족하는 주된 이유는 '자신이 선택한 직업에서 발전하고 진보할 수 있는 기회를 갖기 때문인 것'으로 밝혀졌다.

해설 빈칸 뒤에 사람들마다 각기 다른 ② '직업의 의미'를 설명하고 있다.

① 근로 의무 ③ 취업 기회 ④ 버는 돈의 액수 ⑤ 성취감

구문 [1-2행] ... most people are satisfied with their jobs and would continue to work **even if** they didn't have to (*work*).: even if는 양보의 부사절을 이끈다. / have to 뒤에는 work가 생략되었다.

---

15 형용사·부사

1 형용사   pp.154-156

1 나는 내 친한 친구에 관한 이상한 꿈을 꾸었다.

2 그의 소설에는 다른 무언가가 있다.

3 그는 멋지고, 대담하고, 두려움이 없었다.

4 나는 역사 수업이 즐겁고 유용하다는 것을 알았다.

5 너의 새 직장의 주된 문제는 뭐니?

6 술에 취한 한 남자가 주차장 주변을 배회하고 있었다.

7 그 아이는 집에 혼자 있었다.

8 그 남자는 아직도 살아있다.

9 부유한 사람들이 가난한 사람들보다 항상 더 행복한 것은 아니다.

10 그녀는 미에 대한 안목이 있다.

1 min. check up ✓

❶ warm / 담요가 그 아이들을 따뜻하게 해 주었다.

❷ the unemployed / 그들은 실직자들에게 일자리를 주려고 애쓴다.

❸ drunk / 그 트럭 운전사는 그 차를 들이받았을 때 취해 있었다.

❹ live / 한 유명 스포츠 스타가 생방송 TV 쇼의 초대 손님이었다.

11 어떤 판매원이 나를 만나러 왔다.

12 나는 그가 우리에게 합류할 것이라 확신한다.

13 이 도시의 현재 시장이 누구입니까?

14 그 시장은 개회식에 참석했다.

15 그의 못된 품행은 나를 언짢게 했다.

16 그는 자신의 생일에 아파서 침대에 누워 있었다.

17 고인이 되신 Smith 씨는 유명한 의사였다.

18 그녀는 수학 수업에 항상 늦는다.

19 아버지는 사람들을 저녁 식사에 초대하는 것을 좋아했던 다정한 분이셨다.

20 그녀는 적어도 두 달 동안 병원에 입원해 있을 것 같다.

21 아이들이 붐비는 길을 건너는 것은 위험하다.

22 나는 그가 죽었다는 사실을 받아들이기가 어려웠다.

1 min. check up ✓

❶ 나쁜 / 나쁜 습관을 버리기는 쉽지 않다.

❷ 사랑스러운 / 나는 Ann을 매우 좋아하는데, 특히 그녀의 사랑스러운 미소를 좋아한다.

❸ 어떤 / 왜 어떤 사람들은 자주 감기에 걸리고, 다른 사람들은 그렇지 않을까?

❹ 참석한, …에 있는 / 공사가 진행 중일 때 두 명의 경찰이 현장에 있었다.

23 우리에게 계란이 조금 있어. 네게 아침으로 오믈렛을 해줄게.

24 계란이 거의 없어. 우리는 오늘 계란을 좀 사야 해.

25 Adam은 남은 돈이 조금 있다. 그래서 그는 요금을 낼 수 있다.

26 나는 운동을 더 해야 하지만, 요즘 시간이 거의 없다.

27 나는 과제를 위해서 약간의 책이 필요하다. 나는 어떤 자료도 가지고 있지 않다.

28 그녀는 대학에 많은 친구들이 있다.

29 너무 더워서 우리는 많은 물을 마셨다.

30 그 노인은 크고 오래된 집에서 살았다.

31 엄마는 둥근 초록색 베개를 두 개 사셨다.

32 유미는 오늘 아침 장미로 가득 찬 상자를 받았다.

33 뭔가 이상한 일이 나에게 일어나고 있었다.

34 그녀는 마을에 있는 모든 어린이들을 안다.

35 나는 그보다 두 배의 돈을 썼다.

36 그것은 너무 재미있는 책이어서 그는 그것을 내려놓을 수가 없었다.

37 너무나 더운 날이라서 우리는 정원에서 일을 할 수가 없었다.

1 min. check up ✅

❶ red big → big red / 매일 아침 나는 큼직한 빨간 사과를 한 개 먹는다.

❷ beautiful something → something beautiful / 그녀는 아마도 아름다운 것을 좋아할 것이다.

❸ the both women → both the women / 나는 저쪽에 서 있는 여자분 두 명을 모두 안다.

❹ few → little / 목이 마르지만, 컵에 물이 거의 없다.

2 부사 pp.157-158

1 내가 말하는 것을 잘 들으십시오.

2 여러분 대부분은 기말고사를 잘 보았다.

3 오늘 나는 다소 피곤하고 우울하다.

4 나는 그가 매우 쾌활하지만, 또한 아주 내성적이라고 생각한다.

5 Cooper 씨, 정말 감사합니다.

6 민수는 그 설명서를 매우 주의 깊게 읽었다.

7 이상하게도, 그들은 같은 장소에서 두 번이나 만났다.

8 현명하게도 Charles는 더 언급하지 않았다.

9 주말에 나는 대개 농구를 한다.

10 그녀는 자신이 잘 모르는 사람들 주변에서 종종 불안해한다.

11 나는 항상 너를 사랑하고 너와 함께 있을 거야.

12 대개 나는 주말에 집에 있는 것을 선호한다.

13 나는 에어컨을 껐지만 곧 그것을 다시 켜야만 했다.

14 그는 모자를 벗었다가 다시 썼다.

15 종이를 뒤집었나요?

16 그 웹 페이지들은 앉은 자리에서 읽을 수 있을 정도로 충분히 짧다.

17 경찰들은 그 도둑을 잡을 정도로 충분히 빨리 달렸다.

1 min. check up ✅

❶ Fortunate → Fortunately / 운좋게도, 그는 어려운 수학 시험을 통과했다.

❷ bring back it → bring it back / 내 태블릿 PC를 빌려간 사람은 누구든지 그것을 내게 돌려주세요.

❸ enough old → old enough / 그들 모두는 혼자 여행을 할 정도로 충분히 나이를 먹었다.

18 오늘은 힘든 날이었다. 할 일이 많았다.

19 많은 학생들이 장학금을 받기 위해 열심히 공부했다.

20 나는 사람들 앞에서 거의 말할 수 없었다.

21 그녀는 Tim과의 데이트에 늦었다.

22 나는 오늘 아침에 또 늦게 일어났다.

23 최근에 나는 나의 전공에 흥미를 잃었다.

24 높은 급여가 모든 지원자들의 우선 사항이다.

25 우리는 그 연이 하늘 높이 날아오르는 것을 보았다.

26 Jones 박사는 그의 학생들에게 매우 존경받는다.

27 지하철 역이 아주 가깝다.

28 어딘가 가까이에서 불이 났다.

29 버스가 거의 비었다.

30 그는 이미 그의 일을 마치고 사무실을 나갔다.

31 그 소식을 벌써 들었니?

32 그는 아직 사무실에 오지 않았다.

33 그녀가 벌써 그 보고서를 다 썼다고요?

34 나는 네가 말한 것을 거의 믿을 수가 없다.

35 아버지는 요즘 거의 술을 드시지 않는다.

1 min. check up ✅

❶ lately / 나는 최근에 스트레스를 많이 받고 있다.

❷ high / 한 아름다운 절이 언덕 위에 높이 솟아 있었다.

❸ hardly / Amy는 한국어를 거의 못하지만, 우리는 가장 친한 친구가 되었다.

❹ yet / 그녀는 일자리를 찾고 있지만, 아직 이상적인 일을 찾지 못했다.

01 (1) already / 그가 이미 표 값을 지불했다.

(2) hardly / 그 소식을 들었을 때 나는 거의 믿을 수가 없었다.

(3) late / 가장 따뜻한 해에도 알래스카에는 봄이 늦게 온다.

(4) Highly / 그녀는 「매우 유능한 사람들의 일곱 가지 습관」이라는 책을 지난 주말에 읽었다.

(5) nearly / 그 아이들은 버스로 떠날 준비가 거의 되었다.

02 (1) interestingly → interesting /
너는 그 뮤지컬이 흥미롭다는 것을 알게 될 것이다.

(2) injured → the injured /
그들은 부상자들을 근처 병원으로 데려갔다.

(3) small four → four small /
벤치 위에 네 개의 작은 갈색 가방이 있다.

(4) so a cold → so cold a[such a cold] /
너무 추운 아침이어서 나는 그에게 스웨터를 입게 했다.

(5) pick up them → pick them up / 사진이 준비되었습니다. 오후 4시 이후에 그것들을 찾으러 오시면 됩니다.

03 (1) She speaks English slowly <u>enough</u> for him to understand. / 그녀는 그가 이해할 정도로 충분히 느리게 영어를 말한다.

(2) I got <u>little</u> advice, so I'm not sure what to do. / 나는 조언을 거의 얻지 못해서 무엇을 해야 할지 모르겠다.

(3) There were <u>many</u> wildflowers in his garden. / 그의 정원에는 많은 야생화들이 있었다.

04 (1) Few students

(2) something delicious

(3) a little information

(4) took it off

05 ① 나쁜 → 아픈 / 나는 아파서 시험을 보지 못했어요. 어떻게 보충하죠?

② 나에게는 오랫동안 사랑해 온 어떤 소녀가 있다.

③ 그녀는 수상할 때 작고한 남편에게 감사를 표했다.

④ 젊은 사람들의 대다수는 자신들이 성공할 거라고 확신했다.

⑤ 현재의 상태가 그렇게 좋지 않다는 것을 부정할 수는 없다.

06 ⑤ such talented a woman → such a talented woman / 나는 저렇게 재능이 있는 여성이 네 여동생이라는 것을 믿을 수가 없다.

① 그는 항상 거기에서 너를 기다릴 것이다.

② 그는 나에게 매우 비싼 시계를 사주었다.

③ 그들은 그곳에서 잡힌 것을 부끄러워했다.

④ 그녀는 화학 물질이 없는 비누로 그녀의 아기를 씻긴다.

07 We ordered both the books online.
[We both ordered the books online.] /
우리는 두 책 다 온라인으로 주문했다.
[우리는 둘 다 그 책들을 온라인으로 주문했다.]

08 It was convenient for us to use public transportation.

01 ④   02 ③

01 해석   미술을 분석하는 데 경험이 거의 없는 사람들은 흔히 미술 작품에서 무엇을 찾아봐야 하는지를 알지 못한다. 그들은 그림이나 조각을 재빨리 훑어보고 즉각 그것이 마음에 드는지 아닌지를 결정할지도 모른다. 그러나 미술학도들은 다음과 같은 두 가지 특별한 방식으로 미술을 보는 법을 배운다. 그들은 미술 비평과 미술사를 활용한다. 미술 비평에서 처음에 학생들은 대개 미술 작품을 묘사하는 것을 배운다. 그리고 나서 그들은 작품을 분석하고 해석한다. 반면, 미술사는 학생들이 미술 작품을 더 깊이 이해할 수 있도록 미술 작품의 뒷이야기를 배우게 한다.

해설   (A) 목적절에서 바로 뒤에 or not이 이어질 때는 if를 사용할 수 없고 whether를 사용해야 한다.

(B) 빈도부사(usually)는 일반동사(learn) 앞에 와야 한다.

(C) 동사 understand를 수식하는 부사 deeply의 비교급 형태인 more deeply가 적절하다.

02 해석   몇몇 성인들은 불안 장애의 전형적인 증상을 갖고 있다. 이러한 장애를 가진 사람들은 크게 불안해하고 걱정과 공포로부터 자유로워질 수 없는 것처럼 보인다. 실제의 위험과 관련이 없어 보이는 특정 대상, 활동, 상황에 심각한 불안이 집중되는 경우, 그것은 공포증이라고 불린다. 많은 다양한 종류의 공포증이 있다. 예를 들어, 사회 공포증은 사회적 상황에 있는 것에 대한 공포이다. 이 공포증을 가진 사람들은 사람들 사이에 있는 것을 거의 견딜 수 없어 한다. 그들은 타인에 의해서 판단되는 것을 두려워하기 때문에 파티와 사교 모임을 피한다. 한편, 광장 공포증은 사람들이 쉽게 빠져 나올 수 없는 장소에 있는 것에 대한 공포이다. 고통받는 사람들은 엘리베이터나 기차 또는 대형 쇼핑몰에 있을 때 불안을 느낄 수 있다.

해설   동사 find의 목적격보어이며 부사 almost의 수식을 받는 형용사 unbearable이 와야 한다.

🔷 Reading & Structure ★ 수능독해 ★ p.162

01 ④　02 ①　03 ⑤　04 ④

01 해석 렘브란트는 역대 최고의 네덜란드 화가 중 한 명으로 여겨지지만, 그의 개인적인 삶은 불행으로 가득했다. 그는 33세의 나이에 부유한 여자와 결혼했다. 불행하게도, 그들의 네 명의 아이들 중 세 명이 출생 직후 사망했다. 그의 아내는 몇 년 후 죽었는데, 그 때 그녀의 나이는 겨우 29세였다. 렘브란트는 돈을 너무 많이 쓰고 잘못된 투자를 하며 그의 돈에 부주의했다. 그는 또한 경매에서 많은 비싼 예술 작품들을 샀다. 이 모든 것들이 그의 말년에 그가 수많은 재정적인 어려움들을 겪도록 했다. 이상하게도, 그가 어떻게 죽었는지에 관한 정보가 거의 없다. 우리는 그가 당시 63세였다는 것은 알지만, 그가 어떤 질병들을 앓았는지에 관한 기록은 없다. 죽기 전에 그의 거의 모든 돈을 잃었기 때문에, 그는 묘비가 없는 무덤에 묻혔다.

해설 경매에서 많은 비싼 예술 작품들을 샀기 때문에 말년에 재정적 어려움을 겪게 되었다.

구문 [4-5행] Rembrandt was careless with his money, **spending** too much and **making** some bad investments.: 부대상황을 나타내는 분사구문 spending too much와 making some bad investments가 접속사 and로 병렬 연결되었다.

[9-10행] **Having lost** nearly all of his money before his death, ...: Having lost ... his death는 이유를 나타내는 분사구문이며, 그가 거의 모든 돈을 잃은 것이 그가 묘가 없는 무덤에 묻힌 것보다 이전에 일어난 일이므로 완료형 분사구문이 쓰였다.

02 해석 징역형은 범죄자를 처벌하는 가장 일반적인 방법 중의 하나인 것처럼 보인다. 하지만 인권 활동가들과 사회운동가, 그리고 정신과 의사들은 수년간 징역 제도의 변화를 요구해오고 있다. 그들은 사람을 가두는 것은 거의 아무것도 변화시키지 못한다고 주장하며 전 세계적인 운동을 벌이고 있다. 그들은 현재의 수감 제도는 범죄자의 수감 이후의 삶을 준비시키지 못한다고 말한다. 대신, 그들 대부분은 징역형이 끔찍한 처벌이라는 것만을 알게 된 채로, 교화되지 않고 출소한다. 그래서 그들이 새로운 범죄를 저지른 후 다시 감옥으로 돌아가게 될 개연성이 높다. 그러므로, 운동가들은 특별 교육 프로그램들이 개발되어야 한다고 요구하는데, 그것은 그들을 진정으로 교화시킬 수 있을 것이다. 이러한 프로그램들을 통해, 범죄자들은 그들이 직장을 얻고 사회에 다시 적응하는 데 도움이 될 기술들을 교육받아야 한다.

해설 ①은 human rights activists, social workers,

and psychiatrists를 가리키는 반면, 나머지는 criminals를 가리킨다.

구문 [8-9행] Therefore, activists **demand** that special education programs (**should**) be developed *that* would enable them to truly reform.: 요구를 나타내는 동사 demand 뒤의 that절에는 「(should +) 동사원형」이 온다. / that 이하는 선행사 special education programs를 부연설명하는 주격 관계대명사절인데, 길이가 길어 문장 뒤에 위치했다.

[9-10행] ..., the criminals must be taught skills [**that** will help them *find* work and *fit* back into the society].: [ ]는 skills를 수식하는 주격 관계대명사절이다. / 원형부정사 find와 fit이 접속사 and에 병렬연결되었다.

03 해석 위 그래프는 2012년과 2013년에 영국의 노인들에 의해 경험된 개인적인 웰빙의 정도를 보여주며, 자료는 연령대별로 분류되었다. 삶의 만족, 가치 있다고 느끼는 것, 그리고 행복이라는 측정된 웰빙의 세 가지 양상은 모두 70세 이후에 꾸준한 하락을 보였다. 각각의 척도에 대해서, 패턴은 거의 같다 —웰빙의 느낌은 70세에서 74세 사이에 정점을 이루고, 75세와 79세 사이에 약간 떨어졌다가, 80세 이후에 급격히 감소한다. 80세 이상의 사람들은 모든 다른 연령대의 사람들보다 더 낮은 수준의 웰빙을 느낀다. '가치 있다고 느끼는 것'은 가장 젊은 세 연령대에서 가장 높게 평가되었던 반면, '행복'은 네 연령대에서 모두 가장 낮은 등급을 받았다. '삶의 만족'에 대해서는, 두 최고령 그룹 사이의 차이가 가장 젊은 두 그룹 사이의 차이의 2배(→ 3배)에 달했다.

해설 '삶의 만족'에 대한 그래프를 보면 두 최고령 그룹 사이의 차이는 0.15, 가장 젊은 두 그룹 사이의 차이는 0.05로 2배가 아닌 3배의 차이가 난다.

구문 [1-2행] The above graph shows the levels of personal well-being [**experienced** by *the elderly* / in the UK / in 2012 and 2013], **with** the data **broken down** by age group.: [ ]는 the levels of personal well-being을 수식하는 과거분사구이다. / 「the + 형용사」 '…한 사람들' / with 이하는 부대상황을 나타내는 분사구문으로, 전치사 with의 목적어 the data가 '분류되는' 것이므로 수동의 의미를 가진 과거분사구 broken down이 사용되었다.

[9-10행] As for "Life satisfaction," / *the difference* between the two oldest groups / was **two times as large as** / *that* between the two youngest groups.: 「배수사 + as ~ as」 '…보다 (몇) 배 더 ~한[하게]' / that은 앞서 언급된 the difference를 가리

킨다.

04 해석　자각몽은 '당신이 꿈을 꾸고 있는 것이 꿈이라는 것을 아는 것'으로 정의된다. 꿈꾸는 동안 자신이 잠든 상태라는 것을 알고 있는 사람에게 '의식이 또렷하다'라고 말한다. 하지만 이러한 자각에는 각기 다른 단계들이 있다. 몇몇 꿈꾸는 사람들은 자신이 꿈을 꾸고 있다는 것을 약하게 인식하고 있을지도 모른다. 하지만 그들은 꿈에서의 일들이 실제가 아니라는 것을 이해할 정도로 충분히 이성적인 사고는 할 수 없을지도 모른다. (많은 사람들은 당신이 꿈을 꾸는 이유를 설명하려고 애쓰고 있지만, 그 이유를 아는 사람은 거의 없다.) 다른 꿈꾸는 사람들은 그들이 잠들었다는 것을 완전히 인식할 수 있고, 꿈 속에서 모든 것을 통제할 수 있다. 하지만 자각몽을 꾸는 사람은 소수이다. 대부분의 사람들은 꿈을 거의 기억하지 못한다.

해설　자각몽과 자각의 단계에 관한 글이며, 많은 사람들이 꿈을 꾸는 이유를 알지 못한다는 내용의 ④는 전체의 흐름과 관련이 없다.

구문　[1행] Lucid dreaming is defined as "**being** aware that *what* you are dreaming is a dream.": being 이하는 전치사 as의 목적어 역할을 하는 동명사구이다. / what은 '…하는 것'이라는 의미의 선행사를 포함하는 관계대명사이다.

15 전치사

1 전치사의 역할과 쓰임　　　p.164

1 그것들은 학교 도서관에서 가져온 앨범들이다.
2 나는 이 셔츠를 벼룩시장에서 샀다.
3 내 관점에서, 그 영화는 완벽했다.
4 나는 그들을 위해서 한 달 동안 일을 했다.
5 나는 그 경기를 보는 것을 고대하고 있다.
6 나는 이 복사기가 어떻게 작동하는지에 대해 배웠다.
7 그의 증상은 점점 나빠졌다.
8 우리는 대개 금요일 밤에는 늦게까지 자지 않고 있다.
9 그 연설은 50분 동안 계속되었다.
10 그럼 이렇게 해 보자.
11 너 누구랑 싸웠니?
12 이것은 우리가 이야기해야 하는 마지막 안건이다.
13 그에게 앉을 수 있는 것을 주어라.
14 아이들은 보살핌을 잘 받아야 한다.

2 시간의 전치사　　　p.165

1 참가자들은 9시에 도착해야 한다.
2 Johann Sebastian Bach는 1685년에 태어났다.
3 우리는 대개 크리스마스에 파티를 연다.
4 나는 약국에 들러야 해. 10분 후에 보자.
5 그는 종종 점심 식사 후에 낮잠을 잤다.
6 너는 2시 전에는 집에 돌아와야 한다.
7 10일 이내에 이 카드를 반납하세요.
8 약속은 12시 30분이었으나, 나는 조금 늦었다.
9 나는 그 장소에 1시 15분 전에 도착했다.
10 그 프로젝트는 올해 말까지는 완료될 것이다.
11 Tim과 그의 부인은 나음 달까지 여기에 머물 것이다.
12 그 사고 이후로 많은 것이 변했다.
13 그 꽃가게는 10시부터 6시까지 문을 연다.
14 그녀는 한 달 동안 혼수상태에 있었다.
15 전쟁 중에 무슨 일이 일어났는가?
16 나는 밤새 뒤척였다.

3 장소·위치의 전치사　　　p.166

1 나는 그 책을 그 도서관에서 발견했다.
2 이 도시에는 5개의 큰 시장이 있다.
3 나는 그 열쇠들을 부엌 식탁 위에 놓아둔 것 같다.
4 수면 위에 갈매기들이 있다.
5 창문 아래에 선반이 있다.
6 다리는 호수 위에 뻗어 있다.
7 요트 한 척이 다리 아래에 있다.

8 남녀 한 쌍이 다리 위에 서 있다.

9 우리 둘 사이에 비밀은 없다.

10 나는 군중 속에서 그녀를 찾을 수 없었다.

11 에콰도르는 콜롬비아와 페루, 그리고 태평양 사이에 있다.

12 Alex 뒤에 있는 사람이 누구니?

13 그녀는 노래를 부르며 아기 옆에 앉아 있었다.

14 나 외에도 3명의 학생이 더 있었다.

15 그의 집은 그 도시 근처에 있다.

16 여러분은 그 마을에서 온종일 즐겁게 지낼 것입니다.

17 그 호텔은 편리하게 마을 내에 위치해 있다.

1 min. check up ✅

---

❶ at / 나는 그녀가 벌써 집에 도착했다고 생각하지 않는다.

❷ in / 프랑스에서는 사람들이 포도주와 치즈를 많이 먹는다.

❸ on / 그는 벽에 있는 그림을 보았다.

---

4 운동·방향의 전치사　　　　　p.167

1 그녀가 갑자기 집 안으로 들어갔다.

2 그 쥐는 약간의 치즈를 물고 구멍 밖으로 나왔다.

3 개구리 한 마리가 돌 위로 뛰어올랐다.

4 그 개구리는 돌에서 미끄러졌다.

5 냇물이 길을 따라 흐른다.

6 강아지 한 마리가 길을 가로질러 가고 있다.

7 차 한 대가 터널을 통과하고 있다.

8 소년들은 모닥불 주변에 둘러앉아 있다.

9 그녀는 상점 진열창을 보면서 시내 주위를 돌아다녔다.

10 Evelyn은 밤 11시쯤 집에 돌아왔다.

11 그들은 자전거를 타고 시청까지 갔다.

12 이 기차가 도쿄행인가요?

13 그 배는 수에즈 운하를 향해 항해했다.

14 나는 지금 막 체육관에서 돌아왔다.

15 한 소녀가 계단을 뛰어 올라가고 있다.

16 한 소년이 계단을 뛰어 내려오고 있다.

1 min. check up ✅

---

❶ off / 잔디에 들어가지 마시오.

❷ along / 나는 바닷가를 따라 산책했다.

❸ around / 지구는 태양 주위를 돈다.

❹ toward / 큰 개가 나에게 다가오고 있었다. 나는 무서웠다.

---

5 그 밖의 전치사　　　　　p.168

1 우리는 그 사고에 깜짝 놀랐다.

2 늦게 와서 대단히 죄송합니다.

3 홍수로 인한 피해는 수리되어야만 한다.

4 우리 할아버지께서는 심장마비로 돌아가셨다.

5 그녀는 업무차 상하이를 방문했다.

6 두려움으로 그의 온몸이 떨렸다.

7 Jaden은 여자친구를 위해 그 반지를 샀다.

8 그 화재는 거주자의 실수로 일어난 것이 아니었다.

9 그 다리는 철로 만들어진 것이다.

10 팬케이크는 밀가루와 달걀로 만들어진다.

11 인물을 4B 연필로 스케치하라.

12 그 상담란은 김 선생님이 쓰셨다.

13 나는 차로 이동하는 것이 편리하다는 것을 알고 있다. 하지만 나는 걸어서 이동하는 것을 좋아한다.

14 인터넷을 통한 원격 교육이 인기를 얻고 있다.

15 이것을 10달러짜리 지폐 5장으로 바꿔 주세요.

16 여러분들은 이 수업시간에 영어로 말해야 합니다.

17 Mary에 대해 뭔가 좀 말해 줘.

18 나는 공룡에 관한 에세이를 썼다.

19 몇몇 사람들은 아직도 그 결과에 대해 논쟁했다.

20 그 영화는 자수성가한 남자에 관한 이야기였다.

1 min. check up ✅

---

❶ about / 나는 어제 Stella를 만났고, 우리는 대도시에서의 그녀의 새로운 생활에 대해 이야기했다.

❷ for / 그 스피커에서 성가신 잡음이 나와. 새 것으로 교환할래.

❸ on / 신약 개발에 대한 교수님의 강의는 인상적이었다.

❹ by, on / Martin의 집에 가는 방법은, 버스 타고 가거나 걸어가는 것 두 가지야.

🔖 Grammar Practice　　　pp.169-170

01 (1) during /

A: 네가 지난 주말에 극장에 갔다고 들었어. 어땠니?

B: 끔찍했어. 공연 중에 잠들었지 뭐야.

(2) by, to / A: 우리는 터미널에 8시까지 도착해야 해.

B: 8시 10분 전이야. 10분 밖에 안 남았어.

(3) from, for / A: Jane한테서 소식 좀 들었니?

B: 아니, 우리는 4개월 동안 못 봤어.

(4) in /

A: 우리 조부모님은 시골에 사셔. 우리는 서로 거의 보지 못

하지.

B: 이번 여름에 찾아 뵙는 것이 어때?

02 (1) on → from / 이 두부는 유기농 콩으로 만들어진다.

(2) below → behind / 뒤를 돌아봐! 그 가수가 바로 네 뒤에 있어.

(3) to drink → drinking / 그녀는 블랙커피를 마셔서 자지 않고 깨어 있다.

(4) among → between / 이것은 너랑 나 사이의 비밀이야. 이것을 우리만의 비밀로 지켜야 해.

(5) through → with / 호두를 평평한 곳에 놓고 망치로 힘껏 쳐라.

03 (1) through

• 이 기차는 그 도시를 통과할 것이다.

• 그는 온라인 매장을 통해 그 운동화를 샀다.

• 그 지역에 폭설이 겨울 내내 계속되었다.

(2) for

• 이것이 암스테르담 행 비행기인가요?

• 그는 그의 여자친구를 위해 그 샌드위치를 준비했다.

• 이 티셔츠를 더 작은 것으로 교환할 수 있나요?

04 (1) about, by (2) in (3) along

05 (1) from (2) since (3) till

(4) with (5) throughout (6) near

하늘에 비구름이 낮게 깔렸습니다. 기상 예보에 따르면 오늘 오후부터 비가 쏟아질 예정이라고 합니다. 지난달 이래로 가뭄으로 고생한 농부들에게는 희소식이겠는데요. 하지만, 야구팬들에게는 나쁜 소식이 될 것 같습니다. 한국 시리즈가 다음 주로 연기될 예정입니다. 밤새 강풍을 동반한 폭우가 내릴 예정이니, 강 근처에서 캠핑을 하고 계신 분들은 안전한 장소로 이동해 주시기 바랍니다.

06 ④

• 그들은 그의 갑작스런 방문에 모두 놀랐다.

• 한국은 2018년에 동계올림픽을 개최했다.

• 벽에 있는 가족 사진을 봐!

07 She needs to work without being disturbed.

08 He read the science book from beginning to end.

Grammar Practice ★수능문법★ p.171

01 ⑤ 02 ②

01 해석 tofi는 '겉은 날씬하고 속은 뚱뚱한'을 의미하는 새로운 용어이다. 그것은 겉으로는 날씬해 보이지만 여전히 체지방으로 고생하는 사람들을 가리킨다. 그들이 과체중으로 여겨지는 것은 아니지만, 그들 몸 안에는 많은 양의 지방이 있다. Jimmy Bell 교수가 실행한 연구는 10명 중에 최대 4명까지 'tofi'일 수 있다는 것을 보여준다. 불행하게도, 그러한 사람들은 지방이 많은 심각한 건강 문제와 연관되어 있음에도 대개 지방에 대해 걱정하지 않는다. 하지만, 그들은 이 지방이 중요한 장기 주위에 있어 당뇨나 심장 질환을 유발할 수 있다는 사실을 알아야 한다.

해설 (A) 「have trouble with」 '…에 문제를 가지고 있다', '…로 고생하다'

(B) 「be concerned about」 '…을 걱정하다'

(C) because가 이끄는 종속절의 동사이므로 lies를 쓴다.

02 해석 Gerardo Pecchia는 34살이었을 때, 이탈리아의 고향 마을을 떠나 미국으로 일하러 갔다. 그는 거기에서 40년간 일했다. 그러고 나서 74세에 은퇴를 했고 고향 마을인 콤포디멜로 돌아왔다. Gerardo는 가족과 옛 친구들 사이로 돌아와서 기뻤다. 또 그에게는 은퇴 생활을 즐길 만한 충분한 돈이 있었기에 행복했다. 미국에서 보낸 40년 동안, 그는 사회보장기금에 돈을 납부했기 때문에 소정의 연금을 받았다. 그것은 그가 소박하게나마 안락한 삶을 살기에 충분한 돈이었다.

해설 어떤 일이 지속된 구체적 시간에 대해 말하므로 for를 쓴다. during은 특정 기간을 나타낼 때 쓴다.

Reading & Structure ★수능독해★ p.172

01 ① 02 ⑤ 03 ④ 04 ③

01 해석 '피로스의 승리'라는 용어는 큰 피해를 야기하는 승리를 나타낸다. 이것은 때때로 법정에서 일어나는데, 사람들이 소송은 이겼으나 그들의 법무 비용이 그들이 받는 돈의 양을 초과한다는 것을 알게 될 때이다. 예를 들면, 2011년에 Hank Greenberg라는 이름의 한 남자는 미국 정부를 상대로 소송을 제기했다. 미국 국제 그룹(AIG)의 전 CEO였던 Greenberg는 금융 위기 후 정부가 그의 회사에 긴급 구제를 주었을 때 그의 회사를 부당하게 대했다고 주장했다. 4년 후, 그 동안 Greenberg는 소송 비용으로 수백만 달러를 지출했

는데, 판사는 Greenberg가 옳았다고 판결을 내렸다—AIG
에 대한 정부의 긴급 구제 조치는 부당했다. 그러나, 판사는
Greenberg에게 보상으로 어떤 돈도 주지 않았다. 판사에 의
하면, 그 이유는 긴급 구제가 없었다면, AIG는 파산했을 것이
었기 때문이었다.

해설 빈칸 뒤에 이어진 정부에 의해 부당하게 긴급 구제 조
치를 당했다고 생각하여 정부를 상대로 소송을 제기하였으나, 어
떠한 보상도 받지 못하고 소송 비용으로 수백만 달러를 지출한
Greenberg의 예시를 통해 답을 추론한다.

② 소송의 패자에 의해 완전히 지불되어야 한다

③ 올바르다는 만족의 가치가 있다

④ 승소에 대한 보상으로 감소되었다

⑤ 그들의 변호사들에 의해 잘못 계산되었다

구문 [1행] The term "Pyrrhic victory" refers to a
victory [that causes great damage].: [ ]는 선행사
a victory를 수식하는 주격 관계대명사절이다.

[4-6행] Greenberg, the former CEO of American
International Group (AIG), claimed / (that) the
government treated his company unfairly ….: 주
어 Greenberg 뒤에 동격을 이루는 명사구가 이어진다. / 동
사 claimed 뒤에 접속사 that이 생략되었다.

[6-7행] After four years, during which Greenberg
spent millions of dollars on legal fees, ….:
during which는 「전치사 + 관계대명사」로 선행사 four
years를 부연설명하는 계속적 용법으로 사용되었다.

[9-10행] The reason, according to the judge,
was [that without the bailout, AIG would have
gone bankrupt].: [ ]는 be동사 was의 보어 역할을 하
는 명사절임과 동시에 「…이 없었다면」이라는 의미의 가정
법 과거완료 구문으로, without은 if it had not been
for[had it not been for / but for]로 바꿔 쓸 수 있다.

02 해석 누군가가 당신의 집에 침입한 것을 발견하는 것보다 더
나쁜 것은 없다. 불행히도 이러한 일은 영국에서 매년 약 100
만 명의 사람들에게 일어난다. 만약 당신의 집에 강도에 대비
할 수 있는 보다 나은 보호책이 필요하다면, 이러한 조언들을
고려해 보아라. 첫째, 보안을 강화하기 위한 최상의 방법은 창
문과 현관문의 자물쇠가 작동하는지를 확인하는 것이다. 둘째,
강도가 어둠 속에 숨을 수 없도록 집 주변 모든 곳에 전등을 설
치해라. 경보 시스템을 설치하는 것도 권장할 만한 또 다른 안
전 조치이다. 그리고 마지막으로, 당신의 이웃들과 함께 대응
하는 것이 매우 효과적인 범죄 예방 방법이다. 당신이 휴가로
집에 없을 때, 이웃에게 당신의 우편물과 신문을 수거해 달라
고 부탁해서 당신의 집이 비어 있는(→ 사람이 있는) 것처럼 보

이게 해라.

해설 우편물과 신문이 쌓이지 않도록 수거해 달라고 이웃에
게 부탁하는 것은 집에 사람이 있는(occupied) 것처럼 보이
게 하기 위함임을 추론할 수 있다.

구문 [5행] Second, put lighting all around
your house so that burglars can't hide in the
shadows.: 「so that + 주어 + can't」 '…가 ~하지 않도록'

03 해석 카스피 해는 유럽과 아시아 사이에 있으며, 5개의 나라
들과 접해 있다. 그것은 크기와 짠 물 때문에 고대로부터 바다
라고 불렸다. (C) 그러나, 그것은 또한 호수라고 여겨질 수도
있다. 그것은 육지로 둘러싸여 있고 북쪽에는 담수를 가지고
있는데, 강이 그 안으로 흘러 들어간다. 이 구분은 카스피 해 아
래에 있는 석유와 가스 때문에 중요하다. (A) 국경지역의 5개
나라 모두 이 천연자원에 접근하고 싶어 한다. 카스피 해가 호
수라면, 그들은 그것을 동등하게 나눠야 한다. 그것이 바다라
면, 그것은 해안선의 길이에 따라서 나누어질 것이다. (B) 이
문제를 해결하기 위해서, 해안으로부터 일정 거리 이상의 카스
피 해 표면 공해를 지정하는 협정이 체결되었다. 그러나, 그것
이 호수인지 바다인지에 대한 공식적인 결정은 여전히 없다.

해설 카스피 해가 크기와 짠 물 때문에 바다라고 불렸다는 내
용 뒤에, (C) 카스피 해가 호수라고 여겨지기도 하는데 이 구
분은 카스피 해 아래에 매장된 석유와 가스 때문에 중요하고,
(A) 호수이거나 바다일 경우에 따라 그 자원들의 배분이 달라
지며, (B) 이 문제의 해결을 위해 협정이 체결되었다는 순서로
글이 이어지는 것이 자연스럽다.

구문 [6-7행] To settle the matter, an agreement
was signed [designating the Caspian's surface
international waters beyond a certain distance
from shore].: designating이 이끄는 현재분사구 [ ]가
an agreement를 수식한다. 현재분사구의 길이가 길어 주
어 뒤가 아닌 문장 끝에 위치하였다.

[7-8행] However, there still isn't any official
decision on [whether it is a lake or a sea].: [ ]는
전치사 on의 목적어로 쓰인 명사절로, 「whether A or B」
는 'A이든 B이든'의 뜻이다.

[9-10행] It is landlocked and contains fresh
water in the north, where a river flows into it.:
where는 계속적 용법의 관계부사로 the north에 관한 부연
설명을 한다.

04 해석 유럽의 찌르레기들은 미국과 캐나다에 걸쳐 발견될 수
있지만, 그들은 북아메리카의 토종은 아니다. 1890년의 어
느 추운 겨울날, 60마리의 찌르레기가 뉴욕시에 풀어졌고, 그
들은 빠르게 한 건물의 지붕 밑에 대피처를 찾았다. 많은 종들

이 추위로 죽었을 테지만, 찌르레기들은 그들의 생존을 돕는
몇 가지 특징을 가지고 있다. 그들의 특별한 근육은 그들이 그
들의 부리를 땅 속에 찔러 넣은 후에 열 수 있게 해준다. 이것
은 그들이 마른 흙에서 먹을 것을 찾는 데 도움을 준다. 또한 그
들의 눈은 그들 얼굴의 앞쪽을 향해 위치하는데 작은 곤충들을
발견하기에 완벽하게 위치해 있다. 이러한 특징들 덕분에, 찌
르레기들은 겨울에 먹이를 찾기 위해 이주할 필요가 없다. 이
것은 그들이 번식기를 위해 가장 좋은 둥지의 위치를 차지할
수 있게 한다.

해설 찌르레기가 마른 흙에서 먹을 것을 찾기 쉽게 한다는
내용의 주어진 문장은, 특별한 근육 때문에 부리를 땅 속에 넣
은 후에도 열 수 있다는 문장 뒤에 들어가는 것이 가장 자연스
럽다.

구문 [5-6행] Although many species **would
have died** from the cold, starlings have several
characteristics [*that* helped them survive].:
「would have p.p.」 '…했을 것이다' (과거의 일을 추측) /
[ ]는 선행사 several characteristics를 수식하는 주격
관계대명사절이다.

[6-7행] Their special muscles **allow** them **to
open** their beak *after digging* it into the ground.:
「allow + O + to-v」 '…가 ~하게 하다' / 전치사 after의 목
적어로 동명사가 사용되었다.

[7-8행] Also, their eyes, [**located** toward the
front of their face], are perfectly positioned for
spotting small insects.: [ ]는 their eyes를 부연설명
하는 과거분사구로 주어 뒤에 삽입되었다.

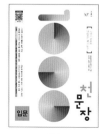